新文科 · 旅游与酒店管理专业核心课程教材

高等学校旅游与酒店管理“混合式”金课教材

总主编 ◎ 朱承强

酒店管理概论

童 俊 ◎ 编著

中国旅游出版社

前言

本书为上海市“新文科”研究与改革实践项目——线上线下相结合“混合式”金课系列教材之一，也是高等院校旅游与酒店管理专业核心课程教材。课程是人才培养的核心要素，学生从学校里受益的最直接、最核心、最显著的是课程。但“金课”建设离不开配套的“金课”教材，因为教材是人才培养的主要“剧本”。

本书根据“观念是先导、投资是起点、组织是基础、战略是方向、营销是龙头、收益是根本、质量是生命、人才是核心、创新是灵魂”这九大现代酒店经营管理的主题，构建教材的框架体系，以更好地反映酒店管理的现状与发展趋势、现代管理技术和方法在酒店管理中的应用。

为了推动信息技术与教育教学的深度融合，培养旅游与酒店行业急需的高素质应用技术人才，本书在以下两个方向实现了创新与突破：一是以“新形态”为引导，把产业发展的最前沿和最鲜活的实践成果纳入教材，并根据各章节教学需要，积极推行任务导向的项目教学和案例教学，打造新颖的“翻转式”课堂教学范式，注重培养学生的知识应用能力。二是以“一体化”为特色，在做好纸质教材的同时开发具有表现力、吸引力和前沿性的视频课程，形成线上线下相结合的“混合式”金课立体教材，并增加同步练习和案例参考模块，提供课程课件、阅读案例和教学视频等教学资源。

本书为高等学校旅游与酒店管理“混合式”金课教材系列之一，该教材系列由上海杉达学院管理学院院长、国家级教学名师朱承强教授担任总主编。上海杉达学院管理学院童俊副教授负责本书第一章、第二章、第五章和第十章的编写、上海工商职业技术学院PICH现代服务学院张宁老师负责本书第三章和第七章的编写，上海工程技术大学邹琳老师负责本书第四章、第九章的编写，上海师范大学杨瑜老师负责本书第六章和第八章的编写，全书由童俊完成统稿。

本书得到了上海杉达学院“上海市级一流本科专业建设项目”和“上海市级新文科建设项目”的资助。在本书的编写过程中，参阅了国内外同行的相关教材和资料（参考文献见本书附录），在此谨向有关文献的编著者表示感谢。同时，也由衷地感谢中国旅游出版社段向民主任的大力支持与帮助。由于作者水平有限，本书中不妥或疏漏之处，诚望国内同仁和广大读者不吝赐教。

编者

2023 年 12 月

目 录

第一章 导论……1
学习目标……1
第一节 酒店业的概念与发展历史……1
第二节 全球连锁酒店集团的发展……12
第三节 现代酒店经营理念的演变……17
本章小结……26
同步练习……27
实例参考……27

第二章 酒店的投资决策……30
学习目标……30
第一节 酒店的投资可行性研究……30
第二节 酒店投资决策分析方法……41
第三节 酒店的建筑规划与设计……50
本章小结……69
同步练习……70
实例参考……70

第三章 酒店的组织模式……75
学习目标……75
第一节 酒店组织结构类型与层次……75
第二节 酒店部门机构与设置原则……78

第三节 酒店组织变革与影响因素……83
本章小结……87
同步练习……87
实例参考……88

第四章 酒店的战略管理……90
学习目标……90
第一节 酒店基本战略概念与特点……90
第二节 酒店发展战略模式与选择……94
第三节 酒店竞争战略模式与运用……97
本章小结……100
同步练习……100
实例参考……101

第五章 酒店的市场营销……105
学习目标……105
第一节 酒店市场营销调研与策划……105
第二节 酒店市场营销的组合策略……113
第三节 酒店市场营销模式的创新……126
本章小结……134
同步练习……135
实例参考……135

第六章 酒店的收益管理……138
学习目标……138
第一节 酒店收益管理的基本概念……138
第二节 酒店收益管理的主要方法……147
第三节 酒店收益管理的实战技巧……157
本章小结……163
同步练习……163
实例参考……164

第七章　酒店服务质量管理 …… 167
学习目标 …… 167
第一节　酒店服务特性与质量要素 …… 167
第二节　服务质量测评与品质塑造 …… 175
第三节　酒店服务质量管理的方法 …… 183
本章小结 …… 193
同步练习 …… 193
实例参考 …… 194

第八章　酒店人力资源管理 …… 196
学习目标 …… 196
第一节　酒店人力资源的规划 …… 196
第二节　劳动定额与人员编制 …… 198
第三节　酒店员工培训与激励 …… 205
本章小结 …… 214
同步练习 …… 214
实例参考 …… 215

第九章　酒店绩效评价系统 …… 216
学习目标 …… 216
第一节　酒店绩效评价系统的建立 …… 216
第二节　酒店绩效评价的指标体系 …… 220
第三节　酒店绩效评价指标的分析 …… 226
本章小结 …… 236
同步练习 …… 236
实例参考 …… 236

第十章　酒店数字化发展趋势 …… 242
学习目标 …… 242
第一节　中国酒店数字化发展历程 …… 242
第二节　数字化对酒店业的影响 …… 245

第三节　数字技术在酒店业的应用 …… 247
本章小结 …… 255
同步练习 …… 256
实例参考 …… 256

参考文献 …… 258

课后习题 …… 260

课后习题答案 …… 271

第一章 导论

学习目标

知识目标

- 熟悉酒店的定义、特性及分类方法
- 了解中外酒店的发展历史及业态变化趋势
- 知晓世界著名连锁酒店的发展模式
- 理解 CI、CS、CL 和 ES 经营理念的基本含义

能力目标

- 能区分各类不同酒店的产品特点
- 能说明 CL 和 ES 理念在酒店管理实践中的意义
- 能通过互联网或其他途径查找酒店的资料
- 能编制酒店介绍的 PPT 文件，并在课堂上进行交流分享

第一节 酒店业的概念与发展历史

酒店业是人类最古老的行业之一，其起源可追溯到几千年前的史前洞穴时期。酒店业伴随着人类社会的不断变化而发展变化。现代的酒店就是从中国的驿馆、中东的商队客店、古罗马的棚舍、欧洲的路边旅馆及美国的马车客栈演变而来的。

在过去的一百多年间，随着经济的发展、人们闲暇时间的增多和交通的完善，酒店业也发生了巨大的变化。今天，酒店业已成为全球旅游热中不可缺少的一部分，是商业全球化发展的主力军。酒店业的迅猛发展，给当地社会的政治、经济、文化等方面的发展带来重要影响，是一个地区整体发展水平的重要标志。

一、酒店的定义与特性

酒店（Hotel）一词源于法语，原指贵族在乡间招待贵宾的别墅。后来，英、美等国沿用了这一名称来泛指所有商业性的住宿设施。在中文里，表示住宿设施的名称有很多，如“饭店”“宾馆”“酒店”“旅馆”等。本书选用“酒店”这一名称。

（一）酒店的定义

在中国《旅游饭店星级的划分与评定》（GB/T 14308—2010）标准中，其对酒店的定义是：“以间（套）夜为时间单位出租客房，以住宿服务为主，并提供商务、会议、休闲、度假等相应服务的住宿设施，按不同习惯可能也被称为宾馆、酒店、旅馆、旅社、宾舍、度假村、俱乐部、大厦、中心等。”

该定义反映了酒店产品具有空间、时间和服务三个基本要素：

（1）“住宿设施”的定义表明，客房及其服务是酒店最基本的必备功能，也是对酒店建筑空间的一种规定，即客房始终是酒店的主体。

（2）“提供商务、会议、休闲、度假等相应服务”的定义表明，与住宿相配套的其他服务是酒店产品的基本组成因素，也是酒店与单纯物业出租的基本区别。

（3）“以间（套）夜为时间单位出租”的定义表明，酒店产品在具备间（套）等空间要素的同时，具有包括以预订为界限，以过夜为单位的时间要素。

（二）酒店的特性

作为综合性服务企业，酒店的经营活动主要受到下列几个特性的制约：

1. 高额的经营成本

酒店既是资本密集型企业，又是劳动密集型企业。酒店不仅初期投资大，而且具有很高的固定成本。因此，要达到收支平衡，需要维持较高的客房入住率。

2. 价值的不易保存性

酒店的空房和航班的空座位一样，不能保留。今天的客房没租出去，今天的价值就失去了。酒店产品提供的是使用的权利，无法像实物产品那样储存起来。

3. 空间的不可转移性

由于酒店产品通常是以相应的建筑为依托的，因此决定了酒店无法作空间上的转移。酒店业先驱斯塔特勒曾经用“酒店经营成功的三大法宝，一是位置，二是位置，第三还是位置”的说法来强调位置对酒店的重要性。

4. 销量的季节波动性

国外新酒店在开业时扔掉大门钥匙是一种传统，意味着酒店开业后永远不会关门。然而酒店业又是极具季节性的行业，不仅一年中有淡季、平季、旺季，甚至一周、一天中都会有销售波动。航空公司可以通过增加或取消一些线路的航班来调节航空座位的数量供应，而酒店不仅有固定的位置，而且有固定的客房供应量，销量的季节波动性十分明显。

（三）酒店的作用

酒店的最初功能是为旅途中的人们提供过夜住宿服务。随着人类社会的发展，酒店已成为具有向客人提供住宿、餐饮、购物、娱乐、健身、商务等诸多功能的综合性服务企业，它与旅行社、旅游交通企业一起被称为旅游业的三大支柱，是旅游供给的基本构成要素。现代酒店业的作用，主要体现在下列三个方面：

1. 提供广泛就业机会

酒店能为社会创造直接就业和间接就业的机会。按目前我国酒店的人员配备状况，一家具有300间客房的酒店能创造150~450个直接就业机会，同时又能为相关行业（如酒店设备、物品的生产和供应行业）提供大量的间接就业机会。根据国际统计资料和我国的实际经验，高档酒店每增加一间房间，可以直接和间接提供5~7个岗位的就业机会；中低档酒店每增加一间房间，则可以创造3至5个岗位的就业机会。

2. 促进消费方式变革

酒店业的发展促进了社会消费方式和消费结构的发展变化。随着体验经济时代的到来，酒店向顾客提供体验活动的场所，无疑会带来当地消费观念的变化和消费行为的改变，有利于满足民众日益提升的消费需求。

3. 带动相关行业发展

据有关资料统计，一位酒店住客开支的近60%花费在酒店以外的行业，而且住客在酒店消费的物品大多也是社会其他相关行业提供的。因此，酒店业的发展也刺激了相关行业的发展。

二、中外酒店业的发展历史

酒店是伴随着人类旅行活动的开展而出现在人类社会的。酒店最初的基本功能是为旅途中的人们提供过夜的住宿服务。随着人类社会的发展，酒店的服务功能及服务范围大大拓展，设施设备的装备水平及服务手段也日趋现代化、专业化。由各种不同等级、类型、规模、经营方式的众多酒店所组成的酒店业，已成为现代社会中一个令人瞩目、具有发展潜力的新型产业。

（一）西方酒店业的发展历史

西方酒店业大体经历了客栈时期、大酒店时期、商业酒店时期和酒店连锁时期四个发展阶段。

1. 客栈时期

在西方，客栈时期一般是指12世纪到18世纪之间的这段历史时期。客栈是指乡间或路边的小客栈、小旅店，供过往旅行者寄宿之用。早期的客栈规模小、设备简陋，除提供食宿之外，无其他服务。客栈的房舍是家庭住宅的一部分，家庭就是客栈的拥有者和经营者。

到了15世纪，客栈开始盛行。有些客栈已拥有20-30间客房，条件好的客栈设有酒窖、食品室和厨房。到了客栈盛行的18世纪，英国等地的客栈除了为过往旅客提供食宿之外，还成为人们聚会和交流信息的场所。当时的客栈往往坐落在乡镇人群活动的中心区域或公共马车车站旁，成为当地社会政治与商业活动的中心。

2. 大酒店时期

18世纪后半叶，随着欧美等国进入工业化时代，世界酒店业也进入了大酒店时期。大酒店时期一般是指19世纪初到20世纪初的这段历史时期。当时在欧洲的许多大城市里，大兴土木争相建造豪华酒店。具有代表性的酒店有法国的巴黎大酒店和罗浮宫大酒店、德国的恺撒大酒店、英国的萨依伏大酒店等。大酒店一般都建在繁华的大都市，建筑规模宏大，装饰华丽，服务一流，讲究礼仪，主要接待王公贵族、官宦和社会名流。酒店投资者、经营者的根本兴趣是取悦于上社会流，求得社会声誉，往往不太注重经营成本。

大酒店时期，服务有了创新。作为本时期酒店经营者的代表人物，瑞士人恺撒·里兹（Caeser Ritz）提出了"客人永远是对的"这一著名的酒店经营格言。大酒店时期的许多经营、服务的哲学和信条，至今仍在世界酒店业中奉为圭臬，恪守不渝。

3. 商业酒店时期

商业酒店时期是指从20世纪初到20世纪50年代的这段历史时期。美国的酒店大王埃尔斯沃思·斯塔特勒（Ellsoorth Statler）被公认为商业酒店的创始人。斯塔特勒凭着自己多年从事酒店经营的经验及对市场需求的了解，立志要建造一种"在一般公众能负担的价格之内提供必要的舒适与方便、优质服务与清洁卫生"的酒店，亮出了"平民化、大众化"的旗号。1908年，他在美国纽约州水牛城（Buffalo）建造了第一家由他亲自设计并用自己名字命名的斯塔特勒酒店，一个带卫生间的客房房价仅为1美元50美分。斯塔特勒不仅强调了"位置"是酒店经营成功的根本要素，还提出了"酒店所销售的唯一商品是服务"等至理名言。

斯塔特勒所创建的酒店被誉为现代商业酒店的里程碑。商业酒店的特点是：服务对象主要是商务旅行者；服务设施讲求舒适、方便、清洁、安全与实用，而不是刻意追求豪华与奢侈；价格合理，使客人感到物有所值；经营管理上讲究经营艺术，注重质量标准化，通过降低成本以获取最佳利润。

商业酒店时期是世界酒店史上最为重要的阶段，也是世界各国酒店业最为活跃的时期，从各方面奠定了现代酒店业的基础。

4. 酒店连锁经营时期

酒店连锁经营时期也称酒店联号时期（HOTEL CHAIN OPERATION），从20世纪50年代开始至今。20世纪50年代，随着欧美国家战后的经济复苏，人们在国内、国际间的旅游活动日益频繁，空中交通及高速公路日益普及。在大中城市里，大型高层的酒店数量倍增，公路两旁的汽车旅馆更是星罗棋布。一些有实力的酒店公司，以签订管理合同、授让特许经营权等形式，进行国内甚至跨国的连锁经营，逐渐形成了一大批使用统一名称、统一标志，在酒店建造、设备设施、服务程序、物资采购与人才培训等方面统一标准的酒店集团。进入 21 世纪，国际性连锁经营的酒店集团数量日渐增多，规模日益扩大，实力不断增强，在国际旅游市场中占有越来越大的客源份额。今天，凭借着管理、技术、财务和营销方面的四大优势，酒店业已成为连锁酒店的世界。

（二）中国酒店业的发展历史

中国酒店业是一个古老而又新兴的行业。在中国，酒店业已有 3000 多年的历史，曾经历了驿站、客栈时期。19 世纪末，随着资本主义生产方式的输入，又出现了一大批大型西式酒店。中华人民共和国成立后，特别是随着改革开放政策的实行，我国酒店业进入了迅速发展的现代酒店时期。

1. 中国古代的酒店业

在中国，最早的酒店设施可追溯到春秋战国或更远古的时期。数千年来，中国的唐、宋、明、清时期被认为是酒店业发展较快的时期。在中国古代，住宿设施大体可分为官办设施和民间旅店两类。

古代官方开办的住宿设施主要有驿站和迎宾馆两种。驿站是中国历史上最古老的一种官办住宿设施，专门接待往来的信使和公差人员。到了唐代，驿站广泛接待过往官员及文人雅士。直至元代，驿站除接待信使、公差外，还接待过往商旅及达官贵人。迎宾馆是古代官方用来款待外国使者、外民族代表及商客的住宿设施。在古代，曾有“四夷馆”“四方馆”“会同馆”等各种称谓，称之为“迎宾馆”则始于清末。中国古代迎宾馆作为一种官办接待设施，适应了古代民族交往和中外往来的需要，它对中国古代的政治、经济和文化交流起了不可忽视的作用。

古代的民间旅店在 3000 多年前的周朝就出现了。它的产生和发展与商贸活动的兴衰及交通运输条件密切相关。秦汉两代是中国古代商业较为兴旺发达的时期，民间旅店业也因此有了发展。在大唐盛世，经济繁荣、社会安定，旅店业也得到了大发展，民间旅店进入商业都市，遍布繁华街道。明清时期，由于封建科举制度的进一步发展，在各省城和京城出现了许多各地的赴试学习者，民间旅店业更加兴旺。

2. 中国近代的酒店业

中国近代由于受到外国帝国主义的侵入，沦为半殖民地半封建社会。当时的酒店业除了传统的旅馆之外，还出现了西式酒店和中西式酒店。

西式酒店是对 19 世纪初外国列强侵入中国后由外国资本建造、并由国外人经营的酒店统称。这类酒店在建筑式样、设施设备、内部装修、服务对象及经营方式等方面都与中国的传统旅馆不同。西式酒店规模宏大，装饰华丽，设备先进；经营人员皆来自英、法、德等西方国家，接待对象主要以来华外国人为主，也包括当时中国上层社会人物及达官贵人。西式酒店经营者把西式酒店的服务方式、经营管理的理念和方法带到了中国，对中国近代酒店业的发展起了一定的促进作用。

中西式酒店是在西式酒店的带动下，由民族资本投资兴建的一大批中西风格结合的新式酒店。这类酒店在建筑式样、店内设备、服务项目和经营方式上都接受了西式酒店的影响，而且在经营体制方面也仿效西式酒店的模式，实行酒店与银行、交通等行业联营。至20世纪30年代，中西式酒店的发展达到了鼎盛时期，在当时的各大城市中，均可看到这类酒店。中西式酒店将输入中国的欧美酒店业经营观念和方法与中国酒店经营环境的实际相融合，为中国酒店业进入现代酒店时期奠定了良好的基础。

3. 中国的现代酒店业

我国现代酒店业的发展历史不长，但速度惊人。自1978年我国开始实行对外开放政策以来，大力发展旅游业，为我国现代酒店业的兴起和发展创造了前所未有的良好机遇。从1978年至今，大体经历了四个发展阶段：

第一阶段（1978—1983年），为旅游酒店业的初创阶段。这一时期的酒店，很大部分是从以前政府的高级招待所转变而来，处于从原来的接待型事业单位向经营型企业单位转化的时期。

第二阶段（1984—1987年），为旅游酒店业的稳步发展阶段。这一时期，酒店业基本完成了由事业单位向企业的转变，迅速走上了科学管理的轨道。它的标志是1984年在全行业推广北京建国酒店的经验。建国酒店是北京第一家中外合资酒店，也是全国第一家聘请海外酒店管理集团管理的酒店。1984年3月，中央和国务院领导批示国有酒店也应按照北京建国酒店的科学方法进行管理，并在全国102家酒店进行了试点。通过推行这套管理方法，酒店业在管理、经营、服务等方面都发生了深刻的变化，迈向了科学管理之路。

第三阶段（1988—1994年），是酒店业推行星级评定制度，与国际酒店业接轨的阶段。1988年，我国酒店业已拥有旅游涉外酒店1496家，客房22万间。为使我国迅速发展的酒店业能规范、有序地发展，1988年，国家旅游局颁布了酒店星级标准，开始对旅游涉外饭店进行星级评定。我国的酒店星级标准，是在世界旅游组织的专家指导下，参照国际的通行标准并结合我国实际情况制定出来的。我国酒店业实行星级制度，可以促使我国的酒店的服务和管理与国际接轨，符合国际标准。

第四阶段（1995年至今），酒店业进入专业化、集团化经营管理的新阶段。20世纪80年代以来，国际上许多知名酒店管理集团纷纷进入中国酒店市场，向我国酒店业界展示了专业化、集团化管理的优越性。我国酒店业通过资产重组和体制创新，也逐步向专业化、集团化经营管理迈进。

2010年开始，我国酒店智慧化进程逐渐显现，杭州黄龙饭店与国际商用机器公司等公司合作，投资超过10亿元在中国建立了第一家智慧酒店——杭州黄龙饭店。尤其是在新冠疫情下，消费者对无接触服务的市场需求更刺激了智慧酒店的发展。

三、酒店的类型与业态变化

按照酒店服务对象、规模、等级和计价方式分类，是国际酒店业的四种传统分类方法。根据某些特定标准对酒店进行分类，一是有利于顾客选择，二是有利于酒店的市场营销，三是便于同行业的比较。

（一）酒店的传统分类方法

1. 按服务对象分类

根据酒店服务对象的特点，一般把酒店分为商务型酒店、度假型酒店和公寓型酒店三种。

（1）商务型酒店

商务型酒店（Commercial Hotels）多位于城市的商业区，接待商务客人、观光度假客人及因其他原因作短暂逗留的客人。这类酒店的客人，在酒店平均逗留期较短、流动量较大，酒店的服务及设施配备的适应性较广，在酒店业中所占的比例最大。高档酒店还设置“行政楼层”（Executive Floor），专门为高级行政人员服务。

（2）度假型酒店

度假型酒店（Resort Hotels）多位于海滨、山区、温泉、海岛、森林等旅游胜地，开设各种娱乐、体育项目，如滑雪、骑马、狩猎、垂钓、划船、潜水、冲浪、高尔夫球、网球等，这是因为，度假地区的景观及其旅游活动的吸引力是一个度假型酒店成功的关键。度假型酒店因易受淡、旺季节的影响而采取较为灵活的经营方式，如实行淡季价、旺季价，拉大价格差距。不少度假型酒店还增设了会议设施，吸引各种会议客人。

（3）公寓型酒店

公寓型酒店（Apartment Hotels）也称为长住型酒店。此类酒店一般采用公寓式建筑的造型与布局，适合住宿期较长、在当地短期工作或休假的客人或家庭居住。从发展趋势看，公寓型酒店一是向豪华型发展，服务设施和服务项目日趋完备，如我国不少大城市中出现的高档酒店式公寓；二是分单元向客人出售产权，成为提供酒店服务的共管式公寓（Condominium）。不少酒店还实行定时分享制（Tine-sharing-system），与其他地方的相同类型设施的所有者交换使用。

2. 按酒店规模分类

酒店的规模可以用很多标准来衡量，而按照酒店拥有客房数量来表示酒店规模，是一种传统的分类标准，它在各种衡量标准中最为客观。

（1）小型酒店

一般把客房数在 100 间以下的称为小型酒店。在我国酒店业中，小型酒店数约占 56%，客房总数约占 27%。在夫妻酒店占主导的欧洲，酒店的平均客房数不足 50 间；而在日本，酒店平均客房数约为 70 间。在小型酒店中，客人较易受到家庭式的服务。但是，由于受建筑设施和经济实力等方面的限制，小型酒店在宣传招徕和综合服务等方面的竞争力较弱。

（2）中型酒店

一般把客房数在 100 间到 500 间的酒店称为中型酒店。中型酒店的设施相对来说较为齐全，能够提供舒适、方便的客房、餐厅、酒吧、康乐设施、健身设施等服务，是一般旅游者理想的休息娱乐场所。美国酒店的平均规模大约为 125 间客房。而在我国酒店业中，中型酒店数约占 43%，客房总数约占 67%。

（3）大型酒店

一般把客房数在 500 间以上的酒店称为大型酒店。在我国，大型酒店数量约占 1% 左右，客房总数约占 6%。大型酒店的设施和服务项目十分齐全，一般都有各种大小规格的会议厅、宴会厅和健身设施、康乐设施、迪斯科舞厅、音乐酒吧等。大型酒店在宣传招徕和综合服务等方面具有明显的优势，但在经营方面承担的风险也很大，必须采用先进的设备和科学的管理手段，具备良好的营销能力。

3. 按酒店等级分类

酒店有着严格的等级划分。酒店等级划分有两种客观的方法，一种方法是用平均房价来衡量，而另一种则是世界通用的等级评定标准。

全世界有近 100 种等级评定系统，不同的国家和地区采用的等级标准不同，用以表示级别的标志与名称也不一样。目前，世界上通用的酒店等级制定与表示方法大致有以下几种：

（1）星级制

星级制是指把酒店根据一定的标准分成的等级分别用星号（ * ）表示出来，以区别其等级的制度。比较流行的是五星制，星越多，等级越高。一般来说，五星级酒店属于豪华酒店；四星级属于高档酒店；一星级、二星级和三星级属于有限服务酒店。这种星级制在世界上尤其是欧洲，采用最为广泛（参见“美国酒店星级标准”）。我国也采用此种分级方法。

据文化和旅游部公布的 2022 年度全国星级饭店统计调查情况显示：截至 2022 年年底，我国共有 7337 家星级饭店，其中五星级饭店 783 家、四星级饭店 2285 家、三星级饭店 3487 家、二星级饭店 768 家、一星级饭店 14 家。

（2）字母表示法

许多国家将酒店的等级用英文字母表示，即 A、B、C、D、E 五级，A 为最高级，E 为最低级。有的国家虽采取五级制，但用 A、B、C、D 四个字母表示，最高级用 A1 来表示。

（3）数字表示法

用数字表示酒店等级的方法，一般采用最高级用豪华表示，继豪华之后由高到低依次为 1、2、3、4，数字越大，档次越低。

4. 按酒店计价方式分类

根据酒店向客人收取的房费中是否包含餐费的标准来分类，酒店又可以分为欧式计价酒店、美式计价酒店、修正美式计价酒店、欧陆式计价酒店与百慕大计价酒店五种类型。

（1）欧式计价酒店

欧式计价酒店（EP）指酒店客房价格仅包括客房住宿费，不含餐食费用。国际上大多数酒店都采用这一形式，我国的酒店一般也都采用欧式计价。在通常情况下，只要酒店未向客人对报价作特别说明，均为欧式计价。

（2）美式计价酒店

美式计价酒店（AP）指酒店客房价格包括房租以及一日早、中、晚三餐的费用。美式计价形式曾一度被几乎所有度假型酒店采用。但随着交通的发展，旅客流动性增强，美式计价形式逐渐被淘汰了。目前，地处偏远的度假酒店及会议中心仍然使用美式计价形式，却赋予它一个更现代的名称："全包价方案"（An All-Inclusive Plan）。

（3）修正美式计价酒店

修正美式计价酒店（MAP）是一个精明的折中方法，客人的早餐和晚餐包括在房费中，但不包括午餐。这种计价形式可以使客人有较大的安排白天活动的自由，又可以为酒店继续保留提供晚餐所带来的效益。欧洲的"半包餐"计价形式相当于修正美式计价方式，房费中包括早餐、午餐或晚餐。让客人在午餐或晚餐中任选一餐，便于客人灵活安排日程。

（4）欧陆式计价酒店

欧陆式计价酒店（CP）指房价中包括欧陆式早餐，即早餐包括咖啡、面包及果汁。这种计价形式也称为"床位连早餐"报价（Bed-Breakfast），较多地被不设餐厅的家庭旅馆采用。

（5）百慕大计价酒店

百慕大计价酒店（BP）是指酒店房价包括住宿费及一顿丰盛的西式早餐。这种计价形式对商务旅客具有较大的吸引力。

（二）酒店业态的变革浪潮

酒店业在近几十年发生了重大的变革，传统的分类方法已不足以涵盖今天的酒店业，酒店业正按照新的模式调整自身的结构。其中智慧酒店、设计型酒店、精品酒店、主题酒店和倡导环境友好的绿色酒店，在当代社会都有了迅猛的发展。

1. 智慧酒店

智慧酒店（Smart Hotel）是将现代互联网、物联网、大数据、云计算、人工智能等高新技术运用于酒店的"食、住、行、游、购、娱"等方面，实现酒店管理及服务信息化、网络化及智能化的高效整合和优化，为顾客提供舒适便捷的体验和服务。智慧酒店的核心包括智能化设施、智能化管理和智慧化服务。智慧酒店在中国的发展可以追溯到2010年，当时杭州黄龙酒店与国际商用机器公司等公司合作，投资超过10亿元在中国建立了第一家智慧酒店，其通过全方位的酒店管理系统和无线射频等智能体系和技术来进行智慧酒店的建设，使住客获得更方便舒适的体验。

智慧酒店以互联网和信息技术为依托，推出在线选房、刷脸入住、自助前台、行李寄送、机器人送餐等服务举措，简化服务流程，节省大量时间，使顾客摆脱传统酒店繁杂的服务程序，实现了酒店智慧化入住、智慧化居住和智慧化退房，给顾客带来快捷、便利和高效的服务。

全球第一家支持“全场景刷脸”住宿的酒店，阿里巴巴无人酒店“菲住布渴”在2018年年底开业。该酒店实现了从入住到退房的所有业务人工智能化，将全程无人值守、全方位智能住宿模式落地，推动了智慧酒店进一步发展。

2. 设计型酒店

设计型酒店（Design Hotel）是指采用专业、系统、创新的设计手法和理念进行前卫设计的酒店。具有独一无二的原创性主题，具有与众不同的系统识别，且不局限于酒店项目的类型、规模和档次。

设计型酒店的形式始于20世纪80年代中期，源于世界著名设计师Phillippe Starck，他可以将牙刷变成艺术品，将电视变成玩具。1990年，酒店业怪杰Ian Schrager请Phillippe Starck为纽约的派拉蒙酒店（Paramount Hotel）进行全面设计，由大堂的桌椅到房间的床柜到浴室牙刷，里里外外，全都出自Starck的手笔。客人住在派拉蒙酒店，就像住在Starck的设计产品陈列室一样。Starck的名气加上其风格独特的设计使派拉蒙酒店成为世界顶级的经典“设计酒店”。从此“设计型酒店”成为酒店业的一个前沿概念。

设计型酒店追求时尚（boutique）、前卫（edging）、精致（sophisticated）和创造性（creativity），这也给设计家们提供了发挥天才的舞台。例如，美国新奥尔良的阁楼523酒店（Loft 523 Hotel）体现着著名建筑师Frank Lloyd Wright的“有机建筑”的理念；纽约的Mercer Hotel具有强烈的波希米亚风格，以吸引SoHo（Small Office，Home Office）一族的光顾。一些历史悠久的酒店，如建于1911年的英国艺术之家酒店（Art House Hotel）也请名家设计，改建成博物馆型的设计型酒店。国际酒店连锁集团也意识到设计型酒店的重要性，纷纷斥巨资专门请名建筑师设计，如Ritz-Carlton酒店在西班牙的巴塞罗那艺术酒店（Hotel Arts Barcelona），由建筑师Frank Gehry将酒店的外观设计成泛着金属光泽的鱼形，矗立在蔚蓝的海滨，使其成为酒店业和建筑业的经典。

3. 精品酒店

精品酒店（Boutique Hotel）源于法语的“Boutique”一词，原指专卖时髦服饰的小店。这类酒店在装饰环境上强调“小而精致”。它的客房数量不多，但其内部装修极其豪华，别具特色。在服务方面，精品酒店采用的是管家式服务，服务人员与客房的比例是3∶1，甚至4∶1，而在星级酒店，这个数字通常是1∶1，最多是2∶1。这类酒店面向的客户群体是高收入、高品位的极少部分人群。

精品酒店自诞生以来，以其良好的市场表现和消费发展趋势，赢得了众多投资者和管理者的青睐。洲际集团和万豪集团等知名连锁饭店集团也都创立了自己的精品酒店品牌。在精品酒店里，顾客能得到特别的关注。顾客的名字无人不知，酒店的员工了解顾客的口味和偏好，真正做到了“了解顾客之需，了解顾客需要的时机，了解顾客需要的程度”。

一些为商务客服务的精品商务酒店，整合各种商务科技用品，笔记本电脑、MP3、CD 音乐播放器、打印输出、网线以及客房手机充电器等都能立即连接；可升降调整的人体多功能座椅，体贴工作辛劳的商务客；37英寸数码液晶电视，搭配DVD家庭剧院，笔记本电脑画面可切换到液晶电视上，或用随身携带的音乐播放器连接到 5.1 声道环绕音响，享受绝佳的影音效果；具备打印、复印、扫描功能的多功能事务机 24 小时待命。

4. 主题酒店

主题酒店（Theme Hotel）把某一特定的元素或风格，融入酒店的建筑、形象、服务和文化中，形成酒店的主题。这个主题可以是人文的，也可以是自然的，只要特色鲜明，就可以归入主题酒店。独特性、新颖性、文化性是主题酒店生存与发展的基础。主题酒店是市场竞争的产物，最早出现在美国，1958 年，加利福尼亚州的 Madonna Inn 首先推出了 12 个主题房间，随后发展到 109 间，成为最具代表性的主题酒店，比如以“美国丽人”为主题的美国丽人玫瑰房，就赢得了不少女性的青睐。主题酒店可分为：人文景观主题酒店、自然景观主题酒店、历史文化主题酒店、名人文化主题酒店、艺术特色酒店和移植主题酒店等。

2016 年，上海迪士尼度假区开业，与此同时，两家迪士尼主题酒店——上海迪士尼乐园酒店和上海迪士尼玩具总动员酒店也开门迎客，由于两家酒店都拥有鲜明的迪士尼故事主题和丰富多样的娱乐活动，深受客人喜爱。

5. 绿色酒店

近几年来，环保意识和可持续发展意识逐渐成为时代发展主流，各行各业都积极加入到了绿色环保的行列中来，酒店业的发展也不例外。绿色酒店逐渐成为酒店业发展的趋势。2016 年 2 月 1 日，新版旅游业行业标准《绿色旅游饭店》（LB/T007-2015 代替 LB/T007-2006）正式实施。该标准明确了绿色旅游饭店的创建、实施、改进及评定要求，并就标准的适用范围、相关规范性引用文件、相关术语和定义进行了说明。

绿色酒店的等级程度由银杏叶叶数表示，最低 1 片叶子，最高 5 片叶子，叶数的多少表明酒店的绿色化程度已经达到了何种水平，叶数越多代表酒店的绿色化程度越高，叶数越少代表绿色化程度越低。早在 2006 年 10 月份，上海市旅游委员会共召集了 200 多家星级达到四、五星的酒店，进行绿色环保创新宣传。经过专家小组评定审查，最终上海中油大酒店以“金叶”级的荣誉成为上海第一家绿色酒店。

第二节　全球连锁酒店集团的发展

一、全球著名的连锁酒店集团

美国《HOTELS》杂志是国际酒店与餐厅协会会刊，也是世界酒店业公认的权威杂志。在《HOTELS》最新公布的2022年《TOP 300 Hotels》排名中，全球前300家大酒店集团中有113家酒店集团总部设立于美国，36家总部位于中国大陆与中国香港。在全球连锁经营酒店集团十强（见表1-1）名单中，合并喜达屋的万豪国际酒店集团，以超过149万间客房数依然维持全球首位，中国锦江集团成长率最高，通过购并快速扩张，酒店数超过1万家，成为自2018年起崛起速度最快的连锁酒店集团。

除此之外，在最新的全球连锁酒店排名中，还有两家中国酒店集团进入前十名。其中，华住表现出一如既往的稳定，从连续三年保持第九的位置上升到第七位，而且在酒店数和房间数的增速方面，均保持在10%以上。另外一家是首旅如家，凭借467983间客房、5983家开业门店排位第九名。

表1-1　2022年全球前十名连锁酒店集团

排名	酒店集团名称	总部所在地	酒店数（家）	客房数（间）
1	万豪国际集团 Marriott International	美国	80821	1491191
2	锦江国际 Jinjiang International	中国	12359	1266976
3	希尔顿酒店集团 Hilton Hotels Corp.	美国	7165	1127430
4	洲际酒店集团 IHG（InterContinental Hotels Group）	英国	6364	911627
5	温德姆酒店集团 Wyndham Hotels & Resrts	美国	9095	842510
6	华住酒店集团 Huazhu Hotels Group LTD	中国	5400	802000
7	雅高集团 Accor	法国	8593	809478
8	精选国际酒店公司 Choice Hotels International	美国	7487	627804
9	首旅如家酒店集团 AIR Hotel Group	中国	5983	467983

续表

排名	酒店集团名称	总部所在地	酒店数（家）	客房数（间）
10	最佳西方 BWH Hotel GrouP（Best Western）	美国	3923	343220

（一）万豪国际酒店集团

位于全球连锁酒店集团榜首的万豪国际集团创建于1927年，总部位于美国华盛顿。万豪国际集团拥有21个著名酒店品牌，在全球经营的酒店达80821家、约150万间客房，年营业额近200亿美元，多次被世界著名商界杂志和媒体评为首选的酒店业内最杰出的公司。

万豪国际（Marriott）集团旗下拥有万豪（Marriott Hotels & Resorts），J.W万豪（JW Marriott Hotels & Resorts），万丽（Renaissance Hotels & Resorts），万怡（Courtyard），万豪居家（Residence Inn），万豪费尔菲得（Fairfield Inn），万豪唐普雷斯（TownePlace Suites），万豪春丘（SpringHill Suites），万豪度假俱乐部（Marriott Vacation Club），丽思卡尔顿（Ritz-Carlton）等众多品牌，覆盖了奢华、高级、精选、常住等各个酒店细分领域。其门店遍布全球131个国家和地区，拥有员工约12.8万人。

（二）锦江国际酒店集团

位于中国连锁酒店集团榜首、亚洲第一、全球连锁酒店集团次席的锦江国际集团旗下的锦江酒店管理有限公司截至2022年年底拥有超万家酒店、超百万间客房。锦江国际拥有和运营的酒店品牌有“J”“岩花园”“锦江”“昆仑”“丽笙Radisson”“郁锦香Golden Tulip”“锦江都城”“康铂Campanile”“丽枫”“维也纳”和“白玉兰”等，覆盖了48个高、中端及创新酒店品牌。

最近几年，锦江集团先后将拥有超过10万间客房的卢浮酒店集团，印度的Sarovar酒店、度假村收入囊中。同时，完成对丽笙酒店的收购，增加了近20万间客房，一跃从第五蹿升至全球第二。截至2022年年底、锦江酒店拥有已签约酒店规模数达12359家，约127万间客房，覆盖全国31个省（直辖市、自治区）470多个城市，拥有16亿会员。

二、连锁酒店集团的管理模式

连锁酒店集团的管理模式，主要可分为自主经营、委托管理、特许经营、租赁经营、第三方管理和联盟经营等几种类型。

（一）自主经营的管理模式

自主经营（independent management）是指企业通过自有资金或融资方式自行投资建造酒店，并自行经营管理酒店。酒店集团在成长初期，一般都采用自主经营模式（见表1-2）。

长处是所有权与经营权统一，短处是没有内外的规模效益。

表 1-2　全球自主经营酒店集团排行

排名	全球自主经营酒店集团	客房数（间）
1	Accor 雅高集团	703806
2	NH Hotels NH 酒店集团	58355
3	MGM Hotels 米高梅酒店	48268

（二）委托经营的管理模式

委托经营管理（mandatory administration）又称管理合同，是指酒店以合同形式交由酒店管理公司经营管理。委托管理的三个基本要点：管理方输出管理模式与管理人员；业主享有经营收益并承担财务风险；管理方向被管理方收取一定比例的管理费用（约占营业额的 2%~5%）和奖励管理费（约占毛利润的 3%~6%）。

管理方权限于日常管理，无重大决策权；管理方低风险扩张，不用投资就可获经营权；管理方直接收益低，且占用稀缺的管理人才。双方的权益保障取决于管理合同谈判的策略。

全球委托管理酒店集团排行（见表 1-3）。

表 1-3　全球委托管理酒店集团排行

排名	全球委托管理酒店集团	客房数（间）
1	Marriott International 万豪国际集团	1317368
2	Hilton Hotels 希尔顿酒店集团	912960
2	IHG（InterContinental Hotels）洲际酒店集团	836541

（三）特许经营的管理模式

特许经营（franchise）是指酒店集团将自己所拥有的商标、产品、经营模式等以特许经营合同的形式授予被特许者使用，并向被特许者收取相应的费用。

特许方为受许方制定经营标准，提供市场营销、品质管理、人员培训、物资采购和技术等方面的帮助；受许方在特许方指导与监督下自行经营，在产权和财务上保持独立。

特许经营的模式目前比较受到业主和酒店连锁集团的青睐。特许方的好处在于：低成本规模扩张、提升品牌影响力、长期的经济收益；弊端在于：品牌的危机风险。受许方的好处在于：改善运作的模式、提升市场知名度、拓宽其营销渠道；弊端在于：企业的财务风险。

全球特许经营酒店集团排行（见表 1-4）。

表 1-4　全球特许经营酒店集团排行

排名	全球特许经营酒店集团	酒店数（间）
1	温德姆酒店集团（Wyndham hotels& resorts）	8888

2	锦江国际（Jinjiang International）	8595
2	精选国际酒店公司（Choice Hotels International）	7148

（四）租赁经营的管理模式

租赁经营（lease managemengt）是经济型连锁酒店直营店常用的形式，由酒店集团作为租赁方与业主签订租赁合同，优势与劣势与自主管理类似。通过租赁经营，集团公司可以回避初期巨额的困境，迅速扩大规模，但也会带来巨额经营成本的压力。

租赁经营的另一种形式是带资管理。高端的酒店管理集团公司一般会通过独资、控股或参股等直接或间接投资方式来获取酒店经营管理权，并对其下属系列酒店实行相同的品牌标识、服务程序、预订网络、采购系统、组织结构、财务制度、政策标准、企业文化及经营理念的管理方式。香格里拉酒店集团是在我国最早采用此方式的国际酒店集团，对大多数管理的酒店持有绝对控股权。

（五）第三方经营的管理模式

第三方管理（the third party management）又称“国际化品牌 + 本土化管理”。在这种模式下，一家知名酒店管理公司（通常拥有国际品牌）和另一家专业酒店管理公司（第三方酒店管理公司）与业主共同签订三方协议，由知名酒店管理公司接受业主方委托，再交由第三方酒店管理公司，使用知名酒店管理公司的品牌及管理模式。

第三方管理模式的优点：业主方可支付较低的管理费；知名管理公司只需输出品牌，在维持品牌形象同时可收取一定的管理费；第三方公司摆脱了知名度不高的困境，可获得一定经营收益。

（六）联盟经营的管理模式

联盟经营（management）是酒店为了保持和增强自身的竞争力，自愿与其他酒店在某些领域进行合作的经营形式。近年来，伴随着全球分销系统的（GDS）普及和互联网实时预订功能的实现，国外的联盟经营集团应运而生并且发展迅猛。它是由众多的单体经营酒店自愿付费参加，并通过分享联合采购、促销、预订、培训、市场开发、技术开发等资源而形成的互助联合体。

为了提高行业利润，增强彼此的竞争优势，降低市场竞争成本和交易成本，许多航空公司、酒店、景区开始实施旅游产品一体化经营，如民航公司开展的酒店预订系统，民航与大型酒店集团联手开发旅游景点等等。随着旅游综合体的发展，也使酒店产业发生了重大的变革。

三、连锁酒店集团的经营优势

全球著名连锁酒店的经营优势主要体现在以下几个方面：

（一）管理优势

酒店集团一般多具有较为先进、完善的管理系统，因而能为所属的连锁酒店制定统一的经营管理方法和程序，为酒店的建筑设计、内部装饰和硬件设施规定严格的标准，为酒店的服务订立统一的操作规程。这些标准和规范被编写成经营手册分发给各所属酒店，以使各连锁酒店的经营管理达到所要求的水平。同时，根据经营环境的变化，及时改进酒店的经营管理方法和操作程序，确保酒店集团经营管理的先进性。

酒店集团定期派遣巡视人员到所属酒店中去检查，及时对酒店经营与服务中的问题提出建议和指导。酒店集团内部还设有培训部门，负责拟订培训计划并提供酒店经营专家，如工程技术、内部装饰、财务会计、市场营销、电脑等方面的专业人员，对所属酒店员工进行在职培训。

（二）技术优势

酒店集团有能力向所属酒店提供各种技术上的服务和帮助，这些服务和帮助通常是根据所属酒店的需要有偿提供的。例如，集团性经营的酒店公司能为所属酒店提供集中采购服务。由于酒店集团要求所属酒店实现设备、设施和经营用品标准化、规格化，因而一些大酒店集团专门设立负责酒店物资供应的分公司或总部采购部，向各酒店提供统一规格的、标准化的设备和用品，从而形成比较完善的集团物资供应系统。而集中大批量购买又能获得较大的价格折扣，使酒店经营成本降低。

酒店集团化经营也为生产和技术的专业化、部门化提供了条件。例如，在生产上，对食品生产加工、设备维修改造、棉织品洗涤等方面进行集中管理，以达到降低酒店经营成本的目的。在技术上，提供酒店开发阶段或更新改造时所需的可行性研究等服务。

（三）财务优势

一般来说，独立的酒店企业不易得到金融机构的信任，在筹措资金时有可能遇到困难。参加酒店集团则可使金融机构对其经营成功的信任度增加从而愿意提供贷款，因为酒店集团以其庞大的规模、雄厚的资本和可靠的信誉提高了所属酒店的可信度。同时，酒店集团还能为所属酒店提供金融机构的信息并帮助推荐贷款机构。

（四）营销优势

酒店集团一般规模宏大，经营较为成功，因而在国际上享有较高的声誉，在公众中产生深刻的印象。参加了酒店集团就可以使用集团的名称和店标，这对宣传广告极为有利。特别是在拓展国际市场时，一个为公众所熟悉的国际酒店集团名称，往往更容易使宾客产生对酒店产品的信赖感，更能吸引宾客。

单一经营的酒店通常缺乏足够的资金大力进行广告宣传，尤其是国际性广告。而酒店集团则可以集合各酒店的资金进行世界范围的大规模广告，有能力每年派代表到世界各地参加旅游交易会、展览会，并与旅游经营商直接交易，推销各所属酒店的产品。这种联合广告可使集团中每一酒店的知名度大大提高。

同时，酒店集团都有较为先进的客房预订系统，配备高效率的电脑中心和直通订房电话，为集团成员酒店处理客房预订业务，并在各酒店间互荐客源。酒店集团在各地区的销售队伍，不仅向各酒店及时提供市场信息，而且还在各大市场为各酒店招徕团队和会议业务，大大有利于酒店开发国际市场。

在酒店连锁经营时期，酒店业发达的地区并不仅仅局限于欧美，而是遍布全世界。值得一提的是，亚洲地区的酒店业从 20 世纪 60 年代起步发展到如今，其规模、等级、服务水准、管理水平等方面毫不逊色于欧美的酒店业。在美国《机构投资者》杂志《Institutional Investor》每年组织的颇具权威性的世界十大最佳酒店评选中，亚洲地区的酒店往往占有半数以上，名列前茅。由香港东方文华酒店集团管理的泰国曼谷东方大酒店，十多年来一直在世界十大最佳酒店排行榜上名列榜首。亚洲地区的酒店业中，已涌现出较大规模的酒店集团公司，如，日本的大仓酒店集团（Okura Hotels）、日本的新大谷酒店集团（New Otani Hotels）、香港东方文华酒店集团（Oriental Mandarin）、香港丽晶酒店集团（Regent Hotels）、新加坡香格里拉酒店集团（Shangrila Hotels）、新加坡文华酒店集团（Mandarin Singapore）等。这些酒店集团公司不仅在亚洲地区投资或管理酒店，并已扩展到欧美地区。近几年，中国酒店集团得到迅猛发展，锦江国际、华住酒店集团和首旅如家酒店集团都位于全球排名前十的酒店集团中。特别是锦江国际位列全球酒店集团排名第二，仅次于万豪国际集团。

第三节　现代酒店经营理念的演变

现代酒店企业销售的最基本要素是什么？不是那些看得见的产品，而是那些看不见的企业经营者的理念和思想。“观念决定思路，思路决定出路。”在世界酒店业发展史上，正是希尔顿的“七大信条”、丽兹卡尔顿的“黄金标准”、马里奥特的“经营哲学”、喜来登的“十诫”等全新的经营思想和理念，引导这些企业进入了世界最著名酒店的行列。

一、从“CI”到“CS”的演变

今天，几乎所有酒店企业经营者都认识到，只有使顾客满意，企业才能生存和发展。但这种顾客满意的理念，是在企业生存发展环境、社会消费习惯、产品概念以及企业经营战略等发生深刻变化的背景下逐步确立起来的。

（一）从注重企业形象到关注顾客的满意度

1. 酒店业的“CI”理念

“CI”（Corporate Identity，即企业形象）是一种以塑造和传播企业形象为宗旨的经营战略。CI 战略成型于 20 世纪 50 年代，70 年代风靡全球，80 年代中后期被导入我国企业界，并为国内酒店业所接受。CI 战略通过对企业形象的设计，有计划地将本企业的各种鲜明特征向社会公众展示和传播，从而在市场环境中形成本企业标准化、差异化的形象。

实践证明，CI 对酒店企业加强市场营销及公共关系发挥了非常直接的作用。但随着市场竞争日益激烈和人们对市场经济规律认识的深化，CI 也逐渐暴露出它的局限性。因为 CI 的整个运作过程是按照企业的意志加以自我设计（包装），通过无数次重复性地向社会公众展示，“强迫”顾客去识别并接受企业的形象。因此，CI 战略依旧停留在“企业生产什么，顾客接受什么”的传统经营理念上。

2. 酒店业的“CS”理念

随着市场从推销时代进入营销时代，在 CI 的基础上产生了 CS（Customer Satisfaction，即顾客满意）。CS 是指企业为了不断地满足顾客的要求，通过客观地、系统地测量顾客满意程度，了解顾客的需求和期望，一体化地改进产品和服务质量，从而获得持续改进业绩的一种企业经营理念。

CS 理念及其在此基础上形成的 CS 战略，在 20 世纪 80 年代末超越了 CI 战略，在世界发达国家盛行。20 世纪 90 年代中期，CS 理念为我国企业界所认识和接受。尽管构成顾客满意的主要思想和观念方法很早就有企业实践过，但是作为一种潮流，则出现于 20 世纪 90 年代。CS 战略关注的焦点是顾客，核心是顾客满意。其主要方法是通过顾客满意度指数的测定来推进产品和服务，满足顾客的需求；目标是赢得顾客，从而赢得市场，赢得利润；实现了从“企业生产什么，顾客接受什么”转向“顾客需要什么，企业生产什么”的变革。

3. “CI”与“CS”的比较

CS 战略比 CI 战略具有更多优势，主要体现在以下几个方面：

（1）企业理念方面

CI 的目标是通过建立独特的企业识别系统来塑造和传播良好的企业形象，进而获取更多的利润，并未跳出以企业为中心的理念范畴；CS 则通过建立完善的顾客满意系统来更好地为顾客服务，获得顾客的满意感，体现了以顾客为中心的更高层次的企业理念。

（2）操作实施方面

CI 是围绕着“识别”和“形象”来进行的，CS 则是以“服务”和“满意”为宗旨运作的。

（3）价值层次方面

CI 所提出的“识别”与“形象”概念，着眼点在现有顾客和潜在顾客，它所突出的是企业的自身价值；CS 所提出的“服务”与“满意”概念，将“社会满意度”作为最高目标，将“顾客满意”扩大到社会和全体公众的层面，更加突出企业的社会价值，它要求企业经营活动朝着有助于维护社会稳定、推动道德进步和保持生态平衡等诸多方面协调发展。

（4）评价标准方面

CS 引入了顾客满意度指标，与 CI 的企业形象评估方法相比，可使企业更加具体而准确地把握顾客的需要与追求。

（5）市场关系方面

CI 理念体现了企业由生产导向转变为市场导向的需要与水平，CS 理念则标志着企业由市场导向转变为顾客导向的需要和水平。

（二）CS 理念在酒店中的运用

CS 经营理念强调要从顾客视角出发来开展企业的一切经营活动，以实现顾客满意和企业目标实现的目的。那么，现代酒店企业如何吸引顾客呢？

1. 让客价值理论的提出

美国市场营销学家菲利普·科特勒提出了“让客价值”（Customer Delivered Value，CDV）的新概念。它的主要含义是：顾客购买一种商品或服务，要付出的是一笔“顾客总成本”，而获得的是一笔“顾客总价值”。“顾客总价值”与“顾客总成本”的差值，就是“让客价值”。即：

让客价值 = 顾客总价值 – 顾客总成本

顾客总价值是指顾客购买和消费产品或服务时所获得的一组利益，主要由产品价值、服务价值、人员价值和形象价值构成。顾客总成本是指顾客购买和消费产品或服务时所耗费的时间、精神、体力以及所支付的货币资金等，它包括货币成本、时间成本、体力成本和精神成本（见图 1–1）。

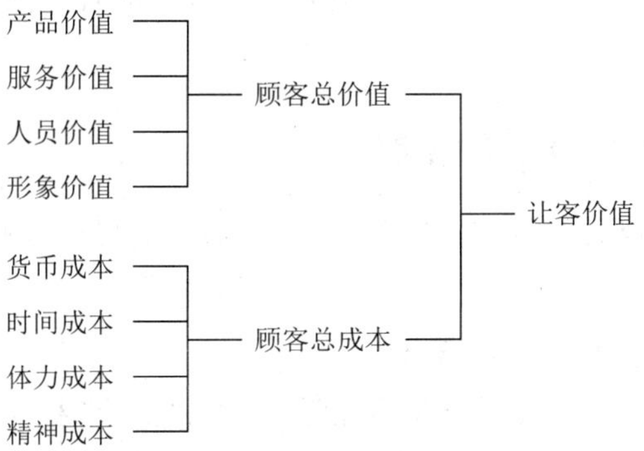

图 1–1　让客价值的构成要素

2. 提高让客价值的途径

酒店要在竞争中战胜竞争对手，吸引更多的顾客，就必须向顾客提供比竞争对手具有更多让客价值的产品。这样才能使自己的产品进入消费者的“选择组合”之中，最后使顾客购买本企业的产品。

（1）降低顾客总成本

企业经常忘了顾客在交易过程中同样有成本。酒店对降低自己的交易成本有一整套的方法与规程，却很少考虑如何降低顾客总成本。酒店要吸引顾客，首先要评估顾客的关键要求，然后设法降低顾客总成本，提高让客价值。分析和控制成本不能只站在酒店的立场上，还要从顾客的角度进行全面、系统、综合的评价。为此，酒店应鼓励从事顾客服务工作的员工，树立顾客总成本的概念和意识，不要把眼光只盯在酒店的成本上。

（2）理顺服务流程

酒店要提高顾客总价值、降低顾客总成本而实现更多的让客价值，就必须对酒店的组织和业务流程进行重新设计。必须以顾客需求为出发点，认真分析酒店的业务流程，进行重新规划和整理，加强内部协作，建立一个保证顾客满意的企业经营团队，让顾客获得更多的让客价值。

（3）重视内部顾客

顾客的购买行为是一个在消费中寻求尊重的过程，而员工对客服务的积极性很大程度上影响着顾客满意度。据研究，当企业内部顾客满意度提高到85%时，企业外部顾客满意度高达95%。开放式交流、充分授权以及对员工的教育和培训是提高内部顾客满意度的好办法。为使顾客满意，应当赋予一线员工在现场采取行动的决策权，让中层管理人员由原来的政策控制者和执行者变成政策执行的疏通者，使一线的行动更加便捷。

（4）改进绩效考核

成功的酒店都把顾客满意度作为最重要的竞争要素，经营的唯一宗旨是让顾客满意。因此，他们评价各部门和人员的绩效指标，都与顾客满意度有关。以顾客满意度作为考核的绩效指标，使酒店和顾客的关系发生了微妙的变化。他们的共同点都在于“满意”，利益的一致使双方变得亲近，员工服务也更发自内心，酒店的销售量自然也会不断提升。

二、从“CS”到“CL”的拓展

随着商品经济的不断发展完善，市场竞争逐渐加剧升级，酒店企业的经营理念和管理理论也随之变化和升华。

（一）从顾客满意到顾客忠诚的延伸

20世纪90年代末，正当我国企业界在强调CS理念之时，CS经营理念又开始向更高的境界延伸，这就是“CL”（Customer Loyal，即顾客忠诚）。企业开始从追求市场份额的数量，转向追求市场份额的质量。

1. 培育忠诚顾客的意义

忠诚的顾客是成功企业最宝贵的财富。美国商业研究报告指出：多次光顾的顾客比初次登门者可为企业多带来20%~85%的利润；固定客户数目每增长5%，企业的利润将增加25%。对酒店企业来讲，培育忠诚顾客的意义可以归纳为：

（1）有利于降低市场开发费用

任何企业的产品和服务都必须为市场所接受，否则这个企业就不可能生存下去，而进行市场开发的费用一般是很高昂的。由于酒店产品与服务的相对固定性，建立顾客忠诚更有特殊意义。如能达到引导顾客多次购买，从而可大大降低市场开发费用。据美国管理协会（AMA）估计，保住一个老顾客的费用只相当于吸引一个新顾客的费用的1/6，而且老顾客由于对企业的忠诚、对该企业产品与服务高度的信任和崇尚，还会吸引和带来更多的新顾客。企业在推广新产品时，也由于忠诚顾客的存在，可以很快打入市场、打开销路，从而节省新产品的市场开发费用。

（2）有利于增加酒店经营利润

越来越多的酒店企业认识到，建立起一批忠诚顾客是企业的依靠力量和宝贵财富。正如美国商业研究报告指出的那样，多次惠顾的顾客比初次登门者可多为企业带来利润；随着企业忠诚顾客的增加，企业利润也随之大幅增加。

（3）有利于增强酒店竞争力

酒店企业之间的竞争，主要在于争夺顾客。实施 CL 战略，不仅可以有效防止原有顾客转移，而且有助于酒店赢取正面口碑，树立良好形象。借助忠诚顾客的影响，还有助于化解不满意顾客的抱怨，扩大忠诚顾客队伍，便于酒店企业走上良性循环发展之路。

2.“CS”与“CL”的关系

CL 侧重企业的长远利益，注重将近期利益与长远利益相结合，着眼于营造一批忠诚顾客，并通过这个基本消费群去带动和影响更多的潜在消费者接受企业的产品与服务。以顾客忠诚度为标志的市场份额的质量取代了市场份额的规模，成为企业的首要目标。“顾客永远是对的”这一哲学被“顾客不全是忠诚的”思想所取代。

需要说明的是，企业经营理念的几次跨越是一种包容而非排斥的关系，前者是后者的基础，即顾客满意需要良好的企业形象，顾客忠诚必须建立在顾客满意的基础之上，缺一不可。

从 CI 到 CS，从 CS 到 CL，这是人类经济发展和社会进步的一种反映，是市场经济发展规律的体现。每一家酒店企业都需要遵循这个规律，不断提高顾客满意度，培育一大批忠诚顾客。

（二）CL 理念在酒店中的运用

CL 理念侧重企业的长远利益，注重营造一批忠诚顾客，强调企业要以满足顾客的需求和期望为目标，有效地消除和预防顾客的抱怨和投诉，不断提高顾客满意度，在企业与顾客之间建立起一种相互信任、相互依赖的“质量价值链”。那么，现代酒店经营者如何营造忠诚顾客队伍呢？

1. 消费者非常满意理论的提出

美国市场营销学家菲利普·科特勒提出了“消费者非常满意”（Customer Delight）的理论。该理论认为：顾客在购买一家企业的产品以后是否会再次购买，取决于顾客对所购产品消费结果是否满意的判断。如果产品提供的实际利益低于顾客的期望，顾客就会不满意，就会不再购买这一产品；如果产品提供的实际利益等于顾客的期望，顾客就会感到满意，但是否继续购买这一产品，仍然具有很大的不确定性；如果产品提供的实际利益超出了顾客的期望，顾客就会非常满意，就会产生继续购买的行为。因此，顾客的购后行为取决于他的购买评价，而购买评价又源于购买结果。企业要创造出重复购买企业产品的忠诚顾客，就要使顾客感到非常满意（见图 1–2）。

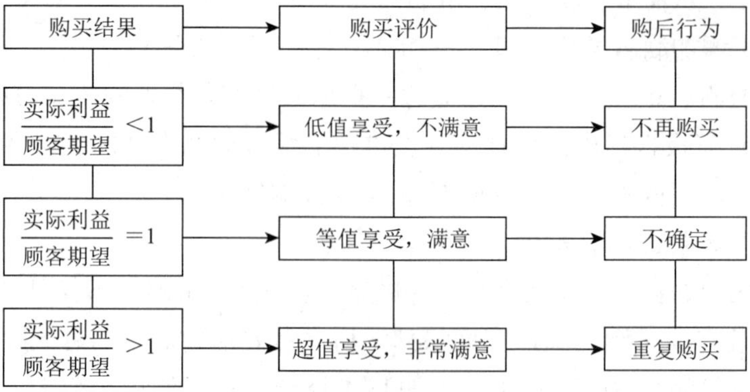

图 1–2　购买结果与购后行为的关系

2. 赢得顾客忠诚的举措

（1）做好顾客期望管理

一般来说，顾客对产品的期望来源于他们过去的购买经历、朋友和同事的介绍以及企业的广告承诺等。因此，要超越顾客的期望值，关键在于酒店企业首先要将顾客的期望值调节到适当的水平，在调节好顾客期望值的同时，设法超越顾客期望值，给顾客一份意外的惊喜。酒店可以通过可靠地执行所承诺的服务，并与顾客进行有效的沟通，来对顾客期望进行有效的管理。

第一，保证承诺反映现实。明确的服务承诺和暗示的服务承诺这两项都完全处在酒店的控制中，对这些承诺进行管理是一种直接、可靠的管理顾客期望的方法。通过切实可行的努力以确保对顾客所作的承诺能够反映真实的服务情况，将使酒店从中获益。而过分地进行承诺，将会损害顾客的信任，破坏顾客的容忍度。

第二，与顾客进行沟通。经常与顾客进行沟通（理解他们的期望和所关心的事情，对他们所接受的服务进行说明，或者只简单地对顾客表示感激），会增强顾客的容忍度，是一种管理顾客期望的有效方式。酒店通过与顾客进行经常的对话，加强与他们的联系，就可以在问题发生时处于一个有利的地位。酒店积极地发起沟通，以及对顾客发起的沟通迅速地表示关心，都传达了一种合作的感情，而这又是顾客经常希望却又很少得到的。与顾客进行有效的沟通，有助于在服务发生问题时减少或避免顾客的挫折感，从而使顾客树立对企业的信任和容忍。

（2）设法超越顾客期望

期望管理为超出期望铺垫了道路。期望管理失败的一个主要原因是无法超出期望，受到管理的期望为超出顾客期望奠定了坚实的基础。

第一，进行优质的服务传送。在服务传送过程中，顾客亲身经历了提供的服务技能和服务态度，有助于保持更低的期望和更大的容忍，从而使超出这些期望更为可能。每一次与顾客的接触都是一次潜在的机会，可使顾客感到他得到了比期望更好的服务。而那些只是机械地执行服务，对顾客十分冷淡的员工就会浪费这些机会。

第二，利用服务重现。服务重现工作是一个绝好的超出顾客期望的机会。在处理这些服务问题时，过程尤其重要。虽然在服务重现期间，顾客对结果和过程方面的期望都会比平时更高一些，但过程方面提供了更大的超出期望的机会。同样，顾客在服务重现期间将比在日常服务期间更加注意服务的传送过程。企业可利用服务重现，使顾客感到惊奇，并通过特别的服务超出顾客的期望。

三、从“CS”到“ES”的升华

20 世纪末，随着“服务利润链”理论研究的深入，企业的经营理念又开始向更深的层次演变，这就是“ES”（Employee Satisfaction，即员工满意）战略的实施。

（一）从强调顾客满意到关注员工满意

赢得顾客，最终赢得企业利润，是现代企业的经营目的。但越来越多的研究表明，员工满意与顾客满意有着不可分割的联系，满意的顾客源于满意的员工，企业只有赢得员工满意，才能赢得顾客满意。因此，企业经营战略又从 CS 理念向 ES 理念升华。

1.ES 理念的含义

ES 理念的基本含义是：现代企业只有赢得员工满意，才会赢得顾客满意。因为面向服务的员工是联系企业与顾客的纽带，他们的行为及行为结果是顾客评估服务质量的直接依据。服务企业必须有效地选择、培训和激励与顾客接触的员工，在他们满意的同时营造顾客满意。

ES 战略注重企业文化建设和员工忠诚度的培育，把人力资源管理作为企业竞争优势的最初源泉，把员工满意作为达到顾客满意这一企业目标的出发点。图 1–3 表示了 CI、CS、CL 与 ES 之间的联系。

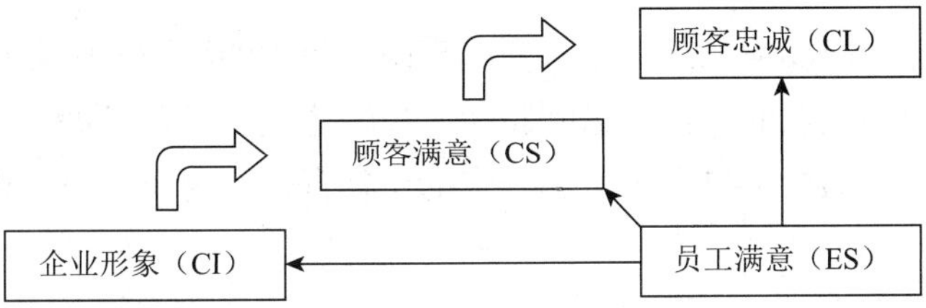

图 1–3 CI、CS、CL 与 ES 的关系

2. 员工满意的意义

员工满意理念的强化，源于“服务利润链”理论研究的结果。“服务利润链”理论认为，在企业利润、成长性、顾客忠诚、顾客满意、提供给顾客的产品与服务的价值、员工能力、员工满意、员工忠诚及效率之间存在直接相关的联系，如图 1–4 所示。

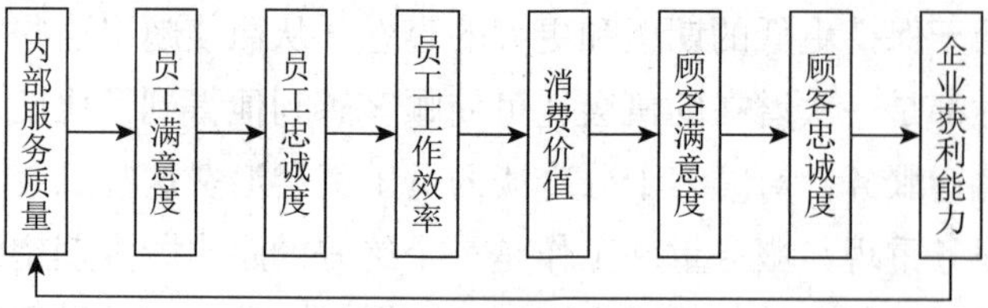

图 1-4 “服务利润链”构成因素

（1）顾客忠诚度决定企业获利能力

顾客忠诚度的提高能促进企业获利能力的增强。忠诚顾客所提供的销售收入和利润往往在企业的销售总额和利润总额中占有很大的比重。这些收入不仅是企业所有利润的主要来源，而且弥补了企业在与非忠诚顾客交易时所发生的损失。因此，忠诚顾客的多少在很大程度上决定了市场份额的质量，这比用实际顾客的多少来衡量市场份额的规模更有意义。

（2）顾客满意度决定顾客忠诚度

顾客忠诚度是由顾客满意度决定的。顾客之所以对某企业的产品或服务表现出忠诚，视其为最佳和唯一的选择，首先是因为他对于企业提供的产品和服务满意。在经历了几次满意的购买和使用后，顾客忠诚度就会随之提高。

（3）消费价值决定顾客满意度

顾客满意度由其所获得的价值大小决定。顾客在购买商品时，总希望成本尽可能低，利益尽可能大，以使自己的需要得到最大限度的满足。因此，顾客所获得的价值越大，其满意度越高。

（4）员工工作效率决定消费价值

高价值源于企业员工的高效率。企业员工的工作是价值产生的必然途径，员工的工作效率直接决定了其创造价值的高低。事实证明，顾客因员工的高效率而获得更高的价值。

（5）员工忠诚度决定员工工作效率

员工忠诚度的提高能促进其工作效率的提高。员工的忠诚意味着员工对企业的未来发展有信心，为成为企业的一员而感到骄傲，关心企业的经营发展状况，并愿意为之效力。因此，忠诚度高的员工自觉担负起一定的工作责任，为企业努力地工作，工作效率自然提高。

（6）员工满意度决定员工忠诚度

正如顾客忠诚度取决于对企业产品和服务的满意度一样，员工忠诚程度同样取决于员工对企业的满意程度。

（7）内部服务质量决定员工满意度

企业的内部服务质量是决定员工满意度的重要因素。员工对企业的满意主要取决于两个方面：一是企业提供的外部服务质量，如薪金、红包、福利和舒适的工作环境等；

二是内部服务质量，即员工对工作及对同事持有的态度和感情，若员工对工作本身满意，同事之间关系融洽，那么内部服务质量是较高的。

"服务利润链"所揭示的一系列因素相互之间的关系表明，一个企业想要获得顾客满意，首先必须赢得员工满意。

（二）ES 理念在酒店中的运用

ES 理念注意员工忠诚感的培育，把员工满意作为达到顾客满意目标的出发点。那么，现代酒店经营者应如何提高员工满意度呢？

1. 内部营销理论的提出

内部营销（Internal Marketing）是指成功地选择、培训和尽可能激励员工很好地为顾客服务的管理工作。它包括两个要点：一是服务企业的员工是内部顾客，企业的部门是内部供应商。当企业员工在内部受到最好服务而向外部提供最好服务时，企业的运行可以达到最优。二是所有员工一致认同企业的任务、战略和目标，并在对顾客的服务中成为企业的忠实代理人。

内部营销是一项管理战略，其核心是增强员工是内部顾客的意识，在把产品和服务通过营销活动推向外部市场之前，应首先对内部员工进行营销。任何一家企业都应认识到，企业中存在一个内部员工市场，内部营销作为一种管理过程，能以两种方式将企业的各种功能结合起来。首先，内部营销能保证企业所有级别的员工，理解并体验企业的业务及各种活动；其次，它能保证所有员工得到足够的激励并准备以服务导向的方式进行工作。内部营销理论强调的是企业在成功实现与外部市场有关的目标之前，必须有效地完成组织与其员工之间的内部交换过程。

从管理角度上看，内部营销功能主要是将目标设定为争取到自发又具有顾客意识的员工。从策略层次上看，内部营销的目标是：创造一种内部环境，以促使员工之间维持顾客意识和销售关心度。从战术层次上看，内部营销的目标是：向员工推销服务，宣传并激励营销工作。

2. 企业文化的培育

现代酒店的 ES 战略注重企业文化。所谓企业文化，是指企业员工在长期的生产经营活动中培育形成并共同遵守的最高目标、价值标准、基本信念和行为规范。主要包括：企业的最高目标和宗旨，共同的价值观，作风及传统习惯，行为规范和规章制度，企业环境和公共关系，企业形象识别系统，培育和造就杰出的团队英雄人物。在酒店实施 ES 战略过程中，

企业文化的功能主要体现在以下几个方面：

（1）引导功能。企业文化以各种方式暗示企业中提倡什么、崇尚什么、员工应追求什么，以此来引导员工为实现企业目标而自觉努力。一方面是直接引导员工的性格、心理、思维和行为，这是浅层次的导向功能；另一方面是通过整体价值观的认同，引导员工进行自我约束，调整公私之间的平衡，这是深层次的导向功能。

（2）整合功能。在社会系统中，凝聚个体的主要力量来自心理的作用。企业文化以微妙的方式沟通企业与员工的感情，在无形中将群体的不同信念、理想、作风和情操融合在一起，形成群体的认同感。员工通过亲身的感受，产生对企业的归属感，从而自觉地把自己的思维、感情和行为方式与企业的目标联系起来，形成使命感，以最大限度地发挥自身的能动性。

（3）激励作用。企业文化通过创造人文主义氛围，使员工感受到企业对他们的尊重，从而激发出员工极大的创造热情。另外，企业文化通过塑造一种和谐、宽松的气氛，为员工创造自由发挥的空间，使他们把自我实现的心理需求与企业的崇高目标有机结合起来，从而产生一种极大的激励作用。

（4）约束功能。企业要正常运转，需要约束机制将不同个性员工的思想和行为统一化，企业文化在这方面发挥着巨大的作用。酒店中有店规店纪、奖惩制度、文件命令等文字形式的管理制度，这是企业文化的表层约束机制。企业文化更注重深层次的约束，即通过社会文化亲和力来实现约束功能。

（5）辐射功能。在企业发展的初始阶段，企业文化的影响力较小，仅限于组织内部。当企业实力逐渐增强之后，企业与外界交往日渐增多，强势企业文化开始向外扩展，通过公共关系、业务关系、企业形象等渠道，将丰富的文化内涵展现在公众面前，这种辐射力作用会传递到周围区域，使某些社区带上企业文化的特征。

（6）稳定功能。企业文化是一代甚至几代人努力的结果，其精神内容会逐渐渗透到企业的各个层面，一旦确立就很难在短期内改变，其作用的发挥将持续较长时期，甚至当外界环境发生变化时都不会轻易改变。稳定功能可以使企业文化中的精华长久地保存下去，促进企业健康发展。

本章小结

现代酒店是以间（套）夜为时间单位出租客房，以住宿服务为主，并提供商务、会议、休闲、度假等相应服务的住宿设施。对酒店定义的分析、酒店分类方法的了解以及现代酒店业态变化的研究，有助于对现代酒店进行全面了解。

凭借着管理、技术、财务和营销方面的四大集团化经营优势，今天的酒店业已成了连锁酒店的世界。通过自主经营、委托经营、特性经营、租赁经营、第三方经营和联盟经营等管理模式，连锁酒店集团的规模不断得到扩张。在传统上由西方酒店集团垄断的全球酒店业，中国的本土酒店集团开始脱颖而出。

观念是先导。现代酒店经营者要达到预期的经营目标，首先要有正确的经营理念。从CI到CS，从CS到CL，从CL到ES，是经济发展和社会进步的一种反映，也是现代酒店企业适应市场经济发展规律的需要。这几次理念的跨越，是一种包容而非排斥的关系。前者是后者的基础，即顾客满意需要良好的企业形象，顾客忠诚必须建立在顾客满意基础之上，而顾客的满意与忠诚离不开员工的满意。

同步练习

一、同步学习

1. 扫描本章二维码，进行网络课程的预习。

2. 找到书后习题，完成练习和自测。

二、问题思考

1. 传统的酒店分类方法有哪几种？其分类的依据是什么？

2. 现代酒店业态出现了哪些新变化？

3. 中西方酒店业经历了哪几个发展阶段？

4. 世界著名连锁酒店集团有哪些发展模式？有何利弊？

5. 酒店的 CI、CS、CL 和 ES 理念有什么不同？

三、课堂交流

以 3~4 人的小组为研究单位，通过互联网或实地考察酒店查找资料，进行以下问题的研究，作出调研报告，编制 PPT 文件，在课堂上进行交流分享。

1. 列举世界著名酒店集团的经营特色及发展模式。

2. 研究下列实例参考，解读其中所体现的酒店经营管理理念。

实例参考

法国雅高酒店管理集团

法国雅高集团总部设在巴黎，成立于 1967 年，是欧洲最大的酒店集团，拥有 15.8 万名员工，酒店业务涉及 110 个国家。雅高在世界范围内拥有超过 8000 家酒店，40 多个酒店品牌从经济型到豪华酒店，雅高提供了全系列不同档次的酒店服务，满足了不同需求层次顾客的需要。

雅高的成就：

法国雅高集团从一个只有 62 间客房的诺富特酒店开始起步，在短短数年内，成为法国乃至欧洲中档和经济型等领域酒店业的领导企业。自 1967 年雅高公司创立、成立了第一家诺富特酒店以来，在雅高创立后的 10 年内，雅高实现了从 1 家酒店到 146 家酒店的飞跃；雅高酒店数超过 200 家，只用了 13 年时间。到 2023 年，雅高集团拥有的酒店数已逾 8000 家。

一、雅高的借鉴

（1）雅高创业期正是法国酒店业发展的高速成长期，这个有利的外部环境使雅高具备了能快速成长的外部环境。同样，法国为了推动酒店业发展，在 20 世纪 50 年代所成立的酒店业信贷署，成为雅高快速发展的金融动力。

（2）雅高创业时的诺富特是个三星级酒店，相对四星及更高档酒店市场而言，具有更大的市场容量，也是成长市场中属于品位、档次较高的细分市场，这使雅高快速成长具备了市场空间。

（3）连锁发展是雅高企业创业前就制定了战略目标。雅高学习的标杆企业是假日酒店，雅高吸取了假日酒店成功的精髓——酒店产业化、标准化，通过标准化实施酒店的特许经营和连锁发展。

（4）雅高酒店建设时，从选址到酒店容量设计，建筑成本的控制和运营管理都有一套标准化体系，具有强大的可复制能力，这是推动雅高酒店业务的快速发展内在动力。

（5）雅高适时推出了宜必思、一级方程式等酒店品牌，形成了一个从低档到高档酒店的品牌系列，并在地域上组成了一个不同档次酒店群落，成为区域酒店业务的垄断者，具备了很强的竞争优势。

二、雅高成功的经验

雅高集团的成功给其他国际酒店管理集团的冲击和影响较为深远，雅高成功的速度“太快了”。正因为其成功速度非常快，引得世人惊讶。

（一）抓住一个战略机遇

从一个区域地区的某个行业发展的角度来看，任何一个行业都会出现一个高速增长期，如何在这个增长期获得快速成长，不同的投资者具有不同的看法和认识。

由于市场容量快速扩张，容易满足顾客的需求，诺富特通过100%的浴室设置，就能获得一定市场的成功。而当随着市场容量的逐渐饱和，在竞争中的获得成功的难度，要远远大于市场快速扩张期。酒店业的空白市场，缺乏有效的竞争，是雅高发展的战略机遇期。

（二）学习一个标杆企业

假日酒店在美国市场的成功，使得雅高有了一个学习的标杆企业，成功地通过复制假日酒店的扩张模式，在法国获得了成功。假日酒店也就失去了在欧洲发展类似连锁酒店的最佳机会。同样，当雅高在国际化拓展过程中，在巴西创立的“巴帝农（Partthenon）”品牌，出租公寓并提供与酒店服务类似的服务。该创意一经推出，在2年内推出了近50家Partthenon公寓。但是，该创意被竞争对手提前复制，并应用到了欧洲市场，从此雅高也失去了将该公寓扩张到欧洲的机会。一个标杆企业的成功模式，将影响后续者的成功模式。

（三）建造一个品牌连锁

雅高的发展战略的独特处在于“品牌连锁”的最终目标，在确定了以诺富特品牌在三星级市场进行扩张战略后，实施了在法国乃至欧洲的地域拓展。实现规模上的拓展，并不是采取进入高端市场的方式，雅高在发展过程中，始终坚定地执行了“规模制胜”的竞争原则，迅速扩大规模，占领行业性战略资源（地段和客源），以压迫竞争者的生存空间。

（四）构建一个竞争优势

雅高通过获得酒店行业的战略性资源，如，地段和客源，构建了一个竞争优势。地段与交通、客源、景区等资源密切联系。雅高在发展过程中，选择了一些具有发展潜力的地段，随着法国城市化进程的发展，许多地段成为交通便利的地点。另外，在选址上，选择高速公路出口一侧，也带来了很多便利。在获得一定知名度后，即可以较廉价的方法，既获得了新的较佳地段，又获得了税收等方面的优惠。

第二章

酒店的投资决策

学习目标

知识目标

- 知晓酒店投资可行性研究的内容
- 掌握酒店投资决策的主要分析方法
- 了解酒店建筑规划与设计的基础知识

能力目标

- 能运用确定型、风险型和不确定型决策方法，进行酒店投资项目的评估
- 能根据《旅游饭店星级的划分与评定》国家标准，对酒店前厅、客房和餐饮三大服务区域进行设计合理性的剖析

第一节　酒店的投资可行性研究

投资是指企业通过资金的投入以期在未来获得预期收益的经济行为。酒店是资金密集型企业，酒店的发展始终离不开投资的支持，而投资后能否在未来获得预期收益，投资决策的正确与否是至关重要的。酒店投资的可行性研究，就是对投资成功前景所作的投入产出分析，它可以减少酒店投资失败的概率，增加项目投资的信心，也有利于企业资金的筹集。

酒店是高固定成本结构的企业，而且使用年限较长，一旦投入往往难以改变，其投资决策成功与否对酒店未来的发展方向、发展速度和获利能力都有重大影响。所以在进行酒店建设投资决策时，一定要做好可行性研究，从地区状况、市场需求、服务设施与成本估算及效益预测方面进行全面、充分的论证。

一、地区状况分析

地区状况分析一般包括经济评价与位置分析两方面。

（一）经济评价

评价地区经济状况，其目的是为了掌握这一地区的经济水平和消费特点，以确定何种类型的产品在该地区经营最合适。如果该地区收入水平普遍较低，那么经营高档餐馆的成功希望就十分渺茫；如果该地区以商务客人为主，那么经营休闲度假酒店就不是明智之举。地区经济状况评价一般需从以下几方面进行分析：

1. 人口因素

虽然当地人口数量与酒店客房出租率并没有直接联系，但人口发展趋势往往能反映当地经济发展趋势。而一个地区的人口结构，往往可以表明当地居民对酒店餐饮服务的需求量。

2. 零售指数

商业零售额与酒店客房需求量也没有直接联系，但可用于估计某一地区的经济发展状况。随着人均收入和商业零售额的提高，当地商业将进一步繁荣，对酒店服务设施的需求量也将进一步增加。

3. 工商企业发展趋势

当地工商企业类别、数量、就业人数都能表明当地经济状况。金融业、保险业、房地产业、批发业和服务业一般能吸引大批旅行者，而且这些人员往往对酒店的房价不很敏感。

4. 商务办公楼

某一地区办公楼使用面积的发展趋势，往往能反映商务旅客和会议团队对酒店客房需求量的发展趋势。因为商务办公楼数量的增加，往往意味着对当地商务及会展旅游需求的增加。

5. 交通客流量

交通客流量是当地经济发展的一个标志，也是酒店市场需求量的一个重要标志。从火车、飞机、轮船、客车等的运输量及各自所占比重，可以判断对酒店服务设施的需求量。

6. 旅游者人数

某一地区旅游者人数也是当地经济发展和酒店市场需求量的一个重要标志。旅游者的旅游目的、旅游时间选择，可以反映市场对各种酒店服务设施的需求情况。

（二）位置分析

地区状况评价还包括详细的酒店选址分析。通常在可行性研究工作开始之前，投资者已经确定拟建场地。研究人员只需对这块场地是否适于建造某一类酒店提出自己的看法，并详细分析影响场地优劣的各种因素。

1. 场地描述

一般需要正确介绍场地轮廓和地形，邻近地区土地使用情况，以及需求产生点和旅游点到这块场地的距离和主要交通工具。

2. 进出难易程度

需考虑拟建酒店与需求产生点的距离以及可利用的交通工具。某些设施齐全的度假酒店和会议酒店远离交通要道，更能吸引顾客。然而，对商业酒店和汽车旅馆的顾客来说，场地进出方便性却非常重要。

3. 能见度

对大多数提前预订客房的顾客来说，场地能见度并不重要。然而，城市商务酒店的能见度对未提前预订客房的顾客却有极大的影响。对汽车旅馆来说，场地能见度很可能是影响需求量的关键因素。

4. 适宜性

应分析场地是否适于建酒店，适合建什么规模和类别的酒店，并对各类设施提出有关建议。

二、酒店市场需求分析

酒店市场需求分析一般包括市场分析和竞争分析两方面。

（一）市场分析

酒店市场是指使用酒店服务设施的顾客人数。市场分析需对今后的市场需求量变化作出估计。为了便于分析市场需求量，可将酒店市场划分为几个细分市场，因为各个细分市场的需求量、需求季节性、价格敏感性、平均住宿期、双人房租用率、对服务设施和服务项目的要求都会有所不同。可根据各个细分市场的特点，对各个细分市场的需求量进行定量分析，从而判断当地酒店市场的总需求量。

对各个细分市场未来需求量的估计可以根据各种增长因素从现有的市场需求量推算出来。这些增长因素对市场分析的结论很重要，它们的主要依据是可预测的趋势。经济状况以及分析人员的判断和经验（见表 2–1）。

表 2–1　按细分市场种类预测需求量

细分市场	增长系数（%）	当前需求量（千人）	预测需求量（千人）				
			2021 年	2022 年	2023 年	2024 年	2025 年
商务	3	92	94.75	97.6	100.5	103.5	106.4
会议	3	20	20.6	21.2	21.8	22.5	23.3
度假	5	35	36.75	38.5	40.5	42.5	44.6
观光	3	59	60.7	62.6	64.5	66.4	68.4

（二）竞争分析

在竞争分析过程中，应列出当地所有酒店。然后，研究人员应确定哪些酒店是直接竞争对手，哪些酒店是间接竞争对手；判断近期内当地是否会有新建酒店；确定当地现有酒店和拟建酒店客房数量；分析各个竞争对手酒店目前的房价结构、近年的客房出租率、市场定位、设备和服务设施；竞争对手酒店满足市场需求的程度；竞争对手酒店的优势与劣势。

竞争分析有助于企业确定：拟建酒店的总体概念和设计方案；酒店住宿服务设施和餐饮服务设施需求类别和需求量；拟建酒店应从哪些方面与竞争对手区别开来，以便取得竞争优势；拟建酒店应实施的营销策略。

三、项目建议与成本估算

在酒店投资的可行性研究中，一项重要的任务就是根据市场需求，对酒店的投资项目提出具体的建议，并对建造成本进行准确的估算。

（一）项目建议

酒店投资的项目建议，一般涉及酒店的等级与类型、客房数量与类型配置；客房大楼的建筑结构与平面布局；不同容量的餐厅和酒吧；酒店大堂与配套设施等。

1. 酒店等级与类型

酒店的等级与类型取决于目标市场客源的需求。首先，应将目标客源市场对酒店的服务要求列出清单，结合酒店星级评定标准决定酒店的类型与星级水平。如以接待旅游观光者为主，则酒店的档次不必太高；但如以商务客人为主要目标市场，则酒店档次应相应高些。其次，还应了解客人购买服务愿意支付的价格水平，并将支付的价格与酒店的供给成本相比较，避免今后陷入经营上的被动处境。

2. 客房数量与类型配置

确定客房数量的方法主要有三种。一是根据市场容量确定客房数量。对于一家新建的酒店，其经营规模首先取决于所在市场的容量与发展潜力，在同一市场上，如果同类酒店的平均房价与客房出租率都较高，则表明新建酒店可按较大经营规模投入，如市场情况与此相反，则投入巨资建造规模较大的酒店无疑会冒很大风险。二是，确定客房数量还应考虑技术要求。酒店的位置不仅仅直接影响到酒店的市场需求，有时还会影响到酒店发展的物理空间。比如，严格的建筑容积率标准常常使得酒店无法建造规模较大的建筑。除了基础上的技术要求外，在酒店服务设施配套上也有许多技术的临界点迫使酒店将自己的经营规模局限于一定的范围，如两台千吨的锅炉供应 200 间客房左右的酒店最合适，一旦超过 200 间客房这一临界点，酒店的经营成本将明显上升。三是可参照现有酒店的经营业绩选择最佳规模。可从当地不同规模酒店经营业绩的比较中，确定新建酒店的最佳规模。

酒店的客房类型有很多种（见表 2-2），确定客房类型配置的基础是市场分析，应研究当地的市场需求以及酒店的经营目的、服务对象、遵循对酒店经营有利的原则。在商务性质的城市酒店中，单人客房的需求量很大。套间的质量也与酒店的等级相关，五星级酒店可设总统套间，一般酒店则不必设置豪华套间，以免造成不必要的浪费。

表 2-2　酒店客房的基本类型

单人间	商务套间
大床间	错层套间
双床间	连接套间
三人间	豪华套间
普通套间	总统套间

3. 建筑结构与平面布局

客房楼层的建筑结构主要有板式、塔式和内天井式三种（见图 2-1），每一种形式又衍生出多种平面设计。客房楼层的建筑结构不仅要考虑酒店的场地环境，而且要考虑楼层结构对酒店的能源消耗、客房服务员行走距离以及对客人活动的影响。

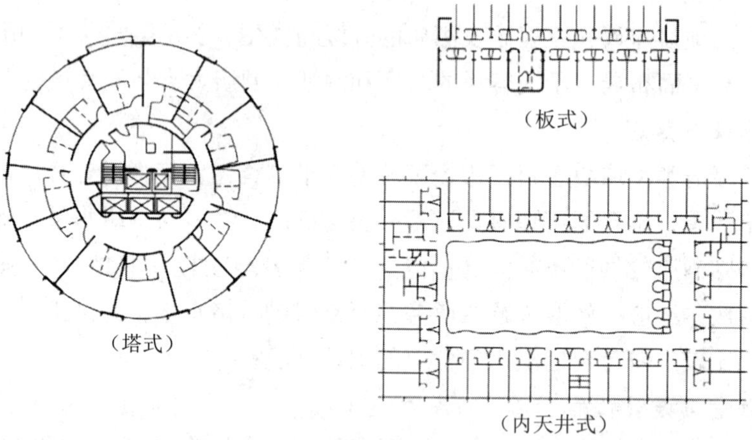

图 2-1　酒店客房楼层建筑结构类型平面布局

在三种建筑结构中，板式建筑的客房层有效率指标最高。采用塔式建筑结构会使每层楼面的客房数目受到限制，但行走距离较短。虽然内天井式的建筑结构在各种楼层结构形式中属于很不经济的，它造成能源消耗过大，日常开支增加，但由于它提供了过去在室外才能体验到的仰视、俯视等观景条件，给酒店带来了特有的气派，所以越来越受到人们的喜爱。

酒店的平面布局主要涉及景向与出入口。要尽量使客房获得好的景向十分重要，面向最佳景向客房出租率高，房价也最高。同时，酒店应尽可能有几个不同功能的出入口，顾客出入口、员工出入口、货物出入口应分开。

4. 酒店的配套设施

酒店的配套服务设施主要涉及酒店的大堂、餐饮场所、娱乐设施以及商场等。酒店大堂规划包括入口、总服务台与顾客休息区。入口是酒店的形象标志，应着意加强入口的表现力，以便更能吸引客人；总服务台是酒店对外服务的主要窗口，应设在门厅内十分醒目的位置；供顾客逗留休息的门厅休息空间，要求相对安静、不受干扰。

酒店的餐饮设施包括咖啡厅、中餐厅、法式餐厅（扒房）、多功能厅（宴会厅）、风味特色餐厅、酒吧以及厨房部分。餐饮设施规划的依据是市场需求与酒店的经营意图。可以根据酒店的类别和规模、当地居民对餐饮服务的预计需求量，以及当地的竞争情况，对酒店餐饮服务设施的类别和接待能力提出建议。

（二）成本估算

酒店投资需要大量资金，根据投资成本的内容，可以分为四大类：

1. 建筑物成本

建筑物成本一般按每平方米价格计算。这项成本的高低和不同地区、城市的物业价格水平有关。

2. 非建筑物成本

非建筑物成本的内容包括家具、固定装置、设备、室外娱乐活动设施、停车场、环境美化、管道铺设、路面修筑等。这项成本的高低和酒店投资的档次有关。

3. 软成本

软成本包括酒店项目整个建设和筹建期的法律咨询费、设计费、筹资成本、保险费、营业准备费用、开业资本金。这项成本的高低和酒店的建设周期等因素有关。

4. 土地成本

土地成本高低和酒店建造所在城市、选择的具体地段有关。

以上四项成本之和构成酒店的投资总成本。酒店投资一般以每间客房的平均投资水平作为预算与比较的指标，因此，酒店投资总额等于客房数量乘以每间客房的平均造价。根据目前国际酒店业的一般标准，五星级酒店每间客房的平均造价约 25 万美元；四星级酒店约 20 万美元；三星级酒店在 10 万—15 万美元之间；经济型酒店在 3 万—5 万美元。根据不完全数据统计，我国沿海发达城市近几年建造的不同星级酒店，投资总成本要高于国际行业标准。

四、收入与费用预测

在提出项目建议以后，还需估计拟建酒店的经营成果，它包括酒店营业收入和费用预测两个方面。

（一）酒店营业收入预测

1. 客房营业收入

客房营业收入多少取决于客房出租率与平均房价的高低。正确估算酒店在未来若干年的客户出租率与平均房价是十分重要的，因为他们不仅与客房收入与支出有着直接的联系，而且还是预测酒店其他收入与支出的基础。

客房营业收入 = 酒店客房数 × 预期客房出租率 × 预期平均房价 ×365（天）

进行精确的客房出租间天数分析，需对酒店所在市场的潜在总需求做定量分析，并确定自己酒店与主要竞争对手在该市场上分别占有的份额。市场总需求可以使用以下两种方法作出估计：

第一种是需求产生点分析法。该方法需首先列出酒店市场的所有需求产生点，然后对主要需求产生点进行抽样调查，确定各个需求产生点每周或每月的需求数量，包括客人的数量、批次停留时间、客人的消费习惯等一系列重要的需求特点，最后对于各需求点的需求数量予以加总，据此可以得到某一酒店市场需求总量。

第二种是酒店业务量分析法。该方法要求与酒店管理人员尤其是酒店营销人员及其他熟悉酒店情况的人面谈，了解每家酒店全年平均客房出租率，计算每家酒店客房出租总间天数并予以汇总，然后再加上酒店未满足的旺季需求（间天数），即可得到酒店市场总需求。

在实际操作过程中，通常采用以上两种方法相结合的形式来确定酒店市场的需求，对酒店市场规模作出切合实际的估计。

2. 餐饮营业收入

酒店的餐饮营业收入可进一步细分为食品与饮料两大部分，后者通常用食品营业收入的一定百分比表示。对于食品营业收入，由于消费者不仅仅是住店客人，还包括当地居民的消费，故不能简单地用住店客人总数乘客人消费水平得到。

餐饮营业收入的具体测算如下：

餐饮营业收入 = 食品营业收入 + 饮料营业收入

饮料营业收入 = 食品营业收入 × 选定的百分比（40%~50%）

食品营业收入 =（早餐就餐人数 × 早餐人均消费）+（中餐就餐人数 × 中餐人均消费）+（晚餐就餐人数 × 晚餐人均消费）+（宴会就餐人数 × 宴会人均消费）

在这里，每餐客人平均消费水平可参照有关数据估计。

每餐就餐人数 = 住店客人就餐人数 + 当地居民就餐人数

当地居民就餐人数 = 住店客人就餐人数 × 选定的百分比

应该指出，每餐的百分比是不同的，一般而言，早餐与晚餐住店客人比例会高些，中餐则以当地居民消费为主，故这一比率多为经验数据。

住店客人就餐人数（每餐）= 住店客人总人数 × 选定的百分比住店客人

宴会就餐人数 = 每周宴会次数 X 宴会平均人数 ×52（周）

3. 其他营业收入

这一收入一般按酒店客房收入的一定百分比计算得到，其他营业收入包括电话营业收入、商场租金收入、洗衣房收入、娱乐部门营业收入等。

4. 酒店营业收入总额预测

酒店营业收入总额的计算方式如下：

酒店营业收入总额 = ∑ 酒店各项营业收入

（二）酒店营业费用预测

1. 客房营业费用

客房营业费用是指与客房出租与保养有关的费用。员工工资和相关费用在客房营业费用中占有相当大的比重。客房部门员工工资和相关费用在一定程度上随客房出租率的变化而变化，佣金和预订费用通常是根据客房营业收入的一定百分比计算的。因此，这些费用的数额与客房出租率和房价有直接联系。

2. 餐饮营业费用

餐饮营业费用是与餐饮经营活动有关的费用。食品和饮料成本数额随销售收入呈正相关变化，员工工资和相关费用也随销售收入改变。器皿、布件、物料用品等费用和其他营业费用基本上是固定费用。

3. 管理费用

酒店行政管理人员的工资，以及与酒店行政管理工作相关的费用，都是管理费用。大多数管理费用都是固定费用，但是，现金余缺、信用卡佣金、信贷和收款费用、坏账费用等在一定程度上随营业收入总额的变化而变化。管理费用同样可以按占营业收入一定百分比预测，或参照同类酒店的管理费用水平计算。

4. 营销费用

营销活动对于酒店经营是十分重要的，它的有效运作有助于酒店开拓市场，增加客源市场占有的份额。一般来说，营销费用可按单位客房计算，它包括营销人员工资、广告费用及其他营销活动所需的支出。

5. 其他费用

酒店经营还需支出其他许多的费用，其中有能源费用、设备维修保养费用以及酒店提取的折旧与缴纳的各种税金。酒店的能源费用很大一部分是固定费用，它几乎不随客房出租率的变化而变化。维修保养费用随着酒店经营年限的增加而增加。无论是折旧费用还是税金，均可以按酒店营业收入的一定百分比预测。

6. 酒店营业支出总额预测

酒店营业支出总额的计算公式如下：

酒店营业支出总额 = ∑ 酒店各项营业费用

五、酒店投资的财务评价

追求较高的投资效益是酒店经营者全部投资活动的目的所在。酒店投资的财务评价，就是借助财务评价的指标，对酒店投资活动所作的定量分析。这些指标主要包括返本法、净现值法、内部收益率法和盈利能力指数法。

（一）返本法

返本法是指通过计算一项酒店投资项目投产后所产生的税后利润总和等于该项目初

始投资额时所需年限的方法，又称为投资回收期法。这种方法主要是计算投资所需要的返本期长短，如果每年的净现金效益量相等，可用每年净现金效益量除以净现金投资量，即可得到返本期。如果每年的净现金效益量不等，就需要用推算的方法求返本期，一般也可通过计算年均净现金效益量来推算。假设某投资项目有三个方案，如表 2-3 所示。

表 2-3　三个投资方案的净现金流量表

年次	投资方案		
	方案 A（元）	方案 B（元）	方案 C（元）
0	—1000	—1500	—2000
1	200	500	1000
2	200	500	600
3	400	300	400
4	400	200	1000
5	400	200	
6	500	1000	

（注：表中的负值净现金流量指净现金投资量、正值净现金流量是指净现金效益量）

根据表 2-3 中的有关数据，可计算出投资项目各方案的返本期如下：

$$方案A=\frac{1000}{(200+200+400+400+400+500)\div 6}=2.86（年）$$

$$方案B=\frac{1500}{(500+500+300+200+200+1000)\div 6}=3.33（年）$$

$$方案C=\frac{2000}{(1000+600+400+1000)\div 4}=2.67（年）$$

使用返本法评价投资方案，需要首先确定一个标准返本期，即最低限度的返本期，然后将建议的投资方案的返本期与其进行比较，小于标准返本期的方案均可接受。其中，返本期最短的方案为最优方案。例如表中三个方案的标准返本期都为 3 年，那么根据计算，上例中投资方案 A 和 C 的返本期都低于 3 年，因而两个方案都是可以接受的，而其中 C 方案的返本期最短，因而 C 方案为最佳方案，A 方案是次佳方案。

运用返本法的优点是便捷、简单、易懂。但其不足之处在于：一是未考虑资金的时间价值；二是只考虑了投资回收期，却忽略了投资回收期以后该项目各年的盈利状况，从而准确性不够高。

（二）净现值法

净现值等于投资方案未来预期收益总现值减去投资费用后的余额。计算公式如下：

$$NPV=\sum_{t=1}^{N}\frac{R_t}{(1+I)^t}-C$$

其中：NPV 表示净现值；C 表示投资费用；Rt 表示投资项目在未来 t 年内的收益量（各年收益不等）；I 表示资金成本率。

在上式中，若企业资金是从银行借贷的，则资金成本率为银行利息率；若资金来源于企业积累，则资金成本率为资金的机会成本；若资金来源于多种渠道，如银行借款、债券、股票或利润留成，那么资金成本率等于各项资金的成本率与各项资金在资金总额中所占百分比乘积之和。根据上述公式计算，若净现值 NPV 为负值，说明该方案不可行；如，净现值 NPV 等于零，意味着该方案的预期收益刚够还本付息；只有当净现值 NPV 为正值时，方案才可接受；净现值 NPV 越大，则收益越多，该方案可行性越强。

例如，某酒店企业欲投资建一家餐馆，其投资方案的净现金投资量为 6500 万元，第一年末的净现金收益为 1000 万元，第二年末的净现金收益为 1150 万元，第三年末的净现金收益为 1300 万元，第四年末的净现金收益为 1450 万元，第五年末的净现金收益为 1700 万元，第六年末的净现金收益为 1800 万元，第七年末的净现金收益为 1900 万元，资金成本率为 6%。则该项目的净现值可按公式计算如下：

$$NPV=\frac{1000}{(1+6\%)^1}+\frac{1150}{(1+6\%)^2}+\frac{1300}{(1+6\%)^3}+\frac{1450}{(1+6\%)^4}+\frac{1700}{(1+6\%)^5}+$$

$$\frac{1800}{(1+6\%)^6}+\frac{1900}{(1+6\%)^7}=8009.3-6500=1500.3\text{（万元）}$$

净现值 8009.3 万元减去 6500 万元为正值，说明该方案可行。如果有两个方案，其净现值均为正值，则看这两个方案是否独立。若二者各自独立，就都可采纳。若二者互相排斥，只能取其一，则应该选择净现值较大者。

净现值法的优点是不仅考虑了资金的时间价值，能反映方案的盈亏程度，而且考虑了投资风险对资金成本的影响，鼓励企业从长远和整体利益出发做出决策。缺点是该方法只反映了投资方案经济效益量的方面（即盈亏总额），而没有说明投资方案经济效益质的方面，即每单位资金投资的效率。这样容易促使决策者趋向于采取投资大、盈利多的方案，而忽视盈利总额较小，但投资更少，经济效益更好的方案。

（三）内部收益率法

内部收益率是指投资方案的未来预期净效益与投资费用之差等于零时的利息率或贴现率。如投资方案的内部收益率大于企业或上级主管部门规定的最小的投资收益率，则投资方案可取，否则就应拒绝。内部收益率公式如下：

$$\sum_{t=1}^{N}\frac{Rt}{(1+R)^t}-C=0$$

其中：C 表示投资项目的全部现金支出；Rt 表示投资项目在未来期间 t 年的净现金效益；R 表示投资项目计算的内部收益率。根据上例酒店投资的例子，计算如下：

$$6500=\frac{1000}{(1+R)^{1}}+\frac{1150}{(1+R)^{2}}+\frac{1300}{(1+R)^{3}}+\frac{1450}{(1+R)^{4}}+\frac{1700}{(1+R)^{5}}+\frac{1800}{(1+R)^{6}}+\frac{1900}{(1+R)^{7}}$$

先按 R = 10% 进行试算（见表 2–4）。当资金成本率为 10% 时，第一至第七年的现值系数顺序为 0.909、0.826、0.751、0.683、0.621、0.564 和 0.513。根据现值系数可算出按 10% 计算的贴现率的现值，大于期初的净投资量，说明内部收益率比 10% 要大。再按 12% 进行试算，用同样方法，算得净现值小于期初的净投资量，说明内部收益率要比 12% 小，因此，内部收益率在 10% 与 12% 之间。设内部收益率为 X，则：

$$\frac{|\,6871.15\,|}{|\,6392.65\,|}=\frac{R-10}{12-R}$$

计算得 R = 11.04%，即内部收益率为 11.04%。

表 2–4　贴现率试算表

年份	净现金效益（万元）	10% 贴现率的现值系数	现值（万元）	12% 贴现率的现值系数	现值（万元）
1	1000	0.909	909	0.893	893
2	1150	0.826	949.9	0.797	916.55
3	1300	0.751	976.3	0.712	925.60
4	1450	0.683	990.35	0.636	922.2
5	1700	0.621	1055.7	0.567	963.9
6	1800	0.564	1015.2	0.507	912.6
7	1900	0.513	974.7	0.452	858.8
净效益量的总现值			6871.15		6392.65

从经济意义上说，内部收益率实质上是资金成本的加权平均数，因为酒店投资项目资金来源往往是多渠道的。内部收益率法的优点是它为企业主管部门控制企业投资的经济效果提供了一个行业内部统一的、合理的衡量标准，这对加强行业投资管理具有重要的现实意义。该方法的不足之处在于内部收益率只是一个相对值，容易引起投资额很大、内部收益率低但收益总额很大的方案遭到否定。

（四）盈利能力指数

在酒店投资资金来源不受限制的情况下，只要投资方案的内部收益率大于资金成本，从理论上说，这些方案都是可取的。然而，酒店的资金通常总是有限的，在这种情况下，单纯按照内部收益率与资金成本的比较就很难确定酒店的最佳投资方案。在企业资金限制的条件下，可采用盈利能力指数法对投资方案进行选择（见表 2–5）。

盈利能力指数是酒店投资收益总现值与投资总额之比，这种方法按照不同投资方案的盈利能力指数，在不超过资金限制的条件下从大到小排列与选择投资方案。

盈利能力指数 PI 的计算公式为：

$$PI = PV/C_i$$

式中：PV 表示投资的收益现值；C_i 表示投资与收益。

表 2–5 投资的盈利能力指数

项目	C_0 现值（万元）	C_1（万元）	C_2（万元）	收益净现值（贴现率 10%）	盈利能力指数
A	−1000	3000	500	2100	3.1
B	−500	500	2000	1600	4.2
C	−500	500	1500	1200	3.4
D	0	−4000	6000	1300	1.4

表 2–5 中 1000 万元为每年的投资限额，C_0 代表酒店投资数量，C_1 代表第一年结束时投资的现金收益，C_2 表示第二年结束时投资的现金收益。

从表 2–5 中可以看出，投资项目 B 和 C 是可行的。这不仅是因为 B 和 C 两项投资正好等于投资限额，而且还在于这两项投资的盈利能力指数较大，两项投资的收益净现值大于项目 A 的 2100 万元。

盈利能力指数法也有自己的不足。如果用净现值对以上项目进行选择，投资的项目应该是 A 和 D，这两项投资在满足酒店投资限制的条件下在第二年结束时能带来 6500 万元的现金收益，超过其他投资组合产生的效益。由此可见，单纯用盈利能力指数法来进行投资选择，也可能出现不正确的决策。

第二节 酒店投资决策分析方法

决策，就是人们为了达到一定目标，在掌握充分的信息和对有关情况进行深刻分析的基础上，用科学的方法拟定并评估各种方案，从中选出合理方案的过程。

酒店企业在进行投资决策时，根据投资决策者所面临的信息状态，可以分为确定型、风险型和不确定型决策三种类型。投资者要善于在不同状态下，选用不同的决策分析方法。

一、酒店确定型决策分析方法

确定型决策是指各个备选方案都只有一种确定的结果的决策。对于确定型决策问题，决策的关键环节是判断什么样的行动方案能最好地实现既定的决策目标。

举例来说，某酒店决定向银行借贷一笔长期资金，利息自然要越低越好。假定现有五家银行愿意提供此种款项，其利率分别为8%、7.5%、7%、6.9%、6.5%。这是一个简单的确定型决策的例子，它具有五个备选方案，从中选取符合决策目标（即利息最低）的方案非常容易，即这家酒店应该向利率为6.5%的那家银行贷款。

确定型决策问题看来似乎很简单，但实际上拟订方案以及对各种方案的评估（包括建立目标和计算方法）也不是那么容易的。如果例子中的还款期不同，而且方案很多，就需要运用投资回收公式进行计算。上例中的五个方案如果改作酒店对外投资的决策，则还要计算风险因素、机会成本等。下面我们主要介绍确定型决策方法在“盈亏平衡分析”中的应用。

众所周知，追求盈利性目标的企业在决定行动方案时必须考虑利润的实现情况。利润是总收入减去总成本后的余额，而总收入等于销售价格（P）与销量（Q）的乘积，总成本的高低也与销量（Q）有密切关系。因此，为了研究酒店的盈亏状况，必须分析销量、成本和利润之间的变化关系，这种研究就称为量本利分析或盈亏平衡分析。

盈亏平衡分析中的一个重要概念是盈亏平衡点。在这一点上，企业经营活动正好处于不盈不亏的状态，也就是所得的收入恰好等于所费的成本的状态，这种状态亦被称作保本点。

通常，将现代酒店经营的成本区分为固定成本和变动成本两部分。固定成本（或称不变成本）是在一定期间内，当企业销量变化对其总额保持不变的成本。它们通常是由一些不易调整、使用期限较长的生产要素引起的费用，如折旧费、租赁费、利息支出和一般管理费等。无论销量多大，这些费用都是稳定不变的，只有当销量跃升到另一个区间时才表现为另一个固定的数额。

与固定成本相反，变动成本是指随销量的增加而同步增加的费用或成本。如，直接人工费、原材料消耗等费用，当销量为零时，其数额也等于零；当销量增加时，变动成本额随之按比例增加，所以称之为变动成本。这里要注意，变动成本是就总成本而言的。若从单位产品成本的角度来考察，固定成本与变动成本的概念则恰好相反。因为固定成本总额（F）在一定的时间内总是不变的，单位产品的固定成本就会随销量的增加而降低，这意味着销量越大，对企业越有利；而变动成本总额是随销量等的变化，所以单位产品的变动成本值（C_v）则保持相对不变。据此，可以推算出如下公式：

$$\text{利润} = \text{销量} \times \text{单价} - \text{销量} \times \text{单位变动成本} - \text{固定成本}$$

$$= QP - QC_v - F = Q(P - C_v) - F$$

式中，$P-C_v$ 为单位边际贡献，即产品销售单价超过单位变动成本的部分。欲计算保

本销量（通称盈亏平衡点销量），只要取利润值等于零（即不盈不亏），即可由 Q（$P-C_v$）$-F=O$，推导求得

$$Q=\frac{F}{P-C_v}$$

也即：

$$盈亏平衡点销量=\frac{固定成本}{单价-单位变动成本}$$

企业的经营规模必须达到保本销量水平，才不至于发生亏损。之后增扩的销量只要能确保产品单位边际贡献值大于零，即可为企业带来利润的增加。

二、酒店风险型决策分析方法

风险型决策是指决策方案的自然状态有若干种，但每种自然状态发生的概率是可以作出客观估计的决策，所以亦称作随机型决策或统计型决策。在这种决策下，方案实施可能会出现几种不同的情况（自然状态），但每种情况下的后果（即效益）是可以确定的，所不可确定的是最终将出现哪一种情况（自然状态）。犹如天气有晴、雨、阴等几种状态，哪种状态将最终出现，谁也无法事先作出肯定的判断，所以就面临决策的不确定性。但只要人们基于历史的数据或以前的经验可以推断出各种自然状态出现的可能性（即概率），那么这种决策就是风险型决策。

根据统计中的大数定律，当经营次数趋于无限时，平均损益是以损益的期望值为标准表现形式。所谓期望值，就是方案各不可控状态的概率与其出现时所带来的损益的乘积的总和，而标准差就是各状态损益值相对于期望值的高差程度。标准差与期望值之比，就代表经营的风险度。在风险型决策下，由于人们计算出的各方案在未来的经济效果只能是考虑到各自然状态出现的概率的期望收益，该数值与这一方案在未来的实际收益值并不会刚好相等，因此，据此选定决策方案就不免伴随着一定的风险。风险型决策的基本目标，就是要达到期望值最优（指预期平均收益最大或预期平均成本最小），但同时使方案的风险度保持尽可能低。

风险型决策的方案评价方法有很多，我们这里主要介绍决策树和决策表两种计算法。举例如下：

例 1：某地为了发展旅游业准备新建一座旅游酒店。经过可行性研究以后，制定出两个方案。第一方案是建一座较大规模的旅游酒店，投资额为 3000 万元。第二方案是建一座较小规模的酒店，投资额为 1600 万元。建成后酒店的使用期均为 10 年。根据预测，在近十余年，该地区旅游业发展较快（则酒店出租率较高）的概率为 0.7；发展较慢（则出租率较低）的概率为 0.3。另据测算：若建大酒店，当出租率较高时，每年可获利 1000 万元；出租率不高时，每年将亏损 50 万元。若建小酒店，当出租率较高时，

每年可获利 600 万元；出租率不高时，可获利 200 万元。问决策应该采用哪一个方案。

（一）决策树法

这是一种以树形图来辅助进行各方案期望收益的计算和比较的决策方法。决策树的基本形状，如图 2-2 所示。

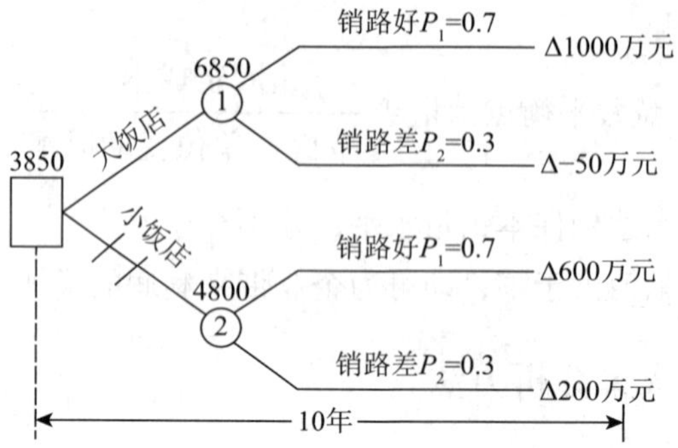

图 2-2　决策树示意图（a）

图 2-2 中，方框口表示决策点，由决策点引出的若干条一级树枝叫作方案枝，它表示该项决策中可供选择的几种备选方案，分别以带有编号的圆形结点①、②等来表示；由各圆形结点进一步向右边引出的枝条称为方案的状态枝，每一状态出现的概率可标在每条直线的上方，直线的右端可标出该状态下方案执行所带来的损益值。

用决策树的方法比较和评价不同方案的经济效果，需要进行以下几个步骤的工作：

1. 根据决策备选方案的数目和对未来环境状态的了解，绘出决策树图形。

2. 计算各个方案的期望收益值。

首先，计算方案各状态枝的期望值，即用方案在各种自然状态下的损益值去分别乘以各自然状态出现的概率（P_1；P_2），然后将各状态枝的期望收益值累加，求出每个方案的期望收益值（可将该数值标记在相应方案的圆形结点上方）。在上例中：

第一方案的期望收益 =［1000× 0.7 +（−50）×0.3］×10 = 6850（万元）

第二方案的期望收益 =（600 × 0.7 + 200 × 0.3）×10 = 4800（万元）

3. 将每个方案的期望收益值，减去该方案实施所需要的投资额（该数额可标记在相应的方案枝的下方），比较余值后就可以选出经济效果最佳的方案。

建大酒店：6850−3000（投资）=3850（万元）

建小酒店：4800−1600（投资）=3200（万元）

4. 结论：根据期望值准则，应挑选收益期望值较大的方案，故应采用建大酒店的方案。该方案的净收益期望值为 3850 万元。将被淘汰方案从决策树上删除，并将最后优选出来的方案，即建大酒店方案的收益期望值标在决策点上。

同例 1 的决策问题。但根据专家的市场预测，在酒店的使用期 10 年中，情况是会发生变化的，必须将 10 年分成前 4 年和后 6 年两期进行考虑。如果在前 4 年，本地区旅游业发展较快，则后 6 年可发展得更好，酒店出租率高的概率可上升到 0.9（出租率低的概率为 0.1）；如果前 4 年发展较慢，则后 6 年的情况将肯定更差的，酒店出租率将肯定是低的（即后 6 年出租率低的概率为 1）。

解：根据题意画决策树，如图 2-3 所示。

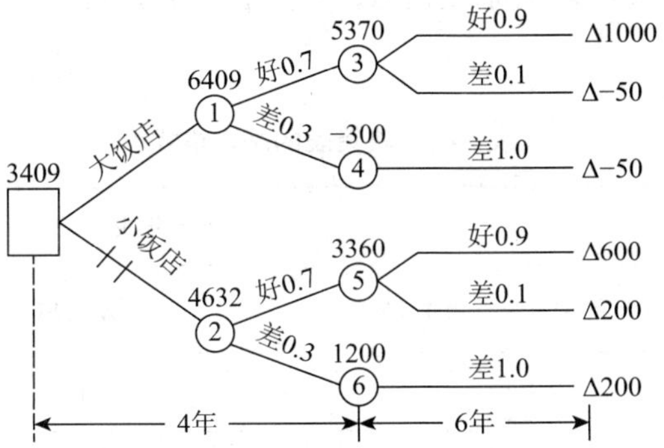

图 2-3　决策树示意图（b）

首先，计算后 6 年的收益期望值：

点 3:［1 000 ×0.9 +（−50）×0.1］× 6 = 5370（万元）

点 4:（−50）×1 × 6 = −300（万元）

点 5:（600 × 0.9 + 200 × 0.1）× 6 = 3360（万元）

点 6：200 ×1× 6 = 1200（万元）

再计算两个方案全部收益期望值：

点 1:［1000 × 0.7 +（−50）× 0.3］×4 + 5370 × 0.7 +（−300）× 0.3 = 6409（万元）

点 2:［600 × 0.7 + 200 × 0.3］×4 + 3360 × 0.7 + 1200 × 0.3 = 4632（万元）

全部收益期望值由两部分构成，前一部分是方案的前 4 年的收益期望值，后一部分是加上后 6 年的收益期望值。但是，我们必须注意这不是简单的相加，获得后 6 年收益期望值的可能性是建立在前 4 年的基础上，即点 3 的 5370 万元必须乘以获得此值的概率 0.7，点 4 的 −300 万元乘以获得此值的概率 0.3，点 5 和点 6 也必须乘上各状态的概率。

各方案实际收益期望值：

大酒店：6409−3000（投资）= 3409（万元）

小酒店：4632−1600（投资）= 3032（万元）

结论：应采用建造大酒店的方案，净收益期望值为 3409 万元。

用决策树法进行决策的优点是：

1. 它构成一个简单的决策过程，使决策者可以按顺序有步骤地进行。

2. 决策树法有直观的图形，便于决策者进行科学的分析，周密地思考与决策有关的各种因素。

3. 在将决策树图形画出后，便于集体讨论和共同分析，有利于进行集体决策。

4. 决策树法是对较复杂问题进行决策的方法，特别对多级决策问题来说十分方便。通过逐级思考可以走一步看几步，三思而后行之。

（二）决策表法

这种方法实际上与决策树法原理相似，只是表示的方式有所不同。决策表的基本格式，如表 2–6 所示。

表 2–6　决策表的基本格式

状态	状态概率	收益损失					
		方案 S1	方案 S2	…	方案 Si	…	方案 Sm
A1	P（A1）	a_{11}	a_{12}	…	a_{i1}	…	a_{m1}
A2	P（A2）	a_{21}	a_{22}	…	a_{i2}	…	a_{m2}
…	…	…	…	…	…	…	…
Ai	P（Ai）	a_{13}	a_{i2}	…	a_{i3}	…	a_{m3}
…	…	…	…	…	…	…	…
An	P（An）	a_{1n}	a_{2n}	…	a_{in}	…	a_{mn}

例如：某酒店餐厅供应快餐，每份售价 5 元，其中成本 2 元，每份可赚取 3 元。如果当天卖不出去，到第二天只能处理掉，即每份将损失 2 元。餐厅面临的问题是：每天该准备多少份快餐？若销售量超过生产量，则餐厅将失去每份快餐可以赚取 3 元的机会；反之，若生产量超过需求量，则餐厅每份快餐将损失 2 元。

餐厅过去 100 天销售量的统计，如表 2–7 所示。

表 2–7　餐厅过去 100 天销售量统计

日销售（份）	100	110	120	130
销售天数（天）	15	20	40	25
概率	0.15	0.20	0.40	0.25

根据以上情况，餐厅的生产方案很显然可以有四个。即每天生产 100 份、110 份、120 份或 130 份。

上述的决策问题可列出决策表，如表 2–8 所示。

表 2–8 决策表

状态	状态概率	收益			
		生产 100 份	生产 110 份	生产 120 份	生产 130 份
销售 100 份	0.15	300	280	260	240
销售 110 份	0.20	300	330	310	290
销售 120 份	0.40	300	330	360	340
销售 130 份	0.25	300	330	360	390

关于收益值计算的说明：

生产 100 份期望值 $= 300 \times 0.15 + 300 \times 0.20 + 300 \times 0.40 + 300 \times 0.25 = 300$ 元

生产 110 份期望值 $= 280 \times 0.15 + 330 \times 0.20 + 330 \times 0.40 + 330 \times 0.25 = 322.5$ 元

生产 120 份期望值 $= 260 \times 0.15 + 310 \times 0.20 + 360 \times 0.40 + 360 \times 0.25 = 335$ 元

生产 130 份期望值 $= 240 \times 0.15 + 290 \times 0.20 + 340 \times 0.40 + 390 \times 0.25 = 327.5$ 元

生产 100 份方案的收益值均为 300 元。即使销售量可达 110 份，但 100 份销售完之后，即无货供应。故该方案的收益值只能是 300 元。

生产 110 份的方案，当销售量 100 份时，销售 100 份获得收益 300 元。但有 10 份因供大于求，只好处理掉，损失 20 元，所以总收益为 280 元。其余依此推算。

结论：其中 335 元为最大值，故应采用生产 120 份的方案。

如果决策的问题是成本支出，而不是收益值，则称为损失期望值，则挑选最小值。概率只说明了自然状态发生的可能性，并不是肯定会发生。如上例中，决策采用生产 120 份的方案，其收益期望值是 335 元。但是，事实上某一天的获利可能达不到 335 元，也可能超过 335 元。所以说决策是要冒一定的风险。但是，因为我们运用了统计规律，生产连续进行下去，则每天的收益值将趋向 335 元。所以，采用期望值准则决策比主观想象“拍脑袋”要合理得多。这是一种有效和常用的决策准则。

三、酒店不确定型决策分析方法

不确定型决策是指方案实施可能会出现的自然状态或者所带来的后果不能作出预计的决策。与不但知道未来有多少种后果且还知道各种后果出现概率的风险型决策相比，不确定型决策所面临的不确定性通常更大。

在不确定型决策中，最不确定的情况是连方案实施所可能产生的后果都无法估计，这样的决策就相当难决定，甚至可以说，决策时基本毫无把握可言，只能凭决策者的学识、智慧、胆略甚至运气来作决定。稍微有些把握的是介于这类最高不确定性决策与风险型决策中间的状态。这时，决策方案实施的后果可以估计，也即可以确定出方案在未来可能出现的各种自然状态及其相应的收益情况，但对各种自然状态在未来发生的概率却无法作出判断，从而无法估算期望收益。处理这类决策问题的办法有二：一是通过一些科学方法来补充信息，将不确定性问题变为风险型问题来处理。在这里，实现转变的关键是设法正确地估计出主观概率，然后据此求得各方案的期望值。二是依经验进行模糊决策，如判断哪个方案可能性大，哪个次之，哪个最小。《三国演义》中诸葛亮使用空城计，实际上面临着司马懿进城攻打和不进城退去两种后果。诸葛亮神机妙算，料定司马懿有很大可能性不会进城，所以大胆地使用了空城计方案。

对于不确定性决策问题，决策者无论是否知道决策方案执行后会产生什么样的后果，他们做决策时都必须预先设定某种适用的决策准则。依此才可能对各种行动方案进行比较和选择。不同的决策者由于其个性和风险偏好的不同，其选用的决策准则不可能一样。下面介绍几种主要的不确定型决策准则。

（一）悲观准则

这是一个“小中取大”的决策准则。其思想方法是对客观情况总是持悲观态度，认为事情的结果总是向着不利的方向发展。既然万事都不如意，为保险起见，决策时只求在最坏的情况下找一个结果较好的方案。

例如：某酒店的面包房生产花色面包，面包的销售有好、中、差三种可能状态。由于花色面包是新产品，酒店无历史销售记录，也无法估计市场销售状态的概率。经过核算，在好、中、差三种销售状态下，如果采用大批生产，每天可分别获利 2000 元、1000 元、200 元；中批生产可分别获利 1700 元、900 元、300 元；小批生产则分别获利 1000 元、700 元、400 元。用悲观准则进行决策，应该选用哪个方案？

根据题意列表，如表 2-9 所示。

表 2-9　用悲观准则进行决策（单位：元）

方案	收益值			悲观原则
	好	中	差	
大批生产	2000	1000	200	200
中批生产	1700	900	300	300
小批生产	1000	700	400	400

首先，在各方案的收益值中挑选最小的收益值，大批生产为 200 元，中批生产为 300 元，小批生产为 400 元。然后“小中取大”选择小批生产的方案。

（二）乐观准则

同悲观准则正好相反，是“大中取大”的决策。其思想基础是对客观情况持乐观态度。同上例决策问题，用乐观准则进行决策。根据题意列表（见表 2-10）。

表 2-10 用乐观准则进行决策（单位：元）

方案	收益值			乐观原则
	好	中	差	
大批生产	2000	1000	200	2000
中批生产	1700	900	300	1700
小批生产	1000	700	400	1000

首先，在各方案中找出最大收益值，其次“大中取大”，采用大批生产的方案。

（三）最小的最大后悔值准则

这个准则的思想基础是，当决策时所选择的方案未能符合实际情况时，决策者必定会产生后悔的感觉。我们把多种状态中的最大收益值与各方案在该状态下的收益值相减所得的差称为后悔值。决策者当然希望决策后的后悔值能够减至最小。

同上例决策问题，用最小的最大后悔值准则进行决策（见表 2-11）。

表 2-11 用最小的最大后悔值准则进行决策（单位：元）

方案	好		中		差		最小最大后悔准则
	收益值	后悔值	收益值	后悔值	收益值	后悔值	
大批生产	2000	0	1000	0	200	200	200
中批生产	1700	300	900	100	300	100	300
小批生产	1000	1000	700	300	400	0	1000

首先，将每种状态中的最大收益值减去各方案在该状态下的收益值，得到在各状态下各方案的后悔值。如销售状态好的最大收益为 2000 元，减去各方案在销售状态好的收益，得出后悔值分别为 0、300、1000。用同样的方法计算出销售状态中、差的后悔值，然后将各方案的最大后悔值列出。大批生产方案的三个后悔值分别是 0、0、200，最大后悔值为 200。则中批生产和小批生产方案的最大后悔值分别为 300 和 1000。因最大后悔值中通常取后悔值最小的一个的方案作为决策方案，所以，应该选定大批生产方案。

（四）等可能性准则

等可能性准则的思想方法是对各自然状态出现的概率“一视同仁”。然后按期望值进行决策。

同上例决策问题，用等可能性准则进行决策。因为有三种自然状态，因此，各状态出现的概率为 1/3。

大批生产期望值：$(2000+1\,000+200)\times 1/3=1066.67$

中批生产期望值：$(1700+900+300)\times 1/3=966.67$

小批生产期望值:（1000 + 700 + 400）× 1/3 = 700

因此，应该采用大批生产的方案。

不确定型决策问题，采用不同的决策准则，其结果可能是不同的。很难判断哪一种准则好，因为在它们之间没有一个共同的评价标准。运用哪种准则主要依据决策者的主观态度和经验而定。此外，酒店环境的约束和决策者的心理因素也都有很大的影响。例如，一个酒店总经理与一个管理学家对同一个问题的决策往往是不同的。管理学家作出的决策可能是出人意料的，因为他可能希望一鸣惊人或者考虑的是长远利益。而酒店总经理面临的是当前的现实问题，他所考虑的是实际经营状况，必须力求增加利益，避免风险，决不能使酒店因决策失误而濒于绝境。因此，他的决策往往是比较稳妥的，甚至是保守的。又如，集体决策与个人决策也有很大区别。集体决策往往趋于保守或走中间道路。这是因为在集体中必然存在保守、中间和开拓型的各种人员和不同的意见，如果充分发扬民主而又希望大家都能通过，最后必然是采用折中的方法。决策者的性格、知识也不可避免地会对决策产生影响。

以上情况说明，对于不确定类型的决策，决策者本身对决策所依据的准则的选择，将最终影响其对决策方案的选择。因此，在不确定情况之下，决策实际很难达到真正的"最优化"，理想的决策方案只不过是按照决策者事先选定的准则或原则来选择相对最满意的方案。所以，满意化决策要比最优化决策在现实中更具有代表性。

第三节　酒店的建筑规划与设计

酒店的建筑设计是一门综合性的学科，需要根据酒店经营、管理和服务的特点，按照《旅游酒店星级的划分与评定》国家标准和国家民用建筑设计的相关准则，结合酒店行业的发展趋势，对酒店的功能布局、面积分配、项目组合、装修风格、产品舒适度、设施设备配置等环节进行全面的规划。

一、酒店功能与环境设计

（一）酒店面积的分配

酒店面积分配规划是指按照酒店等级、类型、管理服务的运作要求以及顾客的消费活动规律，对酒店内外建筑设施进行科学、合理的空间分割。

1. 面积

面积是酒店规划设计空间概念的实际体现，是容纳酒店功能设施设备的载体，是顾客在酒店内活动的环境条件，是现代酒店管理运作的基础。酒店各部门规划的面积是反映酒店类型、等级、规模、服务项目设置数量的基本数据基础。

2. 容积率

容积率又称建筑面积系数，是指单位用地面积内建筑面积的总量（地下建筑面积不计）。其计算公式为：

$$容积率=\frac{地上建筑总面积（m^2）}{规划建设净用地面积（m^2）}$$

酒店容积率基本标准，如表 2-12 所示。

表 2-12　酒店容积率基本标准

位置	特大 / 大型城市中心区域	特大 / 大型城市一般区域	中 / 小城市中心区域	旅游景区
容积率	5~8	4~5	3~4	2~3

3. 综合面积

综合面积又称平均每间客房的建筑面积。其计算公式为：

$$综合面积=\frac{总建筑面积（m^2）}{客房数（间）}$$

4. 分项面积

分项面积又称每个功能区域的每间分项面积，是指酒店各功能区域，如客房、餐饮、公共区域、附属设施等所占面积与客房间数之比。其计算公式为：

$$分项面积=\frac{酒店各功能项目占用面积（m^2）}{客房数（间）}$$

各种类型酒店面积参数指标，如表 2-13 所示。

表 2-13　各种类型酒店面积参数指标

项目 \ 类型		高档商务型酒店	商务型酒店	度假型酒店	经济型酒店
综合面积		120~150	100~120	100~120	80 以下
客房部分		83~103	70~84	74~88	66
公共部分	大堂	2~2.5	1.2~1.4	1.4~1.7	0.9
	餐饮	3~3.8	4~5	4.1~5	3.4
	会议 / 宴会 / 多功能厅	9.8~12	6.5~8	3.7~4.4	0
行政部分		2~2.4	2.4~3	2.2~2.6	0.6
服务部分		13~16	13~16	13~15	8.2

（注：行政部分包括总台工作区域、办公室、财务室等，服务部分包括厨房、储藏室、员工室、洗衣房、工程区域等）

各种类型酒店面积组成百分比，如表 2–14 所示。

表 2–14　各种类型酒店面积组成百分比（%）

项目＼类型		高档商务型酒店	商务型酒店	度假型酒店	经济型酒店
客房部分		69	69.8	73.6	82.4
公共部分	大堂	1.7	1.2	1.4	1.1
	餐饮	2.5	4	4	4.3
	会议 / 宴会 / 多功能厅	8.2	6.5	3.7	0
	其他	6.2	3.1	2.3	0.8
行政部分		1.6	2.4	2.2	1.1
服务部分		10.8	13.0	12.8	10.3

（注：行政部分包括总台工作区域、办公室、财务室等，服务部分包括厨房、储藏室、员工室、洗衣房、工程区域等）

5. 有收益面积比

有收益面积比是指有收益面积在总建筑面积中所占的比例。所谓有收益面积，是指酒店直接产生经济效益项目所占用的建筑面积，如客房、餐厅、宴会厅、娱乐项目、大堂吧、商务中心等服务设施。而前厅、厨房、员工辅助设施、公共卫生间等所占用的空间属于无收益面积。

有收益面积比的计算公式是：

$$\text{有收益面积比}=\frac{\text{有收益面积（m}^2\text{）}}{\text{总建筑面积（m}^2\text{）}}$$

原则上，四、五星级酒店有收益面积比控制在 40%~50%，三星级以下酒店控制在 60% 以上。

（二）酒店公共区域的设计

酒店公共区域的功能设计主要考虑客人进入、通行、安全保障等需要，是酒店得以正常运行的重要部位。

1. 停车场与回车线的设计

车位面积规定：停放车辆的横向净距一般不能小于 0.8 米。因此，小车车位的面积为 2.5 米 ×5.0 米，大车车位的面积为 3 米 ×12 米。

景区酒店由于受客人交通方式的影响，停车场面积应是城市酒店停车场面积的一半。

地下停车场由于多为小车停放，其净空间高度不小于 2.2 米。

回车线的宽度为：单车道不小于4米，双车道不小于7米，入口车道的坡度为1∶8~1∶12。

《旅游饭店星级的划分与评定》（以下简称“星评标准”）中，停车场面积的评分标准，如表2–15所示。

表2–15 停车场面积的评分标准

项目编号	设施设备名称	各分项总分	各次分项总分	计分
1.2	停车场（包括地下停车场、停车楼）	5		
1.2.1	停车位数量		4	
	自备停车场，车位不少于40%的客房数			4
	自备停车场，车位不少于15%的客房数			3
	在酒店周围200米内可以停放汽车，车位不少于15%的客房数			2
	有回车线			1
1.2.2	合理利用空间，有地下停车场（停车楼）等		1	

2. 楼梯与走廊的设计

酒店楼梯与走廊既是酒店内部各功能区域间的连接通道，又是酒店消防疏散通道。酒店消防疏散通道的设计应严格按照国家防火规范执行。客房门至疏散口或楼梯间的最大距离，如表2–16所示。

表2–16 客房门至疏散口或楼梯间的最大距离

位于两个疏散口之间的客房	位于袋形走道两侧或尽端的客房
30米	15米

多功能厅、餐厅、宴会厅、会议厅、歌舞厅等内的任何位置，到最近的疏散口的直线距离不宜超过30米。

为保证紧急情况下疏散人员的效率，各楼层走道宽度按每100人不小于1米计算；多功能厅、餐厅、宴会厅、会议厅、歌舞厅等固定座位的厅室内的走道宽度，不小于每100人0.8米；边走道净宽度不小于0.8米，其他走道净宽度不小于1米。

每层楼梯的宽度按通过人数每100人不小于1米计算。若各楼层人数不等，宽度可分段设计，但下层楼梯的宽度应按其以上楼层人数最多的一层计算。原则上，楼梯最小净宽度不小于1.2米。

楼梯间及走道应设有疏散指示标志。疏散指示标志的间距不超过20米，高度为0.2~0.3米，指示箭头应与疏散方向保持一致。

3. 烟感器、温感器、红外线探测器的安装

不同探测器的保护面积不同，一般烟感器为 60~80 平方米，温感器为 20~30 平方米，红外线探测器能检测 100 米以内 0.1 平方米的火焰；且安装高度对探测器的效能也会产生影响。因此，酒店应根据自身情况选择合适的探测器。

空间高度对探测器选择的影响，如表 2-17 所示。

表 2-17　空间高度对探测器选择的影响

空间高度 h（米）	烟感器	温感器			感光探测器
		一级	二级	三级	
12 ＜ h ≤ 20	不适合	不适合	不适合	不适合	适合
8 ＜ h ≤ 12	适合	不适合	不适合	不适合	适合
6 ＜ h ≤ 8	适合	适合	不适合	不适合	适合
4 ＜ h ≤ 6	适合	适合	适合	不适合	适合
h ≤ 4	适合	适合	适合	适合	适合

烟感器的安装间距不应超过 15 米，温感器不超过 10 米；宽度小于 3 米的走道安装探测器时，宜居中布置；探测器到墙壁、横梁间的水平距离不小于 0.5 米，至空调送风口不小于 1.5 米。

4. 消防应急广播的安装

消防应急广播应安装在走道、大堂、餐厅等公共区域，扬声器的额定功率不小于 3 瓦，数量按每个消防区内的任何部位到最近扬声器的距离不大于 25 米设置，走道内最后一个扬声器到走道末端的距离不超过 12.5 米。

歌舞厅、娱乐场所、会议厅、餐厅等环境噪声大于 60 分贝的场所，扬声器的播放声压级应高于噪声 15 分贝，客房扬声器的功率不小于 1 瓦。

5. 喷淋设施的安装

喷淋设施应设置在前厅、多功能厅、会议厅、电梯厅、厨房、客房、歌舞厅、走道等场所，适用于室内环境温度为 4℃ ~70℃的空间。

喷淋安装方式参考指标，如表 2-18 所示。

表 2-18　喷淋安装方式参考指标

安装方式	喷水强度（$L/min \cdot m^2$）	每个喷头保护面积（m^2）	喷头间距（m）
标准安装	10.0~15.0	5.4~8.0	2.3~2.8
边墙型	10.0~15.0	8.0	3.6

6. 安全探头的安装

安全探头原则上设置在酒店出入口、前厅、总服务台、贵重物品保险室、电梯、客房楼层走道、停车场及店内所有收银处。

室内探头安装高度为2~2.5米，室外3.5~10米。电梯内的探头置于电梯轿厢顶部，与电梯操作面板成对角，与电梯两壁及天花板成45°角。应不留死角、不逆光、不侵害客人隐私，且具有一定的隐秘性。

（三）酒店环境的设计

酒店环境设计是指按照酒店的特性和美学、人体工程学、心理学等基本原理对酒店的色彩、灯光、音控、温度、空气质量等环节所进行的规划与管理。酒店环境的设计要有助于酒店产品舒适度的提升，有利于酒店氛围整体性的形成，有助于酒店管理与服务的提供，有利于客人的感知与享受，有助于酒店经营成本的控制，有利于环境保护和可持续发展，具有艺术性、文化性。

1. 色彩的设计

色彩是酒店装饰设计中一个十分重要的要素，必须高度重视色彩对人的视觉感受及心理感受的影响。设计中应关注以下环节：色彩的感情因素，色彩的象征因素，色彩的年龄性因素，色彩的区域性因素。

（1）前厅。主色调一般采用浅暖色调，以较深的近似色的艺术品和家具点缀，形成高雅、明亮、宽敞、富丽且温馨、舒畅的气氛。前厅色彩不宜过于零碎和多样，也不宜采用过多的金属色。

（2）客房。色彩应以浅暖色调或中性色调为主，局部使用反差明显的装饰品点缀，形成宁静、温馨、舒适且有生机的氛围。客房墙面应选用不带金属色的墙纸。

（3）餐厅。中餐厅应以明亮的浅暖色调为主，家具采用较深的红色近似色调，形成喜庆洋溢的氛围；西餐厅多用中性色，营造宁静、平和、明朗的气氛。

2. 照明的设计

酒店照明已从单纯的照明功能发展为一种创造舒适、优美环境的艺术形式。酒店各功能区有不同的照度要求（见表2-19），同时需符合《建筑照明设计标准》（GB 50034—2004）的规定。

表2-19 各部位照度参考

类别		照度标准值（Lx）
客房	起居区域	75
	床头	150
	写字台、梳妆台	300
	卫生间	150

续表

类别	照度标准值（Lx）
前厅	500
总服务台	750~1000
门厅、休息厅	200
主餐厅、咖啡厅	200
西餐厅、酒吧区、舞厅	50
大宴会厅、主餐厅柜台	300
会议室	300
厨房、洗衣房等	200
公共区走廊、厕所	100
公共区卫生间洗面台	50
楼梯间	50
电梯间	75
理发室	200
美容室	500
健身房、形体室、桑拿房、游泳池	75

酒店的总服务台、导向系统及指示标牌、艺术品及挂画、床头、浴缸与淋浴间、恭桶、云石台、橱柜等区位，必须设计专用目的物照明光源。

3. 温度的控制

空气环境是指空气的温度、湿度、纯度和流动。营造良好的空气环境直接关系到顾客的健康和酒店产品的舒适性。原则上，室内外温差不宜超过 10℃。

酒店空气调节设计与管理基本标准，如表 2-20 所示。

表 2-20　酒店空气调节设计与管理基本标准

区域	夏季			冬季			新风量（$m^3/h \cdot p$）
	温度（℃）	相对湿度（%）	风速（m/s）	温度（℃）	相对湿度（%）	风速（m/s）	
前厅	24	≤ 65	≤ 0.30	21~23	≥ 30	≤ 0.30	≥ 10
客房	23	≤ 55	≤ 0.25	22	≥ 50	≤ 0.15	≥ 50
餐饮区域	23~24	≤ 65	≤ 0.25	22~23	≥ 40	≤ 0.15	≥ 30

4. 噪声的控制

酒店噪声来源于店外环境、客房层走道、管道、空调送风口、冰箱、卫生间排风扇和音量过高的背景音乐等，对酒店产品舒适度构成极大的影响。外环境嘈杂的酒店，建造时必须考虑使用双层门、双层窗等方式，尽量减少外部噪声传入店内。

客房层走道应铺设地毯，客房门应加设隔音胶条，客房间的隔墙应使用隔音材料，相邻客房间的橱柜应加设隔音材料，相邻客房间的管线口应做隔音处理，选用低噪声冰箱，加强设施设备的维护保养，以减少噪声的产生。

二、酒店服务区域的设计

（一）前厅功能设计

前厅是酒店三大核心区域之一，是酒店的门面，是酒店文化的展示窗口，是客人进出酒店的集散地，是酒店业务活动的枢纽。

1. 前厅功能项目构成

前厅功能项目由以下 4 项构成：

（1）接待服务。包括总服务台、前厅办公室、大堂副理台、礼宾服务台、行李房、贵重物品保险室等。

（2）公共设施。包括客人休息区、公共卫生间、公用电话、电梯间等。

（3）经营设施。包括商务中心、大堂吧、小商场、旅行社等。

（4）服务设施。包括 PA 工作间、大堂吧操作间、员工通道等。

2. 前厅区域空间组成

前厅区域由流动空间和停滞空间组成。流动空间是客人通往酒店各功能区域的通道和空间位置。设计时应注意减少障碍，保持通畅，强化导向功能。

停滞空间由总服务台、大堂副理台及客人休息区组成。设计时应注意让空间处于显著位置，规避流线，留下足够的活动面积。大堂副理台的位置应有利于对整个前厅和酒店大门外的情况进行观察。

大门、总服务台、电梯构成前厅最基本的布局结构，设计时应尽量避免三者间连线与前厅中轴线的交叉。

3. 前厅面积设计应注意的问题

前厅面积取决于酒店类型、等级和规模，应以客房间数为基本单位确定。设计时应注意：酒店星级越高，前厅单项综合面积要求越高；酒店规模越大，前厅总面积要求越大；前厅面积与客人类型关系密切。

前厅面积应因地制宜，合理设置。面积过大，影响经营收益，延长客人行走距离，造成方向不明确性；面积过小，使用效果不佳，也影响酒店豪华的氛围。

4. 前厅功能项目面积分配比例

商务型酒店前厅面积分配比例，如表 2-21 所示。

表 2-21 商务型酒店前厅面积分配比例范表

功能项目	面积占比	备注
总服务台	7.8%~8.8%	
客人活动、流动、休息区	46%~48%	包括电梯间、入口
大堂吧	9.6%~12.7%	
商场	5.8%~6.5%	
行李房、贵重物品保管室、礼宾服务台	4.8%~5%	
公共卫生间	21%~24%	
服务用房等	大于上述面积之和的20%~25%	包括员工电梯、通道、楼梯、消防监控室、储藏室等

（二）客房功能设计

客房是酒店的主体，是酒店三大核心区城的重中之重，是衡量酒店档次和服务质量的标志。营造安静而不受干扰的休息、工作、学习空间，是客房设计与建设的基本要求。

1. 客房面积的基本概念

（1）开间。指客房的宽度，即客房两面墙中线到中线的距离。净开间是指客房实际宽度，不含墙体及墙面装饰厚度。

（2）进深。指客房的长度及客房前、后墙中线到中线的距离。净进深是指客房实际长度，不含墙体及墙面装饰厚度。

（3）客房单元面积。指客房开间与进深之积，是客房内的所有面积，包括客房小过道、卫生间、壁橱、管道井和客房面积。

（4）客房净面积。指客房净开间与净进深之积减去客房小过道、卫生间、壁橱、管道井的面积。

（5）客房层面积。指客房每个楼层的总面积，包括一层中交通占用面积、服务工作区面积、客房外走道和休息厅面积等。

（6）每间客房的客房部分面积。指每间客房所分摊的客房层面积，是客房层面积与楼层客房间数之比。

（7）客房层平面效率。指客房单元面积之和占客房层面积的百分比。

2. 客房面积指标

客房面积以“标准客房”为基本单位进行空间划分。“星评标准”要求四星级酒店70%的客房（不含卫生间）和五星级酒店70%的客房（不含卫生间和门廊）面积在20平方米以上，并制定如表2-22所示的评分标准。

表 2-22 客房面积的评分标准

项目编号	设施设备名称	各次分项总分	计分
4.1.1	70% 客房的净面积（不包括卫生间和门廊）	16	
	不小于 36 平方米		16
	不小于 30 平方米		12
	不小于 24 平方米		8
	不小于 20 平方米		6
	不小于 16 平方米		4
	不小于 14 平方米		2

为保证客房空间舒适感，达到最经济的布局，设计时应注意：客房起居间的净开间在 3.8~4.1 米，净进深在 4.3~4.9 米。

客房楼层的走廊宽度以保证客房清洁车停靠时不影响客人通过为原则。一般而言，走廊两侧布置客房时，走廊净宽度应保证在 1.5~1.8 米，最少不得低于 1.4 米；单侧布置客房时，走廊净宽度一般为 1.4~1.6 米，最少不得低于 1.3 米；走廊净高度不得低于 2.2 米；电梯间到走廊端客房的距离应控制在 50 米之内。

楼层客房设置比例：应根据用地情况和平面使用效率确定建筑的方式。不同形式楼层最佳客房数和利用率，如表 2-23 所示。

表 2-23 不同形式楼层最佳客房数和利用率

平面类型 / 指标	板式		塔式			围合式
	单侧排列	双侧排列	三角形	方形	圆形	
每层客房间数	＞ 12	＞ 24	24~30	15~24	15~24	＞ 24
平面效率（%）	65	＞ 70	＜ 65	65	65	＜ 65

结合客房数与楼层服务员工人数、劳动定额等因素，建议楼层客房间数以 12~14 的倍数进行设置，每层 36~42 间最为经济、实用。客房楼层均应设置布草间、杯具消毒间、员工专用厕位。布草间面积不小于 8~10 平方米，门的宽度不低于 0.9 毫米。“星评标准”中，卫生间的评分标准，如表 2-24 所示。

表 2-24 卫生间的评分标准

项目编号	设施设备名称	各次分项总分	计分
4.10	客房卫生间		
4.10.1	70% 的客房卫生间面积	8	

续表

项目编号	设施设备名称	各次分项总分	计分
4.10.1	不小于 8 平方米		8
	不小于 6 平方米		6
	不小于 5 平方米		4
	不小于 4 平方米		2
	小于 4 平方米		1

城市酒店客房平均面积为 36 平方米，中档商务型酒店为 33 平方米，低档酒店为 22 平方米，度假型酒店为 40 平方米。

3. 客房类型规划

不同类型的客房数量，与酒店的类型、档次、市场需求有着密切的关系。客房类型的合理分配，关系到酒店经营效益的实现程度。“星评标准”中，客房类型的评分标准，如表 2–25 所示。

表 2–25　客房类型的评分标准

项目编号	设施设备名称	各分项总分	各次分项总分	各小项总分	计分
4.11	套房	14			
4.11.1	数量		3		
	不少于客房总数的 20%（不包括连通房）				3
	不少于客房总数的 10%（不包括连通房）				2
	不少于客房总数的 5%（不包括连通房）				1
4.11.2	规格		6		
4.11.2.1	至少有三种规格的套房			2	
4.11.2.2	有豪华套房			4	
	至少有卧室 2 间，会客室、餐厅、书房各 1 间（卫生间 3 间）				4
	至少有卧室 2 间、会客室 1 间、餐厅或书房各 1 间（卫生间 3 间）				2
4.11.3	套房卫生间		5		
4.11.3.1	有供主人和来访宾客分别使用的卫生间			2	
4.11.3.2	有由卧室和客厅分别直接进入的卫生间（双门卫生间）			1	
4.11.3.3	有音响装置			1	
4.11.3.4	配有电视机			1	

（三）餐饮区域功能设计

餐饮区域是酒店三大核心区域之一，更是酒店重要的创收空间。由于餐饮区域涉及因素复杂繁多，其设计与建设更应注重专业性。

1. 餐饮区域的组成

酒店餐饮区域由中餐厅、西餐厅、饮料厅、宴会厅或多功能厅、辅助设施、厨房等部分组成。

2. 餐饮区域功能项目面积分配比例

餐饮区域功能项目面积分配比例参考指标，如表 2–26 所示。

表 2–26 餐饮区域功能项目面积分配比例参考指标

功能项目	占餐饮区域的面积（%）
餐厅	50
客用设施（卫生间、过道等）	7.5
厨房	21
清洗空间	7.5
库房	8
员工设施	4
办公室	2

3. 餐厅面积

餐厅面积与酒店规模、等级、类型及所在地餐饮市场发展情况成正比。酒店客房数与主餐厅面积的关系，如表 2–27 所示。

表 2–27 酒店客房数与主餐厅面积的关系

类型 \ 客房数（间）	100	200	300	400	500	600
商务型酒店（m^2）	150	260	350	450	500	650
度假型酒店（m^2）	250	400	500	600	650	700

4. 客房数与餐座数的关系

酒店客房数与餐座数之间的关系为：一般情况下，商务型酒店按每间客房 0.5~1 的比例配备餐座。若所在地餐饮市场发展良好，则按每间客房 1.2~1.5 的比例配备餐座。度假型酒店按每间客房 1.5~2 的比例配备餐座；以接待会议客人为主的酒店按每间客房 1~1.5 的比例配备餐座。酒吧、咖啡厅按每间客房 0.25~0.5 的比例配备餐座。

餐座面积指标以“平方米 / 座”为单位，是指每个餐座以及平摊餐桌面积部分的投影面积加上其所占用的流动面积（包括客人通道、服务通道、表演空间等）。其计算公式为：

$$餐座面积指标 = 每个餐座投影面积 + \frac{每个餐桌面积}{每桌餐座数} + 平均每个餐座的流通面积$$

餐厅档次与餐座面积指标的关系，如表 2–28 所示。

表 2–28　餐厅档次与餐座面积指标的关系

档次＼类型	主餐厅、宴会厅	小餐厅	平均指标
高档	1.8	2.2	2
中档	1.5	2	1.7
低档	1.2	1.8	1.3

5. 宴会厅、多功能厅的设计

大型宴会厅、多功能厅的净高应保持在 4~5 米以上，小型宴会厅、多功能厅的净高为 2.7~3.5 米。宴会厅、多功能厅的序厅面积应按照总面积的 1/6~1/3，或者按每人 0.2~0.3 平方米计算。宴会厅、多功能厅衣帽间应设在门厅入口处，衣帽间面积按 0.04 平方米 / 人计算。

宴会厅、多功能厅公共卫生间配置标准，如表 2–29 所示。其中，小便器占用面积每个为 0.07 米（深）× 0.08 米（宽），恭桶或蹲位为（1.00~1.20）米 ×（0.85~1.20）米；公共卫生间内过道宽度为 1.2~1.5 米，工具间面积为 1~2 平方米。

表 2–29　宴会厅、多功能厅公共卫生间配置标准

性别	恭桶	小便器	洗手盆
男	1 个 /100 人	1 个 /40 人	1 个 /150 人
女	1 个 /50 人		1 个 /150 人

宴会厅、多功能厅应配有贵宾休息室和专门的厨房；附近应设有适当的家具储藏室，存放不用或暂时闲置的家具；另应设有服务间，提供茶水服务、杯具清理等。出入门的净宽度不小于 1.4 米，严禁使用推拉门、卷帘门、转门和折叠门。

6. 厨房的设计

厨房的空间指标：厨房的面积影响餐厅的经营效益，确定面积是厨房规划与设计的第一步。影响厨房面积大小的因素包括餐厅类型、规模，设备的先进程度，主厨的操作方式等。厨房面积的确定除参考餐饮区域各功能项目面积分配比例指标外，还应考虑与不同类型餐厅的餐座之间的对应关系，如表 2–30 所示。

表 2-30 不同类型餐厅餐座与厨房面积的关系

餐厅类型	厨房面积（m^2）/ 餐座数（座）
自助餐厅	0.5~0.7
咖啡厅	0.4~0.6
正餐厅	0.5~0.8

厨房内各加工区的面积分配与餐座的关系，如表 2-31 所示。

表 2-31 厨房内各加工区的面积分配与餐座的关系

餐座数（座） 加工区面积（m^2）	100	200	300	400	500	600
主食制作间	18	36	54	72	90	126
主食热加工间	30	54	84	108	140	180
副食粗加工间	12	18	30	42	54	72
副食细加工间	24	36	60	72	96	130
副食烹调间	36	60	96	120	156	200
副食特殊加工间	12	24	36	48	60	84
凉菜间	18	30	48	60	78	100
备餐间	18	36	54	74	100	140
洗涤、消毒、存放区	12	24	42	48	66	84
辅助部分	45	80	120	160	200	288
厨房净高度	3.2~3.8m					

应处理好厨房与餐厅的关系，原则上厨房与餐厅应处于同一层面，中间通道应无阶梯，备餐间到最远餐桌的距离控制在 40 米之内。餐厅与厨房之间应采取有效的隔音、隔味、隔烟措施。过厅门应使用双扇双向弹簧门。可利用通道、备餐间和过厅门之间的建筑隔墙形成自然转折，也可采用风幕墙的办法形成良好的“三隔”效果。

三、酒店设备与设施规划

（一）酒店工程设备的规划

酒店的工程设备种类繁多，包括供水、排水、供电、空调系统、电梯系统、智能管理系统等。工程设备是酒店的“心脏”，给酒店的运行提供动力，对其进行科学规划十分重要。

1. 智能管理系统的设计

（1）智能化系统

智能化系统是指综合运用现代计算机技术、现代控制技术、现代通信技术和现代图形显示技术，采用先进的分布式信息与控制理论设计的集散型系统。它需要在酒店内建立一个综合计算机网络系统，将酒店的设备自控系统、通信系统、商业管理系统、办公自动化系统、智能卡系统和多媒体音像系统集成为一体化的综合计算机管理系统，从而实现对酒店建筑整体实施全面的管理、监视和控制。

（2）酒店经营管理系统

酒店经营管理系统包括的内容有：前台系统、后台系统及扩充系统。前台系统的功能应有：预订、房态显示、入住登记、账单汇总、客账结算、留言指示、客史档案等。后台系统的主要功能有：酒店管理系统、人事管理系统、办公自动化、财务管理、库房管理等。扩充系统的主要功能有：电话自动收费、智能化客房控制系统、工程设备控制系统、收银系统、互联网预订系统等。

（3）通信系统

通信系统是指电话通信系统和互联网通信系统。电话通信系统由交换设备、传输系统和电话机、传真机、语音信箱等终端设备组成。酒店交换机的容量按总客房数的2~3倍计算，中继线对数一般为交换机容量的10%~20%。酒店交换机应配备能与计算机连接的PMS接口，实现系统查询、电话费结算、客房分机锁定、服务员通过房间电话实现房态修改、客房酒水记账等功能。互联网通信系统通过先进的组网技术，提供酒店区域或客房区域的网络连接服务。

（4）消防控制系统

先进的消防控制系统包括以下设备：集中火灾报警控制装置，建筑内消火栓系统的控制装置，自动喷水灭火系统的控制装置，卤代烷、二氧化碳及泡沫灭火系统控制装置，水幕系统，防火门、防火阀、防火卷帘门控制装置，空调、防排烟设备控制装置，电梯控制装置，火灾事故广播及消防通信设备控制装置，电子计算机记录数据库控制装置。安全保卫监视系统包括：完备的全酒店电视监控系统、主要部位的防盗报警系统、门禁管理系统、巡更系统、周界防范系统、内部对讲及监听系统。

2. 供配电系统的设计

酒店必须具备可靠的、大功率的电力供应系统，负荷等级依照国家相关规定。通常情况下，四星级酒店最低应采用双回路电源配备或采用稳定供电回路，另配备发电机组供电的“双电源”方案。五星级酒店应采用双回路电源，另配备发电机组供电的“三电源”方案。“星评标准”中，应急供电系统的评分标准，如表2-32所示。

表 2-32　应急供电系统的评分标准

项目编号	设施设备名称	各分项总分	计分
2.5	应急供电	6	
2.5.1	自备发电设施		3
2.5.2	应急供电系统（指两路以上供电）		2
2.5.3	应急照明设施		1

酒店应采用 10 千伏高压供电，使用电压一般为 220 伏 /380 伏，即变压器副边电压为 0.4 千伏 /0.23 千伏，自备发电机组配出电压也应为 0.4 千伏 /0.23 千伏。两路高压电源应采用同一电压。

“三电源”方案中，供电方案和变配电设备应按 100% 的备用来考虑。变压器容量应留有余地，有效负载率不得低于 50%。自备发电机组的容量为变压器总容量的 10%~20%，市电断电后，发电机组应在 10 秒内完成切换，30 秒内达到额定电压。市电复原后，应继续运行 3~5 分组，待确认市电正常后才能停机。

为减少昼夜供电电压波动和负荷高峰所引起的电压波动，应考虑采用有载调压器对照明和电梯类负荷的供电。用电负荷的分类为：照明类，占酒店用电设备容量的 25%~30%，年用电量的 40%~50%；制冷及空调类，占酒店用电设备容量的 40%~50%，年用电量的 25%；动力类，占酒店用电设备容量的 20%~25%；弱电类，负荷不高，但可靠性要求高，其中计算机房、电话总机应采用 UPS（不间断电源）供电方式，电话总机应配备蓄电池组作为备用，蓄电池容量应能保证总机连续工作 7~8 小时。

3. 空调系统的设计

“星评标准”中，空调系统的评分标准，如表 2-33 所示。

表 2-33　空调系统的评分标准

项目编号	设施设备名称	各分项总分	各次分项总分
2.4	空调系统	5	
2.4.1	四管制中央空调系统		5
2.4.2	两管制中央空调系统		3
2.4.3	无中央空调系统，但客房、餐厅及公共区域采用窗式、分体式或柜式空调		1

中央空调主机的测算值为：餐厅、大厅：（180 瓦 ×0.86）/ 平方米；娱乐、休闲：（250 瓦 ×0.86）/ 平方米；客房、包间：（120 瓦 ×0.86）/ 平方米。

将酒店各区域面积分别乘以以上各换算值，然后相加，就能得出酒店中央空调主机的大约功率。

4. 酒店给排水工程的设计

酒店生活给水方式通常分为高位水箱供水、水泵气压罐供水和变频水泵供水三大类，酒店应根据自身实际选择给水方式。

一般情况下，客房用水标准应不低于如表 2-34 所示的标准。

表 2-34 客房用水标准

项目	二、三星级酒店	四星级酒店	五星级酒店
用水标准（L/ 床 · 日）	250~300	300~350	350~400

对于建筑面积超过 20000 平方米的酒店，一般应设置集中水处理系统，即将洗澡、洗脸、洗衣后的废水集中到废水箱，经处理用作便池、恭桶冲洗用水。

酒店热水供应系统由热源、加热设备和热水管网组成，一般分为间断热水供应、连续热水供应两种形式。三星级以上酒店应采用连续热水供应的形式。为保证用水时段的热水温度与到位速度，高星级酒店的热水供应系统应设计为循环系统，热水循环系统应为同程式。三星级以下及五层建筑以下的酒店可采用总管循环、支管不循环的热水供应系统。

酒店大型热水供应系统中，为控制热水温度，应增加自动调温装置。自动调温装置分为直接作用式和间接作用式两种。间接作用式工作可靠，大小规模的酒店均适用。酒店在用热水量均匀的地方，如室内游泳池、热水采暖等的加热装置，可采用快速式热交换器。

5. 员工设施的设计

“星评标准”中，员工设施的评分标准，如表 2-35 所示。

表 2-35 员工设施的评分标准

项目编号	设施设备名称	各大项总分	各分项总分
7	员工设施	7	
7.1	有独立的员工食堂		1
7.2	有独立的更衣间		1
7.3	有员工浴室		1
7.4	有倒班宿舍		1
7.5	有员工专用培训教室，配置必要的教学仪器和设备		1
7.6	有员工活动室		1
7.7	有员工电梯（或服务电梯）		1

员工食堂的面积计算公式为：

员工食堂面积（m^2）= 0.9m^2/ 餐座 × 员工总人数 ×70%/ 周转率（次）

通常，周转率按 3 次计。

员工更衣间面积按照 0.7 平方米 / 人计算。每个员工应配备一个带锁更衣柜，尺寸为宽 0.25 米、深 0.30 米、高 1.2~1.4 米。与更衣间相连应设淋浴间、卫生间、盥洗台等，面积为更衣间面积的 20%~30%。

员工设施应相对集中，靠近酒店员工进出口通道。员工区域应装修整洁、明亮，管理有序，清洁卫生。四星级以上酒店应设置员工专用电梯。员工区域应成为酒店企业文化的建设平台。

（二）酒店主要设施档次的界定

1. 石材档次的界定

界定石材档次通常依据两个因素：一是品种，二是加工和铺设技术。

优质大理石或花岗石是指品种稀少、色泽独特、华丽富贵、材质硬度高、加工技术优良、规格尺寸大于 600 毫米 ×600 毫米的大理石或花岗石。安装后整体平整、光洁，对缝整齐均匀，色彩统一。

普通石材品种较多见，色彩普通，材质一般，加工技术平常，规格尺寸较小，一般在 600 毫米 ×600 毫米以内，光洁度较差，对缝较粗，有一定色差。

2. 木地板档次的界定

优质木地板通常是指经脱水、脱脂、烘干处理过的木地板，品种一般包括硬度较高的木材，如柏木、榉木、橡木、胡桃木等。

3. 墙纸档次的界定

高档墙纸一般是指墙纸表面图案、肌理或材质富贵华丽，有艺术品位，适宜营造所需要的特定艺术氛围的墙纸。

4. 灯具档次的界定

灯具档次分为豪华灯具、高级灯具和普通灯具。

豪华灯具是指设计师为酒店前厅专门设计的装饰灯具，新颖、具有时代感，采用一些贵重材料（如镀金、贴金、水晶等），制作工艺精良，体型较小，造型美观，现场组装，有较强的装饰效果。

高级灯具是指设计师根据酒店前厅需要，在市场上众多较好灯具中选择一些用料考究、加工精细、装饰性较强的灯具并做些局部修改，使其具有一定豪华装饰效果的灯具。

普通灯具是指市场批量生产的，在一定时期内普遍流行的时尚装饰灯具。

5. 客房家具档次的界定

目前，酒店的家具已很少采用全实木制作，通常以人造板作基层，如写字台、电视柜、行李柜、床头柜、茶几等平整的台板和立面部分，而使用实木作收边和脚、腿等支撑或独立部分。客房家具档次通常分为优质家具、中档家具和普通家具。

优质家具是指选用经脱脂、高温烘干处理过的树瘤木、红影木、白影木、胡桃木、柚木、花梨木等优质实木和夹板为主，基材以台面合成实心厚度达到280~300毫米的细木工板或高密度板制作的家具。

中档家具选用山毛榉、白松、橡木、白木、水曲柳等实木，以普通木工板、纤维板及紧密型刨花板为基材，台面合成厚度为280~300毫米。

普通家具所用基材为普通刨花板或内衬木架，而拉手、软包面料也均为普通提花布或化纤面料。

6. 面盆档次的界定

实际容量大于10升，釉面光泽度好的陶瓷花边面盆、玻璃面盆等为高级面盆。容量低于10升的为普通面盆。

7. 浴缸档次的界定

浴缸档次分为高级、普通两档。

高级浴缸所用材料多数为铸铁搪瓷缸，为带裙边或用好的石材装砌而成，尺寸在1 700毫米 ×700毫米以上，水容量大于200升。

普通浴缸多数采用钢板搪瓷、树脂纤维复合板作材料，为无裙边缸或用普通瓷砖装砌，尺寸在1 700毫米 ×700毫米以下，水容量小于200升。

8. 恭桶档次的界定

酒店应使用低噪声恭桶，即冲洗出水噪声不超过55分贝，峰值不超过65分贝，除正常水流声外，抽水时无特别的声音。通常为连体式，必须是节水型产品。

高级恭桶规格为加长型、连体、喷射虹吸式恭桶，出水噪声小于55分贝。普通型恭桶为分体式或常规造型，一般水箱出水噪声大于55分贝。

9. 地毯档次的界定

优质地毯耐磨、抗压、易清洗，抗静电，耐火，图案、色彩均佳，以长纤尼龙及尼龙与其他纤维混纺类地毯为主。

普通地毯是指耐磨、抗压、易清洁，抗静电、耐火等明显低于优质地毯，且价格为中低档，安装辅料及工艺一般的地毯。

地毯纤维性能比较，如表2-36所示。

表2-36 地毯纤维性能比较表

纤维	尼龙	羊毛	丙纶	涤纶	腈纶
耐磨性	优	差	良	中	中
回弹性	优	优	差	差	差
可清洁性	良	差	差	良	中

续表

纤维	尼龙	羊毛	丙纶	涤纶	腈纶
耐尘性	优	良	差	良	中
耐污泽性	优	中	优	优	中
抗静电性	良	良	良	良	良
阻燃性	良	良	差	差	差
防霉蛀性	优	良	优	优	优
图案可选性	优	良	中	中	中

10. 对设施的环保要求

酒店的家具、石材、木材和装修材料等必须使用环保材质，以减少污染，形成良好的空间环境。

11. 窗帘安装要求

酒店应配备外窗帘和里窗帘双层窗帘。

外窗帘的作用是防止阳光暴晒并起到一定的遮挡室外视线的作用，面料一般为薄型和半透明织物，有针织和机织两大类，花型色调基本以白色为主，也可以采用淡蓝、淡绿、奶白、浅咖、浅蓝、浅米黄、浅湖绿等。

里窗帘要求不透明，有隔热、遮光、吸音等性能，一般以中厚织物为主，所使用的原料有棉、麻及各种纤维混纺，质地及图案讲究，悬垂性好。

窗幔、窗帘附料和附件应配套完善。窗幔是装饰窗帘必不可少的部分，一般与里窗帘为同一面料制作，要求线条柔和流畅，配有精美的窗帘杆，两端应设计为精致豪华的艺术造型。窗帘附料有窗圈、帘襟带、帘襟衬布、饰带、饰穗和配重物（圆形金属重物或铅粒绳）。窗帘附件有各种挂钩、掀帘用的挽带、帘栓和掀帘饰纽、拉帘用的张力装置和拉帘手柄等。窗帘的安装应达到密闭、平整、灵活、便于开闭的要求。

本章小结

投资是指通过资金投入以期在未来获得预期收入的经济行为。投资决策正确与否，是影响酒店企业经营活动成效高低的关键。酒店投资占用资金大、涉及面广、资金回收周期长，因此，必须做好充分的可行性研究，对酒店的投入产出进行科学的分析，以减少酒店企业投资失败的概率，增加项目投资的信心，也有利于企业资金的筹集。

在进行投资分析时，饭店企业管理者必须掌握投资决策的分析技术。根据投资决策时所面临的不同状况，选用科学的决策方法，评估各种可行方案，从中选出最佳投资方案，以提高饭店企业投资成功的概率。

酒店的建筑设计是一门综合性的学科，需要根据酒店经营、管理和服务的特点，按照《旅游饭店星级的划分与评定》国家标准和国家民用建筑设计的相关准则，结合酒店行业的发展趋势，对酒店的功能布局进行全面的规划。前厅、客房和餐饮区域是酒店的三大核心服务区域，对它们的功能布局、面积分配、项目组合、装修风格、产品舒适度、设施设备配置等环节进行专业的设计，有利于满足顾客不断提升的消费需求，有利于提升酒店的竞争力。

同步练习

一、同步学习

1. 扫描本章二维码，进行网络课程的预习。

2. 找到书后习题，完成练习和自测。

二、问题思考

1. 酒店投资可行性研究的主要内容有哪些?

2. 酒店投资的财务评价方法有哪几种？各有什么长处与短处?

3. 什么是风险型决策？如何利用决策树法进行风险决策?

4. 酒店前厅区域设计需要考虑哪些功能?

5. 酒店客房区域设计需要考虑哪些功能?

6. 酒店餐饮区域设计需要考虑哪些功能?

三、课堂交流

以 3~4 人的小组为研究单位，通过对酒店的实地考察，进行以下问题的研究，作出调研报告，编制 PPT 文件，在课堂上进行交流分享。

1. 选取本地某一家酒店，进行酒店前厅功能设计的评析。

2. 选取本地某一家酒店，进行酒店客房室内设计的评析。

实例参考

中国五星级酒店的设施标准

中国五星级酒店的设施标准，如表 2-37 所示。

表 2-37　中国五星级酒店的设施标准

序号	项目
1	总体要求
1.1	建筑物外观和建筑结构应具有鲜明的豪华酒店的品质，酒店空间布局合理，方便宾客在酒店内活动
1.2	内外装修应采用高档材料，符合环保要求，工艺精致，整体氛围协调，风格突出
1.3	各种指示和服务用文字应至少用规范的中英文同时表示。导向标志清晰、实用、美观，导向系统的设置和公共信息图形符号应符合 GB/T15566.8 和 GB/T10001.1、GB/T10001.2、GB/T10001.4、GB/T10001.9 的规定

续表

序号	项目
1.4	应有中央空调（别墅式度假酒店除外），各区域空气质量良好
1.5	应有运行有效的计算机管理系统，前后台联网，有酒店独立的官方网站或互联网主页，并能够提供网络预订服务
1.6	应有公共音响转播系统。背景音乐曲目、音量与所在区域和时间段相适应，音质良好
1.7	设施设备应维护保养良好，无噪音，安全完好、整洁、卫生和有效
1.8	应具备健全的管理规范、服务规范与操作标准
1.9	员工应着工装，工装专业设计、材质良好、做工精致
1.10	员工训练有素，能用普通话和英语提供服务，必要时可用第二外国语提供服务
1.11	应有与本星级相适应的节能减排方案并付诸实践
1.12	应有突发事件（突发事件应包括火灾、自然灾害、酒店建筑物和设备设施事故、公共卫生和伤亡事件、社会治安事件等）处置的应急预案，有年度实施计划，并定期演练
1.13	应有系统的员工培训规划和制度，应有专门的教材、专职培训讲师及专用员工培训教室
2	前厅
2.1	功能划分合理，空间效果良好
2.2	装饰设计有整体风格，色调协调，光线充足，整体视觉效果和谐
2.3	总服务台位置合理，接待人员应 24 小时提供接待、问询和结账等服务，并能提供留言、总账单结账、国内和国际信用卡结算、外币兑换等服务
2.4	应专设行李寄存处，配有酒店与宾客同时开启的贵重物品保险箱，保险箱位置完全、隐蔽，能够保护宾客的隐私
2.5	应提供酒店基本情况、客房价目等信息，提供所在地旅游资源、当地旅游交通及全国旅游交通信息，并能够在总台提供中英文所在地交通图及与住店宾客相适应的报刊
2.6	在非经营区应设宾客休息场所
2.7	门厅及主要公共区域应有符合标准的残疾人出入坡道，配备轮椅，有残疾人专用卫生间或厕位，为残障人士提供必要的服务
2.8	应 24 小时接受包括电话、传真或网络等渠道的客房预订
2.9	应有专职的门卫应接服务人员，18 小时迎送宾客
2.10	应有专职行李员，配有专用行李车，24 小时提供行李服务，提供小件行李寄存服务
2.11	应提供代客预订和安排出租汽车服务
2.12	应有专职人员处理宾客关系，18 小时在岗服务
2.13	应提供礼宾服务
2.14	应有管理人员 24 小时在岗值班

续表

序号	项目
3	客房
3.1	应有至少50间（套）可供出租的客房
3.2	70%客房的面积（不含卫生间和门廊）应不小于20平方米
3.3	应有标准间（大床房、双床房），残疾人客房，两种以上规格的套房（包括至少4个开间的豪华套房），套房布局合理
3.4	装修豪华，具有良好的整体氛围。应有舒适的床垫及配套用品。写字台、衣橱及衣架、茶几、座椅或沙发、床头柜、全身镜、行李架等家具配套齐全、布置合理、使用便利。所有电器开关方便宾客使用。室内满铺高级地毯，或用优质木地板或其他高档材料装饰。采用区域照明，目的物照明效果良好
3.5	客房门能自动闭合，应有门窥镜、门铃及防盗装置。客房内应在显著位置张贴应急疏散图及相关说明
3.6	客房内应有装修精致的卫生间。有高级抽水恭桶、梳妆台（配备面盆、梳妆镜和必要的盥洗用品）、浴缸并带有淋浴喷头（另有单独淋浴间的可以不带淋浴喷头），配有浴帘或其他有效的防溅设施。采取有效的防滑措施。采用豪华建筑材料装修地面、墙面和天花，色调高雅柔和。采用分区照明且目的物照明效果良好。有良好的无明显噪音的排风设施，温湿度与客房无明显差异。有110伏/120伏不间断电源插座、电话副机。配有吹风机。24小时供应冷、热水，水龙头冷热标志清晰。所有设施设备均方便宾客使用
3.7	客房内应有酒店专用电话机，方便使用。可以直接拨通或使用预付费电信卡拨打国际、国内长途电话，并备有电话使用说明和所在地主要电话指南
3.8	应有彩色电视机，画面和音质优良。播放频道不少于24个，频道顺序有编辑，备有频道目录
3.9	应有背景音乐，音质良好，曲目适宜，音量可调
3.10	应有防噪音及隔音措施，效果良好
3.11	应有纱帘及遮光窗帘，遮光效果良好
3.12	应有至少两种规格的电源插座，电源插座应有两个以上供宾客使用的插位，位置方便宾客使用，并可提供插座转换器
3.13	应有与本星级相适应的文具用品。配有服务指南、住宿须知、所在地旅游景点介绍和旅游交通图等。提供与住店宾客相适应的报刊
3.14	床上用棉织品（床单、枕芯、枕套、被芯、被套及床衬垫等）及卫生间针织用品（浴巾、浴衣、毛巾等）材质高档、工艺讲究、柔软舒适。可应宾客要求提供多种规格的枕头
3.15	客房、卫生间应每天全面清理一次，每日或应宾客要求更换床单、被套及枕套，客用品和消耗品补充齐全，并应宾客要求随时进房清理
3.16	应提供互联网接入服务，并备有使用说明，使用方便
3.17	应提供开夜床服务，夜床服务效果良好
3.18	应提供客房微型酒吧（包括小冰箱）服务，配置适量与住店宾客相适应的酒和饮料，备有饮用器具和价目单。免费提供茶叶或咖啡。提供冷热饮用水，可应宾客要求提供冰块
3.19	应提供客衣干洗、湿洗、熨烫服务，可在24小时内交还宾客，可提供加急服务

续表

序号	项目
3.20	应24小时提供送餐服务。有送餐菜单和饮料单，送餐菜式品种不少于8种，饮料品种不少于4种，甜食品种不少于4种，有可挂置门外的送餐牌，送餐车应有保温设备
3.21	应提供自动和人工叫醒、留言及语音信箱服务，服务效果良好
3.22	应提供宾客在房间会客服务，应宾客的要求及时提供加椅和茶水服务
3.23	客房内应备有擦鞋用具，并提供擦鞋服务
4	餐厅及吧室
4.1	各餐厅布局合理、环境幽雅、空气清新，不串味，温度适宜
4.2	应有装饰豪华、氛围浓郁的中餐厅
4.3	应有装饰豪华、格调高雅的西餐厅（或外国特色餐厅）或风格独特的风味餐厅，均配有专门厨房
4.4	应有位置合理、独具特色、格调高雅的咖啡厅，提供品质良好的自助早餐、西式正餐。咖啡厅（或有一餐厅）营业时间不少于18小时
4.5	应有3个以上宴会单间或小宴会厅。提供宴会服务，效果良好
4.6	应有专门的酒吧或茶室
4.7	餐具应按中外习惯成套配置，材质高档，工艺精制，有特色，无破损磨痕，光洁、卫生
4.8	菜单及饮品单应装帧精美，完整清洁，出菜率不低于90%
5	厨房
5.1	位置合理、布局科学，传菜路线不与非餐饮公共区域交叉
5.2	厨房与餐厅之间，采取有效的隔音、隔热和隔味措施。进出门分开并能自动闭合
5.3	墙面满铺瓷砖，用防滑材料满铺地面，有地槽
5.4	冷菜间、面点间独立分隔，有足够的冷气设备。冷菜间内有空气消毒设施
5.5	冷菜间有二次更衣场所及设施
5.6	粗加工间与其他操作间隔离，各操作间温度适宜，冷气供应充足
5.7	洗碗间位置合理（紧临厨房与餐厅出入口），配有洗碗和消毒设施
5.8	有必要的冷藏、冷冻设施，生熟食品及半成食品分柜置放。有干货仓库
5.9	有专门放置临时垃圾的设施并保持其封闭，排污设施（地槽、抽油烟机和排风口等）保持畅通清洁
5.10	采用有效的消杀蚊蝇、蟑螂等虫害措施
5.11	应有食品化验室或留样送检机制
6	会议、康乐设施
6.1	应有两种以上规格的会议设施，有多功能厅，配备相应的设施并提供专业服务
6.2	应有康乐设施，布局合理，提供相应的服务

续表

序号	项目
7	公共区域
7.1	酒店室外环境整洁美观，绿色植物维护良好
7.2	酒店后台区域设施完好、卫生整洁、维护良好，前后台的衔接合理，通往后台的标志清晰
7.3	应有效果良好的回车线，并有与规模相适应泊位的停车场，有残疾人停车位，停车场环境效果良好，提供必要的服务
7.4	3层以上（含3层）建筑物应有数量充足的高质量客用电梯，轿厢装饰高雅，速度合理，通风良好；另备有数量、位置合理的服务电梯
7.5	各公共区域均应有男女分设的间隔式公共卫生间，环境优良，通风良好
7.6	应有商品部，出售旅行日常用品、旅游纪念品等
7.7	应有商务中心，可提供传真、复印、国际长途电话、打字等服务，有可供宾客使用的电脑，并可提供代发信件、手机充电等服务
7.8	提供或代办市内观光服务
7.9	应有公用电话，并配有便签
7.10	应有应急照明设施和有应急供电系统
7.11	主要公共区域有闭路电视监控系统
7.12	走廊及电梯厅地面应铺满地毯或其他高档材料，墙面整洁、有装修装饰，温度适宜、通风良好、光线适宜。紧急出口标志清楚醒目，位置合理，无障碍物。有符合规范的逃生通道、安全避难场所
7.13	应有充足的员工生活和活动设施

第三章

酒店的组织模式

学习目标

知识目标

- 熟悉酒店组织结构的类型与层次
- 了解酒店的部门架构与设置原则
- 知晓酒店组织模式变革的趋势和影响因素

能力目标

- 能解释直线制、直线职能制和事业部制三种酒店基本组织结构类型的长处和短处
- 能分析酒店采用扁式和葫芦型组织结构的必要性
- 能说明影响酒店组织模式的主要因素

第一节 酒店组织结构类型与层次

所谓酒店的组织结构，是指酒店企业为了达到经营目标，把必须做的各项业务活动进行分类和分层，形成职位（或职务）结构，赋予各个职位（或职务）恰当而明确的责任和权限，规定相互之间协调的关系，从而形成的一种人际结构。

一、酒店组织结构的类型

通常，酒店企业的组织结构可分为直线制、直线职能制和事业部制三种基本类型。

（一）直线制

直线制组织结构（见图 3-1）又称军队式结构，是最早来自军队的组织形式。其特点是：从最高管理层到基层，自上而下建立垂直领导关系，不专门设立职能机构，形同直线。

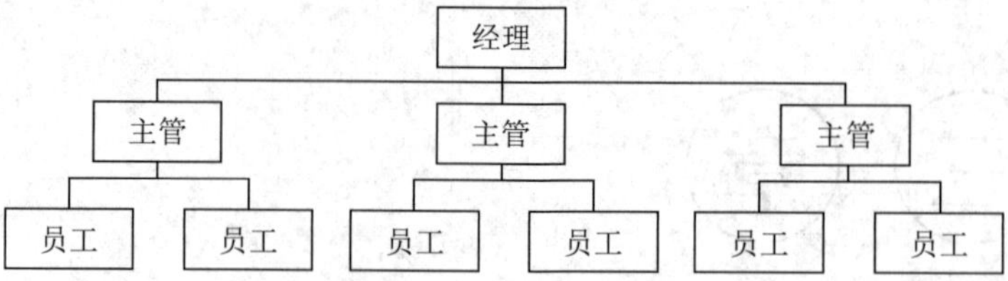

图 3-1 直线制组织结构

直线制组织结构的优点是：指挥统一、责任明确、信息沟通迅速、工作效率高。但由于没有专业分工，要求企业经营管理者是“全能型”人才，有关经营管理的各项工作都要亲自处理。在企业规模大、业务繁重的情况下，企业经营管理者从时间、精力到专业知识上，都很难适应提高经营管理效率的要求。因此，直线制组织结构只适用于小型酒店。

（二）直线职能制

直线职能制组织结构（见图 3-2）是将直线统一化原理和职能分工专业化原理有机结合起来的组织形式。这种组织结构的特点是：将经营管理机构和人员分为两大类，一类是直线指挥人员，拥有对下级指挥和命令的权力，并对主管工作全面负责；另一类是参谋和助手，有对业务部门实行指导和控制的权力，但无权直接对下级发布命令、进行指挥。这种组织结构既有指挥统一化的好处，又有分工专业化的长处，比较适合大中型酒店。

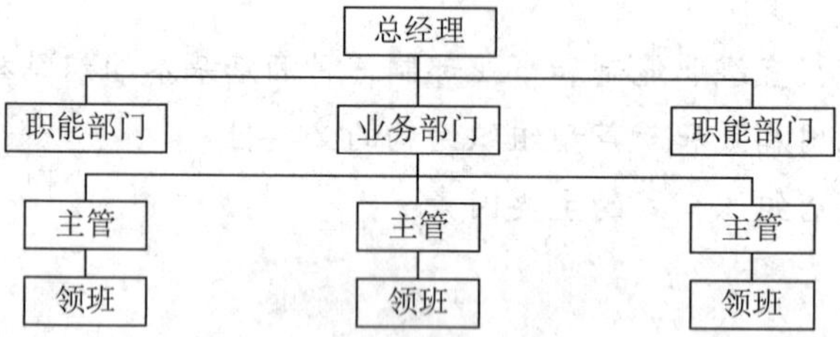

图 3-2 直线职能制组织结构

这种组织结构的缺点是：权力高度集中，下级缺乏必要的自主权，各直线指挥系统之间沟通较少，协调比较困难，难以从企业内部培养提拔掌握全面情况的经营管理人员。

（三）事业部制

事业部制组织结构（见图 3-3）又称分权结构。它是 20 世纪美国通用汽车公司首先创立的，现被许多大型企业广泛采用。其基本特点是：按产品大类或地区的不同设立事业部，各个事业部在公司统一领导下实行独立核算，自负盈亏；统一管理所属产品或地区的业务活动，是有相当自主权的“自治单位”。事业部制组织结构是一种适用于大型酒店和集团化连锁经营的企业组织形式。

事业部制组织结构实行“政策制定与行政分开”的原则，最高经营管理层主要负责研究和制定各项政策，制定总目标和长期计划，并对各事业部的经营、人事和财务实行监督，不管日常的具体行政事务；各个事业部在既定的政策、目标和计划的控制和指导下从事业务活动，并根据需要建立自己的经营管理职能部门。

事业部制组织结构的优点是：有利于发挥各个事业部的积极性和主动性；有利于最高经营管理层摆脱日常事务，集中精力于重大问题的研究；有利于将联合化与专业化结合起来。其缺点是：不利于各事业部之间的横向联系，容易产生本位主义，影响各部门之间的合作，忽视长远和整体利益；容易造成机构重叠，经营管理人员增多，经营管理费用增高。

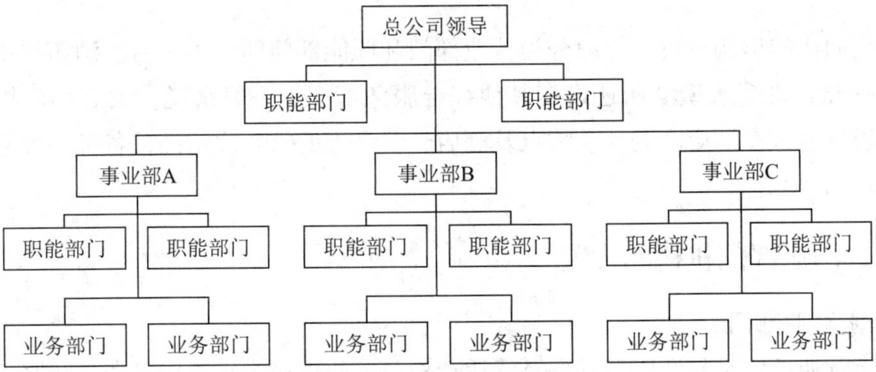

图 3-3 事业部制组织结构

二、酒店组织结构的层次

在各种类型的酒店组织结构中，从上到下可以分为三个管理层，即决策管理层、职能管理层和基础管理层（见图 3-4）。

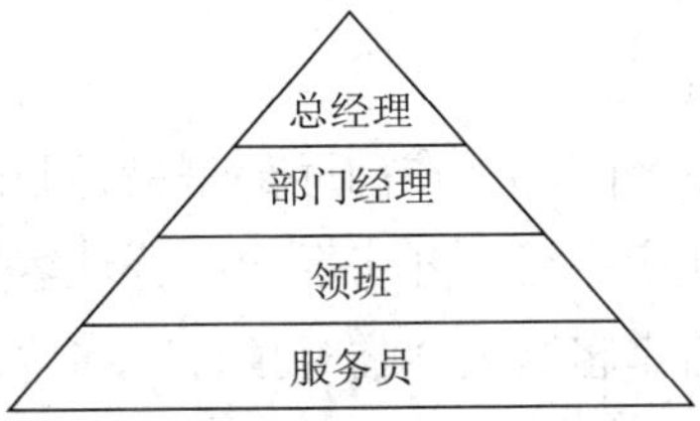

图 3-4 酒店组织管理层次

（一）决策管理层

决策管理层又称最高管理层，成员由酒店企业的总经理及其助手组成。他们是站在酒店企业整体立场上，对酒店企业进行全面、综合管理，负责对酒店企业经营管理活动进行全局性策划和指挥的管理层（或称领导层）。

（二）职能管理层

职能管理层又称专业管理层，他们是处于最高管理层和基础管理层之间的管理层，承担各自专业职能的管理职责。对于决策管理层而言，他们是领导的参谋和助手；对于基础管理层而言，他们则起着指导、控制、监督和协调的作用。

（三）基础管理层

基础管理层包括执行管理层和作业管理层，他们位于酒店经营管理的基层，是直接面对一线员工进行现场管理的管理层。

第二节　酒店部门机构与设置原则

典型酒店的机构设置，一般分为营业部门和职能部门两大类。由于酒店提供服务的日益多样化，许多大型酒店还设有其他综合服务部门。一般来说，酒店部门机构的设置，是根据客人在酒店内的活动特点及酒店经营管理的需要决定的，各部门均有其特定的业务范围及职责。

一、酒店部门机构的设置

（一）营业部门

酒店营业部门是与酒店的日常经营活动相关，并直接为宾客提供产品和服务的业务部门。酒店营业部门又称营业创利部门，主要包括酒店的前厅部、客房部、餐饮部等。

1. 前厅部

前厅部（Front Office）位于酒店的大厅，是酒店的神经中枢，业务工作贯穿宾客与酒店接触和交易往来的全过程。酒店服务和管理水平的高低，一般都反映在前厅部的迎送接待工作方面。因此，前厅部被称作酒店服务与管理的“橱窗”，前厅部人员在宾客心目中是“酒店的代表”。

前厅部的主要机构及职责是：

（1）接待处。接待处（Reception）在前厅部是最显眼的部门。它主要负责接待抵店要求住宿的宾客，办理宾客住店手续，开房登记、分配客房，负责联络、安排宾客接待等事项。同时，接待处也会给宾客提供“临时预订”和“返回预订”服务。

（2）问询处。问询处（Information）负责回答宾客有关酒店的服务、设施、交通、游览、购物等问题的询问，为客人提供信息，代办客人委托的事项，处理客人的留言。

（3）行李处。行李处（Bell Service）负责迎送宾客，代客搬运行李，陪客进房，介绍客房设备及酒店服务项目及其位置，并为客人提供行李寄存和托运服务，代客预订出租车。

（4）收银处。收银处（Cashier）人员归属酒店财务部，但工作地点在前厅，负责对客人费用账目进行分类和收银结账。客人在住店期间产生的各项服务费用，都由收银处负责收款。收银处必须经常同一切有宾客消费的部门收款员联系，催收核实账单。同时，收银处还要在夜间审核酒店的营业收入，制作营业收入报表。

（5）大堂副理。大堂副理（Assistant Manager）一般每天24小时在大厅值班，随时为宾客排忧解难，处理客人的要求及抱怨。由于大堂副理可以协调各部门的工作，代表酒店处理日常发生的事件，所以有些酒店把大堂副理归在前厅部，职务相当于前厅部副经理或主管，有些则直属酒店管理机构管辖。

（6）电话总机。电话总机（Telephone Switch Board）负责及时、快速、准确地为客人提供信息服务。包括：转接市内电话，承办国内外长途电话业务；为客人提供问询和叫醒服务；通告紧急事件等。

前厅部机构的设置应根据酒店规模大小和业务量多寡而定，但基本的原则是保证前厅工作的效率和方便客人。前厅部在大中型酒店中往往单独设置，是酒店的主要业务部门之一。小型酒店则往往不单设前厅部，而是将其业务交由客房部负责。

2. 客房部

客房是宾客住宿和休息的场所，是酒店的基本设施和主体。客房部（House Keeping Department）的主要职责是向宾客提供洁净而舒适的客房，并协助前厅部保持较高的客房出租率。从经营的角度上看，客房是酒店销售的主要产品，客房的营业收入是酒店经营收入的重要来源。

客房部机构的设置是与客房管理的具体要求相适应的，主要包括：

（1）客房主管。在大中型酒店中，由于客房部的服务人员比较多，客房部需设专门的领导机构负责处理日常的行政事务工作。大型酒店的客房部除客房经理、副经理或经理助理各一名外，还设有秘书和主管若干名。

（2）楼层服务组。楼层服务组设总领班一名，早班、晚班楼层领班若干名，下设早班、晚班和通宵三个楼层清洁组及早班、晚班两个楼层服务组。楼层服务组主要负责楼面客房的清洁和接待服务工作。

（3）公共区域服务组。公共区域服务组设总领班一名，早班、晚班及通宵领班各一名，并设有早班、晚班和通宵班各一个清洁组及地面外窗清洁员若干名。公共区域服务组主要负责酒店范围内公共区域的清洁工作。

（4）布件房。布件房设领班、副领班各一名，另有棉织品及制服服务员若干名。布件房主要负责酒店的棉织品和员工制服的收发、送洗和保管。

（5）洗涤部门。洗涤部门主要负责酒店棉织品的洗涤和整理工作。洗涤部门在各个酒店的隶属关系有所不同。一些大型酒店的洗涤部门属工程部管辖，因为大型酒店的洗涤设备相当复杂，有折叠机、熨平机、商用洗衣机和烘干机等，使用这些机器需要一定的技术和技巧。但是，由于客房棉织品占整个酒店棉织品的95%以上，客衣送洗又完全是通过客房服务员来进行的，因此，洗涤部门如果与客房部分离，必然会造成很多不便，既不利于统一调配和指挥，又影响工作效率和服务质量。

3. 餐饮部

餐饮部（Food and Beverage Department）是酒店的第二大创利部门，虽然其创利能力通常小于客房销售，但获得的营业收入仍然是相当可观的。酒店餐饮服务的规模不论大小，一般均包括食品原料采购供应、厨房加工烹调和餐厅酒吧服务三部分业务活动。

（1）原料采购部。原料采购部主要负责食品原料的采购、验收、储藏和发放工作。原料采购部工作的好坏，对餐饮质量、食品成本及餐饮营业收入均有重要影响。

（2）厨房。厨房是餐饮部的生产部门，为餐厅服务，与餐厅配套。酒店厨房规模和配套情况可视餐厅的规模和种类而定。厨房业务由厨师长负责，下设各类主厨和领班。有些酒店专设膳务部，主管餐厅布置、宴会布置、炊具餐具洗涤和清洁卫生工作。

（3）餐厅、酒吧。餐厅、酒吧是餐饮部的前台服务部门。因为酒店的类别多种多样，所以酒店的餐厅也各具特色。大型酒店设有多处餐厅和酒吧设施，如正餐厅、宴会厅、风味餐厅、自助餐厅、多功能餐厅、咖啡厅、扒房、大堂酒吧和鸡尾酒廊等。各类餐厅根据其规模和等级，通常设经理、主管、领班三个层次的管理人员。酒吧通常设酒吧经理或主管。许多大型酒店还设有宴会部、餐饮预订部等机构，负责餐饮业务的组织和服务。

（二）职能部门

酒店职能部门不直接从事酒店接待业务，而是为营业部门服务、执行自身某种管理职能的部门。酒店的销售部、人事部、财务部、工程部和安保部均属于酒店的职能部门。

1. 销售部

销售部（Sales Department）的主要职责是为酒店招徕客源。为了保证酒店有充足的客源，销售部人员要进行市场调研，了解市场需求，掌握客源流向并负责推销酒店产品。酒店销售部的规模是有差异的，一般可为 1 ~20 人。销售部设经理和主管销售业务的专职人员。有些大型酒店的销售部还设有分管收益管理、旅游销售、会议销售、宴会销售的经理以及公共关系等专门工作人员。

2. 人事部

人事部（Personnel Department）的主要职责是为了满足酒店经营管理的需要，负责酒店管理人员和服务人员的选聘、培训工作。人事部是酒店中一个非常重要的部门，一般直接受总经理领导。人事部除设有经理和副经理外，还有负责人员调配、员工培训和工资管理的专职人员。有些酒店人事部还设有专门的培训机构。

3. 财务部

财务部（Financial Department）负责处理酒店经营活动中的财务管理和会计核算工作。财务部人员的数量取决于酒店经营的规模和酒店财务工作任务的重要性。一般来说，酒店的财务工作直接由酒店的一名副总经理领导，财务部内部设有经理、副经理、主管会计、会计员、出纳员若干名。

4. 工程部

工程部（Engineering Department）的主要职责是负责酒店房屋及设备的修理工作，使酒店的外部及内部装修等保持在完好的状态，并经常对酒店的各项设施设备进行维修、保养和更新。工程部的机构包括工程部办公室（由工程部经理、助理、调度员等组成）、锅炉冷冻组（由锅炉房和冷冻机房组成）、电工组（由变配电、强弱电组成）、维修组（由综合维修人员组成）、电梯组（由电梯操作、维修人员组成）和土建维修组（由土建、木工、油漆工组成）。有的酒店只设锅炉、冷冻、水电和土建四个组。

5. 安保部

宾客在酒店中不仅需要良好的食品服务条件，同时需要一个安全、舒适、宁静的环境。安保部（Security Department）对酒店的各种设施、财产以及宾客的人身和财产安全负有重要责任。一般酒店都设有安保部经理和专职安保人员，他们负责对酒店全部区域进行 24 小时的安全保卫和巡视。

（三）其他综合服务部门

酒店为了竞争和发展需要，日益重视向客人提供更加完善和新型的业务项目，以满足宾客多方面的需求。因此，酒店相应设置了许多其他综合服务部门，主要包括：

1. 康乐部

在许多酒店，特别是度假型酒店中，都设有专门部门为旅游团体和旅游者个人提供康乐活动，其中包括高尔夫球、网球、保龄球和健身游泳等活动。这些活动均由康乐部（Recreation Department）组织安排，并设专门人员负责组织和指导工作。康乐部的主管和其他专职人员一般都具备组织娱乐活动的能力和专长，经常为酒店组织一些别开生面和富有吸引力的娱乐活动，以满足客人的娱乐要求。

2. 商场部

几乎所有酒店都设有商场或商品销售点。大型酒店商场与市区零售商场经营类似，但由于酒店档次较高，商场内的商品价格往往高于外部同类商品价格。酒店商场出售的商品，一般以当地旅游商品为主，同时经营一些日常的生活用品。

3. 旅游部

现在许多酒店均设有组织旅游的专业部门。它一方面为酒店组织客源，另一方面为酒店内的客人提供游览观光和继续旅行的各种便利条件。旅游部（Tourism Department）设有专门人员，负责提供交通工具、导游和车船机票订票的服务。

二、部门机构设置的原则

现代酒店的组织，由于其所处的环境、采用的技术、制定的战略、发展的规模不同，其组织的类型和部门的分工也有所不同。但在进行组织设计时，都需遵守一些共同的组织设计原则。

（一）精简有效原则

精简有效指的是酒店企业要精简机构、提高效率。精简与效率是手段与目的的关系，只有精兵简政，才能提高效率。这里讲的精简有效，包括以下含义：一是酒店企业人员要有较高的素质，并配备合理的人才结构；二是人员与职责相称，把人员安排到最合适的岗位上；三是要因事设岗而不是因人设岗；四是酒店企业组织结构设计要合理，有利于形成群体合力。

（二）统一指挥原则

统一指挥是组织理论的一项重要原则。早期的管理学者已明确提出用这一原则处理上下级之间的关系。现代酒店企业虽然由于经营组织结构的多样化而使指挥系统分工复杂化、具体化，但是，统一指挥仍然不失为酒店企业组织设计与管理的重要原则。贯彻统一指挥原则，有以下要求：

（1）统一指挥使上下级之间组成一条等级链，它反映了上下级的权利、责任和联系的渠道。从最上层到最基层，这个等级链是连续的，不能中断。

（2）任何下级只能有一个直接领导，因为多头领导会产生混乱和不一致。

（3）上级领导不可越级进行指挥，下级不可越级接受更高一级领导的指令。

（4）酒店企业内部的职能管理系统和参谋系统，同样也要执行统一指挥原则。他们对上有权提出意见和建议，对执行系统则起到指导、监督和控制的作用，但无权直接指挥执行系统的工作。

（三）管理跨度原则

管理跨度是指一个管理者能够直接地、有效地管理下级的人数。管理跨度与组织层次呈反比例关系，由于一个管理者的精力和知识是有限的，所以管理跨度也不是无限的。影响管理跨度的因素主要有：

（1）能力因素。下级管理能力较强，管理素质较好，上级管理者的管理跨度可以大些；反之，管理幅度就应小些。另外，上级管理人员自身能力的强弱，也会影响管理跨度的确定。

（2）工作形式因素。如果下级工作内容比较复杂、作业空间较大，则管理跨度宜小些。反之，下级工作的程序化与标准化程度较高，则管理跨度也可相应增加。

（3）信息沟通因素。如果酒店组织内部信息沟通方式较好，信息传递速度较为迅速和准确，则管理跨度可放宽。否则，管理跨度就应小些。

（4）环境因素。如酒店外部环境的变化比较快，并要求管理人员必须迅速作出反应以适应环境的变化，势必造成管理者需用较多精力关心和研究环境。因此，在这种情况下，管理跨度就应小些。

（四）权责对等原则

现代组织理论认为，管理等级链上的每一个环节、每一个岗位，都应该毫无例外地贯彻权责对等原则。职权和职责是组织理论中两个基本概念。职权是人们在一定职位上拥有的权利，主要是人、财、物方面的决策权和执行权；职责就是承担任务的义务。例如，高层管理者在拥有较大决策权的同时，也承担了相应的责任和义务。

因此，在酒店组织设计中，为了保证“事事有人做”“事事都能正确地做好”，则不仅要明确各个部门及人员的任务和责任，还要规定相应的取得和利用人、财、物等工作条件的权力。如果权力的应用范围小于工作的要求，则可能使责任无法履行；而如果权力大于职责的要求，会导致权力的滥用，甚至危及整个酒店组织系统的运行。

（五）分工协调原则

凡是社会化的大生产，都需要进行分工与协调，把企业的任务和目标层层分解落实到各个部门和员工。一般来说，酒店企业规模越大，专业化要求越高，分工也就越细。专业分工细分化的结果，造成专业之间的依赖性增强，协调任务必须加重。

酒店的协调包括纵向协调与横向协调。贯彻权责对等原则，提供上下级直接沟通对话等，有利于搞好酒店的纵向协调。而要改善酒店的横向协调，则可以采取这样一些措施：使各项职能业务规范化，明确横向流程，通过工作体系进行协调；把职务相近的部门与岗位加以合并，通过减少工作摩擦进行协调；设立系统管理机构进行横向管理与协调。

第三节　酒店组织变革与影响因素

在分工基础上建立起来的传统组织结构，统称为职能式组织结构。在很长一段时间里，职能式组织结构统治了企业界，当然也包括酒店企业。职能式组织结构的理论基础是：“分工能带来效率的提高。”职能式组织结构的优点包括：员工的专业化程度较高；员工的发展方向明确；部门内部较易协调；资源利用效率较高；权力集中，较容易作出决策。

虽然职能式组织结构有许多优点，但其自身存在无法克服的缺点，主要表现在以下四个方面：

一是决策速度缓慢。由于权力掌握在决策管理层手里，任何大的决策都要层层汇报，由最高管理层作出决定，因此整个决策过程明显减慢了，好的机会往往会被错过。

二是整体协调困难。从横向角度来看，由于各部门之间相互独立，目标存在差异，协调和沟通较为困难，会影响整体目标的实现；从纵向角度来看，由于等级层次较多，上下级之间沟通困难，信息传递的效率较低，会影响最高管理层做决策的准确性。

三是整体责任不清。人为设立部门之间的界限，严重干扰了企业的整体利益，使得部门之间相互争夺资源，而不愿意承担责任。对讲究整体的酒店企业来说，有些责任难以分清。

四是官僚体制、整体工作效率低下。权力过度集中必然导致官僚体制，灵活性差，严格按规章制度办事，员工积极性不高，服务质量难以有保障，整体运作效率不高。

在现代酒店业激烈竞争的背景下，如何争取顾客、留住顾客，在竞争中赢得优势，将是我国酒店企业面临的主要课题。另外，顾客自我意识的增强，对服务分辨能力的提高，以及自我保护意识的加强，都对现代酒店企业经营管理的水平提出了更高要求。同时，酒店企业内部员工心理需求层次的提高，以及企业规模、人工成本、经营方向、服务产品结构等的变化，都与酒店企业传统的组织结构发生了冲突，变革传统的组织结构已经成为必然。

一、酒店组织模式变化的趋势

（一）从竖式组织结构向扁式组织结构转变

在传统的竖式组织结构中，酒店企业从上到下严格分工，形成层级的垂直体系。这种层级体系严重影响了企业内部各类信息的畅通流转，并导致信息在传递过程中的失真。

扁式组织结构要求最大幅度地削减中间层，使组织结构顶端到底部之间的层级数量减少，组织的管理幅度加宽，使酒店组织结构由“高深”变成“扁平”。同时，由于一线员工是顾客和酒店直接接触的“关键点”，直接决定酒店的服务质量和客人的满意程度，因此，在扁式组织结构中，适当扩大了一线员工的权限。通过这样的组织结构改革，一方面有利于精简人员，降低管理成本；另一方面，信息在扁式组织结构中流转时，由于中间“处理器”的减少，信息的准确度也得到了提高。再者，扁式组织结构适应时代要求，更有利于酒店企业贴近市场，高层管理者有更多机会接近顾客，可以极大地提高酒店服务的效率。

（二）从金字塔式组织结构向葫芦型组织结构转变

长期以来，金字塔式组织结构被认为是理想的组织结构。但随着科学技术的发展和人们需求质量的提高，传统的金字塔式组织结构也凸显出许多缺点。不少管理学家认为，由于企业组织中计算机的广泛应用，管理信息系统大量建立，使得企业组织又回复到集权制，即企业的重要决策又再度集中于最高管理层。最高管理层将决策结果及命令直接下达给基础管理层，甚至直接下达给作业层的服务人员和操作人员，形成葫芦型组织结构（见图 3-5）。

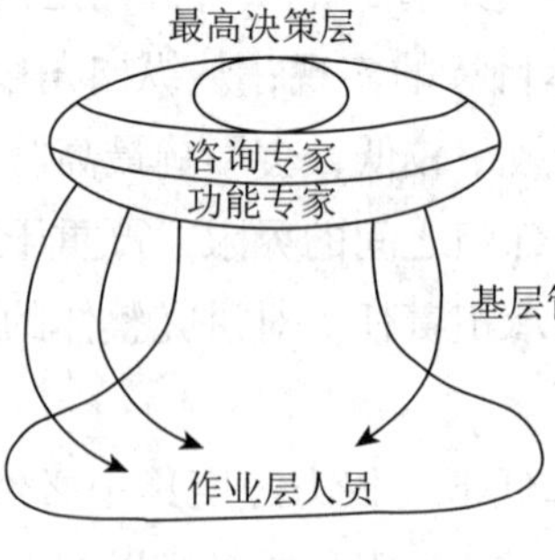

图 3-5　葫芦型组织结构

在现代酒店业中，由于服务需求的提高，顾客要求酒店实行公关、广告、宣传、预订、接待、服务及财务等作业的一条龙服务。这种新的服务形式将打破传统的部门化分工体制，将酒店组织结构分为两大系统，即前台（作业与服务）系统与后台（作业与服务）系统。这两个系统在计算机系统的支持下进行各项管理作业和一系列的服务工作，并在总经理（辅以顾问、咨询和决策系统的参谋支持）的直接领导下进行运作（见图3-6）。这样一条龙的管理与服务系统，提高了工作效率，降低了经营成本。同时，通过互联网可及时与全球各地客户进行互动联系、沟通，大大改进了服务质量，减少了酒店的广告费用。

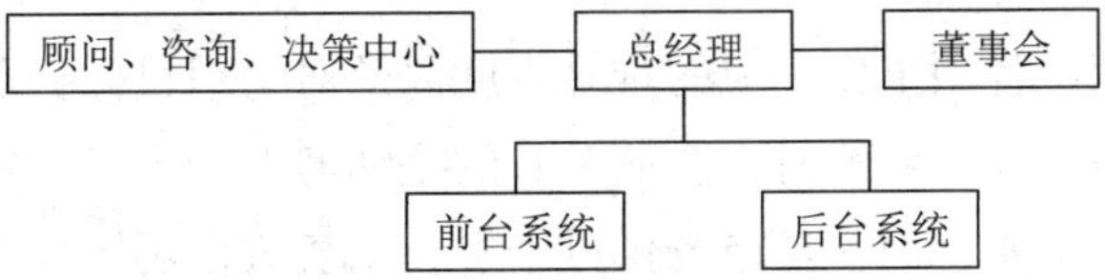

图 3-6 新型的酒店组织结构系统

这种新型酒店组织结构系统的特点是“加大两头，削减中间层”。由于互联网的作用，酒店最高决策层可随时获得客户信息、市场竞争信息等，并及时作出相适应的管理决策和实施措施。所以，必须加强最高决策层的权力。为了更好地服务于客人，体现人性化的服务特征，必须加强执行作业层（即基层）的管理。而中间管理层和一些职能部门将进行合并，实行作业整合，中间管理层人员将有较大的缩减。原上传下达信息的职能将被计算机网络系统所代替，最高管理层的信息可直接下达到基层，基层的信息也可直接上传到最高管理层。

新型组织结构系统对酒店从业人员的素质要求更高了，需要员工有广博的知识和技能，成为一专多能的多面手，只有这样才能更好地实行酒店企业的“作业重组”和“作业程序整合”。

二、影响酒店组织模式的因素

酒店组织模式是内外条件共同作用的产物，具有相对的稳定性。但当内部条件发生变化时，如企业体制变动、经营范围变化、服务产品结构调整等，组织模式的调整就成为必然；而外在环境的改变，如竞争加剧、酒店企业市场占有率减少、顾客个性化服务要求加强等，也会促成酒店组织模式的变革。影响酒店组织模式的因素主要有：

（一）战略

组织结构必须服从组织所选择的战略要求。适应战略要求的组织结构，为战略实施及组织目标的实现提供了必要的前提。

战略选择的不同，在两个层次上影响组织结构：不同的战略要求不同的业务活动，从而影响管理职务的设计；战略重点的改变会引起工作重点的改变，从而导致各部门与职务在组织中重要程度的改变，会要求各管理职务以及部门之间的关系作相应的调整。

（二）环境

任何组织作为社会的一个单位，都存在于一定的环境中。组织外部环境必然会对内部结构产生一定程度的影响，这种影响主要表现在三个不同的层次上：

1. 对职务和部门设计的影响

组织是社会经济大系统中的一个子系统。组织与外部存在的其他社会子系统之间也存在分工问题。社会分工方式的不同，决定了组织内部的工作内容和所需完成任务的不同，所需设立的职务和部门也就会不一样。

2. 对各部门关系的影响

环境不同，组织中各项工作完成的难易程度以及对组织目标实现的影响程度亦会不同。例如，当产品需求大于供给时，企业关心的是如何增加产量、扩大生产规模，从而生产部门会显得非常重要；而一旦市场供过于求，从卖方市场转变为买方市场，则营销职能会得到强化，营销部门会成为组织的中心。

3. 对组织结构总体特征的影响

外部环境是否稳定，对组织结构的要求也是不一样的。稳定环境中的经营，要求设计出被称为“机械式管理系统”的稳固结构，管理部门与人员的职责界限分明，工作内容和程序经过仔细的规定，各部门的权责关系固定，等级结构严密；多变的环境则要求组织结构灵活（称为“有机式管理系统”），各部门的权责关系和工作内容需要经常作适应性调整，等级关系不甚严密，组织结构设计中强调的是部门间的横向沟通而不是纵向的等级控制。

（三）技术

组织的活动需要利用一定的技术和反映一定技术水平的物质手段来进行。技术以及技术设备的水平，不仅影响组织活动的效果和效率，而且会作用于组织活动的内容划分、职务设置和工作人员的素质要求。信息处理的计算机化，必将改变组织中各有关部门的工作形式和性质。

（四）组织规模与所处的发展阶段

规模是影响组织结构的一个不容忽视的因素。适用于仅在某个区域市场上生产和销售产品的企业组织结构，不可能也适用于在国际经济舞台上从事经营活动的巨型跨国公司。

组织的规模往往与组织的发展阶段相联系。伴随着组织的发展，组织活动的内容会日趋复杂，人数会逐渐增多，活动的规模会越来越大，组织结构也需随之经常调整。

美国学者托马斯·卡农（J.Thomas Cannon）提出了组织发展五阶段的理论，认为组织发展过程中要经历“创业”“职能发展”“分权”“参谋激增”和“再集权”阶段，并指出在发展的不同阶段，要求有与之相适应的组织结构。

1. 创业阶段

在这个阶段，决策主要由最高管理者个人作出，组织结构相当不正规，对协调只有最低限度的要求，组织内部的信息沟通主要建立在非正式的基础上。

2. 职能发展阶段

在这个阶段，决策越来越多地由其他管理者作出，而最高管理者亲自决策的数量越来越少。组织结构建立在职能专业化的基础上，各职能间的协调需要增加，信息沟通变得更重要，也更困难。

3. 分权阶段

组织采用分权的方法，来应对职能结构引起的种种问题。组织结构以产品或地区事业部为基础来建立，目的是在企业内建立“小企业”，使后者按创业阶段的特点来管理。

4. 参谋激增阶段

分权会导致各“小企业”成为内部的不同利益集团，组织资源用于开发新产品的相关活动减少，总公司与“小企业”的许多重复性劳动使费用增加，高层管理者感到对各“小企业”失去了控制。为了加强对各“小企业”的控制，公司一级的行政主管增加了许多参谋助手。而参谋助手的增加又会导致他们与主管直接下属之间的矛盾，影响组织中的命令统一。

5. 再集权阶段

分权阶段与参谋激增阶段所产生的问题，可能诱使公司高层主管再次高度集中决策权力。同时，信息处理的计算机化也使再集权成为可能。

本章小结

直线制组织结构、直线职能制组织结构和事业部制组织结构是酒店企业的三种基本组织结构类型。从竖式组织结构向扁式组织结构转变、从金字塔式组织结构向葫芦型组织结构转变，则体现了现代酒店组织结构的变化趋势。

典型酒店的机构设置，一般分为营业部门和职能部门两大类，它是根据客人在酒店内的活动特点及酒店经营管理的需要决定的。

酒店组织发展过程中要经历“创业”“职能发展”“分权”“参谋激增”和“再集权”阶段。根据发展的不同阶段，要求有与之相适应的组织结构。

同步练习

一、同步学习

1. 扫描本章二维码，进行网络课程的预习。

2. 找到书后习题，完成练习和自测。

二、问题思考

1. 酒店组织结构主要有哪几种类型？各有什么特点？

2. 酒店组织结构内部可分为哪几个层次？各承担什么职能？

3. 酒店有哪些主要的机构？其主要职责是什么？

4. 扁式组织结构和葫芦型组织结构各有什么特点？

5. 影响酒店组织模式的因素有哪些？

三、课堂交流

以 3~4 人的小组为研究单位，通过互联网或实地考察酒店查找资料，进行以下问题的研究，做调研报告，编制 PPT 文件，在课堂上进行交流分享。

1. 介绍若干家酒店机构和岗位设置的实例。

2. 研究下列实例参考，解读酒店岗位和层次的关系。

实例参考

大型酒店的组织结构

某大型酒店的组织结构，如图 3-7 所示。图中英文字母及阿拉伯数字示意如下：

A. 最高管理层

1. 董事会 2. 总经理 3. 副总经理

B. 部门经理层

4. 工程设备部经理 5. 商场部经理 6. 餐饮部经理 7. 安全保卫部经理 8. 人事培训部经理 9. 前厅部经理 10. 公共关系部经理 11. 客房部经理 12. 销售部经理 13. 财务部经理

C. 专业层

14. 客房餐饮部主管 15. 食品原料采购部经理 16. 各餐厅经理 17. 厨师长 18. 各酒吧经理 19. 膳务长 20. 总服务台主管 21. 前厅服务主管 22. 公共卫生主管 23. 楼面服务主管 24. 洗衣房主管 25. 总会计师

D. 半专业层

26. 各厨房主管 27. 总出纳 28. 采购领班 29. 餐厅领班 30. 厨房领班 31. 调酒师 32. 膳务领班 33. 总服务台领班 34. 前厅服务领班 35. 公共卫生领班 36. 楼面服务领班 37. 洗衣房领班 38. 夜间核算主管

E. 熟练职工层

39. 服务员 40. 采购员 41. 餐厅预订员 42. 各类厨师 43. 酒吧服务员 44. 洗涤工 45. 客房预订员 46. 电话接线员 47. 门厅清洁员 48. 楼面服务员 49. 收发保管员 50. 记账员 51. 验收员 52. 应接引座员 53. 各类烹饪工 54. 器皿仓库保管员 55. 接待员 56. 门卫、行李员 57. 环境清洁员 58. 客房服务员 59. 洗烫缝工 60. 结账员 61. 保管员 62. 餐厅服务员 63. 问询员 64. 电梯服务员 65. 花卉工 66. 收银员

F. 培训层

67. 实习生　68. 勤杂工　69. 实习生　70. 勤杂工　71. 勤杂工

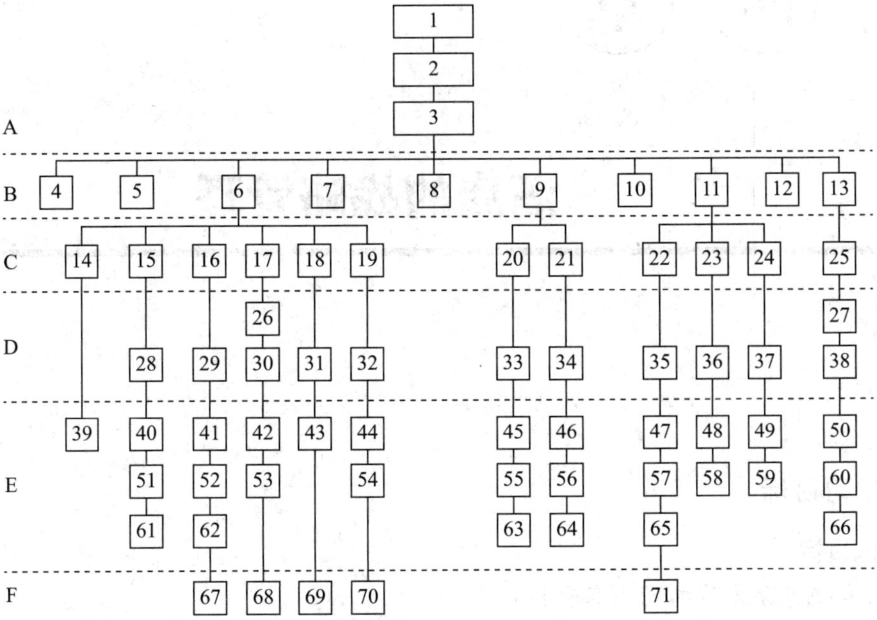

图 3–7　大型酒店的组织结构图

第四章

酒店的战略管理

学习目标

知识目标

- 了解酒店基本战略的内容和特点
- 熟悉酒店发展战略和竞争战略的模式
- 知晓影响酒店战略选择的环境因素

能力目标

- 能说明酒店基本战略的制定过程
- 能掌握酒店发展战略的选择方法
- 能解释酒店三大通用竞争战略的优势和风险

第一节　酒店基本战略概念与特点

“战略”（Strategy）一词源于军事活动的术语，是指军事统帅指导战争全局的谋略。在企业管理中正式使用这一概念则源于20世纪60年代《企业战略论》一书的出版。在20世纪70年代，美国企业管理者认识到外部环境对企业生存和发展的重要影响，开始把管理的重心从满足职能领域的有效管理转移到企业的战略管理上来。

如果说管理的职能是决定如何做，即如何以最佳方式完成一项工作，那么战略管理则是确定做什么，即确定自己的发展目标和决定一个组织应该做些什么。正如战略管理大师乔尔·罗斯（Joel Ross）所言：“没有战略的企业就像一艘没有舵的船，只会在原地转圈；又像个流浪汉到处游荡，无家可归。”

一、酒店基本战略的概念

战略是企业为了求得持续、稳定的发展，在预测和把握企业外部环境和内部条件变化的基础上，对企业发展的总体目标作出的谋划和根本对策。酒店的战略可分为基本战略、发展战略和竞争战略三个层次。

基本战略是酒店企业第一层次的战略，其内容主要包括以下四个方面：

（一）战略方向

酒店企业的战略方向，是指在酒店管理者经营思想的指导下，决定酒店企业的长远发展方向。它是酒店企业领导者对酒店企业未来的构思和设想，主要内容包括：

1. 确定酒店企业未来的发展方向

它要求酒店企业在市场调查和预测的基础上，确定自己的客源市场和经营范围。

2. 确定酒店企业开拓市场的发展方向

酒店企业未来的服务对象是谁？主攻的目标市场在哪里？这些问题直接关系到酒店企业经营的成败。它要求酒店企业在客源市场需求分析的基础上，结合自己的特点，确定自己的服务对象、服务标准及基本的经营方针。

3. 确定酒店企业未来的规模和发展水平

任何酒店企业都要在正确估计自己内部条件和设备的基础上，把握自己所具有的一切发展因素，确定自己在相当长的时期内的规模和发展水平。

（二）战略目标

酒店企业的战略目标是实现企业战略的一系列经济指标的总和，其核心是以销售额和利润额为主导的战略目标体系。

确定酒店企业战略目标应当注意的问题有：

（1）研究考虑和预测未来的市场发展趋势。利用过去和现在的数据来推断和预测未来的发展需要。

（2）分析酒店企业内部所具有的发展因素。其中包括可运用的发展资金、酒店员工的素质；同时要估计酒店企业的设备情况，检查本酒店是否已经具备了实现战略目标所应具有的条件。

（3）酒店企业的战略目标是一组相互联系和制约的目标系统，它是企业总目标体系和部门目标体系的结合。确定战略目标，要使部门目标同总目标保持一致，并使部门之间的目标得以协调。

（三）战略方针

酒店企业的战略方针是酒店企业围绕战略目标实现所制定的行为规范和政策性决策。它涉及酒店经营目的和方法，酒店和顾客、员工合作的关系等。战略方针将随着酒店企业内部环境的变化而变化，在不同的时期采取的战略方针不同。

酒店企业经营的总方针，通常是由酒店企业的最高领导者来制定的。为了能把总方针落实到各项具体工作中去，酒店企业各个部门也都有自己的一套方针，称为局部方针。局部方针是以总方针为基础形成的，是对总方针的扩大化和具体化。

（四）战略措施

酒店企业的战略措施是酒店企业为实现其战略目标，在战略方针的指导下，针对酒店企业发展中的中短期的、局部的经营问题所采取的各种对策与措施的总称。战略措施的制定，集中体现在一系列酒店企业的经营计划和经营决策制定上。从这一意义上说，酒店的经营计划和经营决策是以酒店企业的基本战略为基础的，是战略的具体化。

二、酒店基本战略的特点

酒店企业的基本战略是酒店经营思想的集中体现，反映酒店发展的根本要求，也是酒店制定计划和进行经营决策的基础。酒店企业的基本战略应体现以下四个方面的特点：

（一）长期性

基本战略是对酒店企业未来较长时期如何生存和发展通盘筹划的结果。它不是酒店企业对外部环境短期振荡所作出的反应，更不是对日常经营活动所作出的反应，它着眼于未来，关注的是酒店企业的长远利益，要解决的是酒店企业未来的经营方向和目标。酒店企业基本战略的实现，要求从根本上改变酒店企业的面貌，使酒店企业达到一个全新的水平，使酒店企业真正兴旺发达起来。

（二）全局性

基本战略是以酒店企业的全局为对象，根据酒店企业总体发展的需要而制定的。全局性是战略的最根本的特征，舍此，就不能称为战略。一个酒店企业的基本战略，必须能从总体上制约酒店企业的经营活动，其着眼点不是局部利益的得失，而是全局的发展，如果局部利益与全局利益发生冲突，往往要保证全局利益。

（三）稳定性

企业战略与其他战略一样，要求具有稳定性，不能朝令夕改。酒店企业要实现较长时期的战略目标，在制定战略的时候，就要作深入细致的调查研究，客观地估量酒店企业在发展过程中可能出现的各种利弊条件，作出科学的预测，使企业战略建立在既先进又稳妥可靠的基础上。

（四）竞争性

基本战略是酒店企业在激烈竞争中如何与竞争对手抗衡的行动方案，它与那些单纯以改善企业现状、增强企业效益、提高管理水平为目的的近期方案不同。它所谋求的是改变酒店企业在竞争中的力量对比，在全面分析竞争对手的基础上，扬长避短，发挥优势，不断扩大酒店企业在市场上的占有率，从而使酒店企业在竞争中占据有利地位，不断发展和成长，最终成为胜利者。

三、酒店基本战略的制定过程

酒店基本战略的制定过程，就是在正确的战略思想的指导下，在对酒店企业所面临的特定环境和内部条件进行分析的基础上，确定酒店的战略目标，明确酒店的经营领域，以及酒店对所从事的经营领域确定经营方针和策略的过程。它一般包括以下几个步骤：

（一）确定酒店企业的使命

这一要素实际上是为了回答战略的核心定位问题，即“我们的酒店应该是什么样的酒店”。只有那些能够正确认识到自己使命的酒店，才能制定出行之有效的战略规划。正如希尔顿酒店集团在《希尔顿公司使命书》中倡导的：“我们的使命是：被认定为世界上最好的一流酒店组织，持续不断地改进我们的工作，并使为我们的宾客、员工、股东利益服务的事业繁荣昌盛。”

（二）研究经营环境和经营能力

在明确了现代酒店企业的使命之后，就需要进行经营环境和经营能力的分析，把握其现状和未来发展趋势，以便为确定企业的战略目标收集各种有关的经济信息，为确定基本战略提供必要的资料和依据。

（三）确定战略目标

将酒店企业面临的经营环境和自身的经营能力结合起来，把酒店企业的使命化为一系列具体的经营目标，如击败竞争对手、扩大市场占有率等。酒店使命是内在的、永恒的、原则性的，酒店目标则是外在的、阶段性的、具体化的。酒店目标是在酒店使命的指导下设定的。

（四）确定战略行动

当酒店企业的使命、战略目标确定以后，就要考虑如何来实现这些目标。战略行动的确定要依靠酒店企业全体成员的共同努力。首先，要进行广泛讨论，让酒店各级员工畅所欲言，提出自己的见解，使战略行动方案具有群众性、民主性；其次，由酒店的“智囊团”运用现代科学方法进行系统综合、论证，提出可行的战略行动方案；最后，由酒店领导抉择，确定酒店的战略行动。

（五）总结、评价与修正战略

酒店企业的基本战略是主观思维活动的产物，它在实践中会或多或少地与客观现实产生一些差距。因此，在基本战略的实施过程中，酒店企业必须对基本战略进行总结、评价，并加以修正，使基本战略始终保持适宜性，保证基本战略对酒店经营活动的指导作用。

第二节　酒店发展战略模式与选择

发展战略是酒店企业第二层次的战略，包括酒店业务是采取快速发展战略还是采取稳定或紧缩的发展战略，是采取单一业务还是多元化发展等。现代酒店在实施经营活动时，首先必须明确酒店企业的发展战略，它是酒店发展的路径，也是酒店在复杂多变的环境中求得生存的保证。

一、酒店发展战略的基本模式

根据酒店战略行为的特点，可以将酒店发展战略划分为以下四种基本模式：

（一）发展型战略

发展型战略就是酒店企业对经营范围从广度和深度上进行全面渗透和扩大的一种战略模式。具体来讲，有以下三种类型：

1. 市场渗透战略

市场渗透战略是指酒店企业利用自己在市场上的优势，扩大经营业务，向纵深发展，在竞争中把更多的顾客吸引到自己这里来，以提高市场占有率。

2. 产品发展战略

产品发展战略是指酒店企业通过扩大经营品种、保证产品质量，以适应市场变化和消费者需要，不断扩大产品销售。

3. 市场开拓战略

酒店企业经营不断发展，市场却受到很大的限制，因此，必须选择和发展新市场，如建立连锁经营网点、拓展经营渠道等。

（二）稳定型战略

稳定型战略具体可分为稳定防御战略和先稳定后发展战略。所谓稳定防御战略，是指酒店企业在现有经营条件下，采取以守为攻，以安全经营为宗旨，不冒大风险的一种战略。先稳定后发展战略则是先采取措施扭转内部劣势，伺机而动，在改善内部经营管理的基础上再向外发展。

（三）紧缩型战略

紧缩型战略是指酒店企业缩小经营规模，减少企业投入，以谋求摆脱困境的一种战略。酒店企业在经济不景气时期常采用这一战略，但在实行紧缩措施的同时，应加强预测，对经营业务作出调整，积极做好迎接新增长的准备工作。

（四）多元化战略

多元化战略是指酒店企业利用现有资源和优势，向不同行业的其他业务发展的一种战略。这种战略可以分散经营风险，具有“东方不亮西方亮”的特点。这种战略的产生是市场扩大化和竞争复杂化的结果，但在给企业创造新机会和提高资源利用率的同时，也会给企业带来很大的经营风险。

二、酒店发展战略的选择方法

酒店经营者可以采用“SWOT”分析法来确定酒店企业的发展战略。“SW”是指企业内部的优势与劣势（Strengths and Weaknesses），“OT”是指企业外部的机会与威胁（Opportunities and Threats）。酒店经营者通过对经营环境进行系统的、有目的的诊断，在明确本酒店的优势（S）、劣势（W）和机会（O）、威胁（T）的基础上，确定自身的发展战略。

（一）酒店优势与劣势的分析

酒店的经营管理活动受到来自酒店内部和外部众多因素的影响。我们把有利于酒店经营活动顺利有效开展的酒店内部因素，如酒店优良的组织机构及现代化经营思想、优秀的酒店文化及雄厚的酒店资源等，称为酒店经营的优势；把不利于酒店经营活动开展的酒店内部因素，如低劣的员工素质、紊乱的管理制度、不称职的管理人员、低品位的酒店文化等，称为酒店经营的劣势。

（二）酒店机会与威胁的分析

酒店经营的机会，是指有利于酒店开拓市场、有效地开展经营活动的外部环境因素，如良好的国家经济政策、高速增长的市场等。不利于酒店开展经营活动的外部环境因素，我们称之为酒店经营的威胁，如竞争对手越来越多、竞争对手实力增强、经营的目标市场萎缩等。

（三）酒店发展战略的选择

如果酒店企业外部有众多机会，内部又具有强大优势，可采用发展型战略；如果外部有机会，而内部条件不佳，宜采用稳定型战略；如果外部有威胁，内部状况又不佳，应设法避开威胁，消除劣势，可采用紧缩型战略；而当酒店企业拥有内部优势而外部存在威胁时，宜采用多元化战略，以分散风险，寻求新的机会（见图 4-1）。

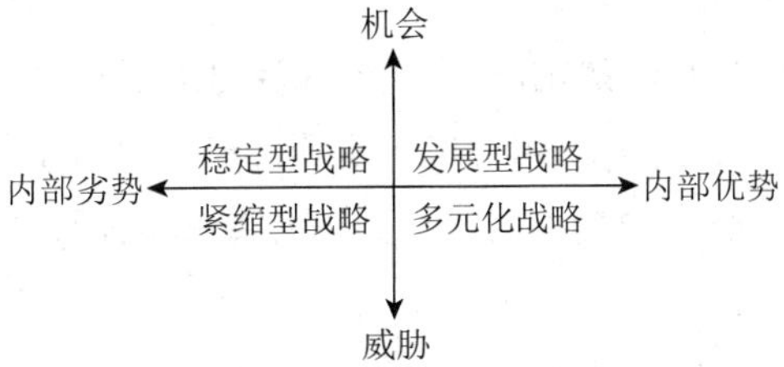

图 4-1　发展战略选择图

三、影响酒店发展战略选择的环境因素

对酒店企业而言，经营环境可以分为两种，一种是酒店经营的宏观环境，包括酒店所处的政治、经济、文化、技术、自然环境等。这些环境因素对酒店经营活动的影响是普遍的，酒店作为社会经济活动的一分子，其行为对这类环境的改变几乎不产生影响，因而我们可以视宏观环境为酒店经营活动的外生变量，它在一定时期内是一个不变的参数。另一种环境与酒店经营活动休戚相关，并且酒店的经营活动也会影响和改变这种环境，这就是酒店经营的微观环境，也称为行业竞争环境，它是酒店在进行发展战略选择时必须着重分析的环境因素。

目前，企业在分析经营环境时，普遍采用哈佛大学教授迈克尔·波特的结构分析法。波特认为，一个行业的激烈竞争不是事物的巧合，根源在于其内在的行业结构（见图 4–2）。

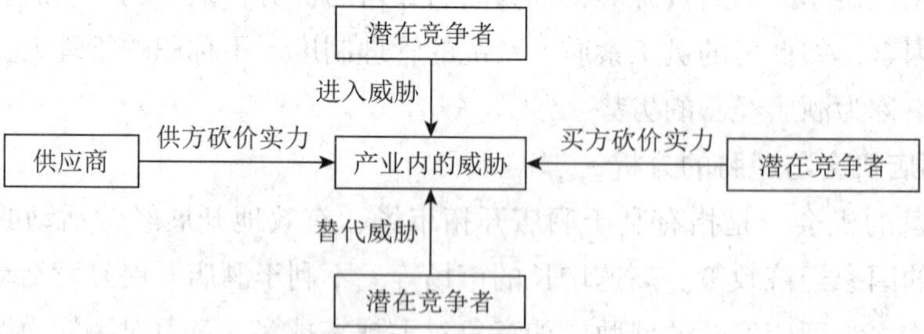

图 4–2　产业竞争结构模型

现代酒店企业面临着五种基本力量的挑战，它们分别是潜在加入者的进入威胁、替代品威胁、酒店产品购买者的讨价还价压力（购买者压力）、生产要素供应商的讨价还价压力（供应商压力）以及现有酒店之间的抗衡（产业内竞争）。这五种基本力量的强弱及其组合决定了酒店业竞争的激烈程度，决定了每一家酒店盈利的最终潜力。其中，强度最大的作用力将决定酒店企业发展战略的形成。

（一）潜在加入者的进入威胁

在市场容量与经济资源有限的情况下，新酒店的出现势必加剧原有酒店之间的竞争激烈程度，原有的酒店必定会采取相应的对策阻止新酒店的顺利进入，以保证自己的既得利益不受损失。进入威胁的大小取决于进入壁垒的高低，如果酒店市场的进入壁垒高，进入的威胁就小。

酒店市场的进入壁垒主要由规模经济、产品差别、资金壁垒、企业转换成本、专业管理经验、政府管制及市场容量等因素构成。要预见新建酒店的进入威胁程度，就需要做好上述因素的分析。

（二）替代品威胁

所谓替代品，是指那些与酒店产品具有相似功能的其他产品。如酒店的餐厅与酒店

周围的社会餐馆，后者就可以视为前者的替代品。如果替代品的市场价格降低，被替代的产品或服务的需求就会同步下降，除非被替代的产品价格同时下降。

应该指出，替代品不同于酒店之间的产品替代，后者属于同一行业中不同酒店提供的产品差别，而替代品通常是指不同行业之间具有相似功能的产品，如酒店的客房与新兴的物业写字楼。替代品可能因为技术进步与创新而出现，也可能因为其他行业的产品功能延伸而产生。因此，替代品的出现通常反映了时代的进步。

（三）购买者压力

在酒店业竞争结构的要素组合中，唯有购买者愿意支付的价格水平才能形成酒店的收益。因此，购买者压力直接决定着酒店的盈利水平。购买者的砍价能力主要取决于对市场信息了解的充分程度、购买者的收入水平、购买者的消费偏好以及购买产品的数量。

需要指出的是，在现实生活中，购买者并非就是服务或产品的消费者，购买者还可以是代理商或产品的中间商。在酒店经营中，中间商作为一类特殊的购买者，它们的购买主要不是为了消费，而是为了转售或组成各种旅游产品向最终消费者出售，因此，他们更关心酒店产品的价格，具有不同于一般购买者的特点。

（四）供应商压力

供应商向酒店提供经营活动所需的一切资源，如能源、资金、原材料、食品饮料、易耗品等。因此，供应商讨价还价能力的强弱，直接影响酒店经营成本的高低。

一般而言，供应商压力的大小主要取决于资源的垄断程度、供应商的生产成本、资源的短缺程度和购买者购买数量等。酒店企业为了实现低成本的目的，必须做好上述因素的分析。

（五）产业内竞争

影响酒店经营环境的最重要因素是产业内竞争，即现有酒店之间的抗衡。由于各地在酒店数量与结构上不一致，因此，不同地区、不同城市的酒店之间，竞争激烈的程度是不一样的。关于酒店之间的竞争力分析，在本模块项目三中将专门论述，它是决定酒店发展战略形成的主要作用力。

总而言之，在产业竞争结构分析中，酒店经营者的任务就是通过对以上五种基本力量的具体分析，明确自己酒店所处的微观环境，寻求自己酒店的有利地位，制定切实可行的发展战略，以较好地防御这五种基本力量的威胁。

第三节　酒店竞争战略模式与运用

竞争战略是酒店企业第三层次的战略。竞争战略关心的是相对于竞争者而言，企业在市场上的竞争地位。

当选择竞争战略时，酒店企业通常从两个方面评估竞争优势：企业经营成本低于竞争对手；产品具有某种特殊性能，并且能够以高价出售来弥补成本。

根据企业参与市场竞争的范围以及企业的竞争优势，战略管理大师迈克尔·波特在《竞争战略》一书中区分了三大通用竞争战略，即成本领先战略、差异化战略和专一化战略（见图 4-3），这些也是酒店企业在不同发展时期，面对不同竞争环境所选择与实施的三种竞争战略。

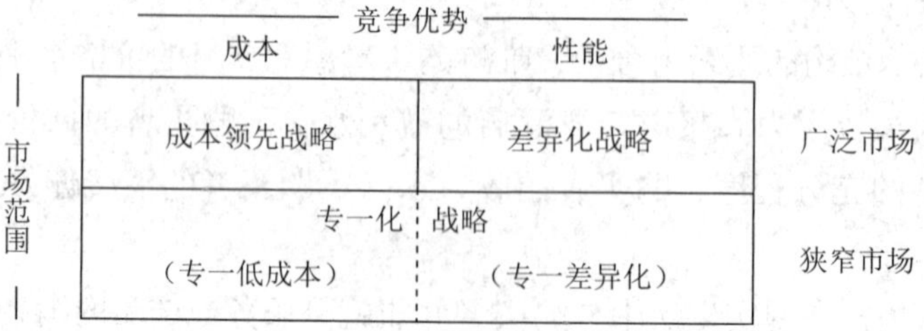

图 4-3　三大通用竞争战略

一、酒店的成本领先战略

成本领先战略也称价格竞争战略。由于酒店产品价格的基础是经营成本，因而该战略的核心是努力降低自己产品的成本。它要求酒店企业建立起达到有效规模的生产与服务设施，抓紧成本与管理费用的控制，最大限度地减少研究开发、服务、推销和广告方面的成本费用。虽然创造性的设计、产品质量、售后服务及其他方面也不容忽视，但是该战略主要是使产品成本低于竞争对手。

（一）成本领先战略的竞争优势

成本领先战略的竞争优势主要表现在：（1）酒店企业的低成本地位有利于在强大的买方威胁中保护自己，抵抗竞争对手的价格压力，并使效率居于其次的竞争对手逐渐退出市场，从而使酒店企业处于市场垄断地位；（2）较低的成本与价格水平也可以形成有效的市场进入壁垒，使新进入者举步维艰；（3）在不断致力于将产品成本降至竞争对手之下的过程中，酒店企业的管理效率也得到了提高。

（二）成本领先战略的经营风险

成本领先战略并不是完美的。其经营风险主要表现在三个方面：（1）低成本战略竞争易于被对手模仿，竞争对手有时能够很成功地学会并实施这种战略；（2）竞争对手很可能凭借技术革新获得更低的经营成本；（3）由于酒店企业集中精力研究如何降低成本，很有可能忽视消费者需求发生的变化。

二、酒店的差异化战略

差异化战略是指将企业提供的产品或服务与竞争对手区别开来，形成企业在产业范围中具有的独特品质。它主要是利用需求者对各品牌的信任，以及由此产生的对价格敏感度的下降，使企业避开竞争。企业的产品或服务可以在许多方面别具一格，如品牌形象、客户服务、技术特点、产品更新、营销网络等。差异化战略实施的关键在于特色的选择必须有别于竞争对手，并且足以使溢价超过企业追求差异化的成本。

（一）差异化战略的竞争优势

差异化战略的竞争优势主要体现在：（1）产品差别使购买者选择范围缩小，削弱了购买者砍价的能力，能够给酒店企业带来较高的收益；（2）消费者对符合自己偏好的产品会形成一种忠诚心理，这种顾客的忠诚度使得酒店企业避开了竞争；（3）对产品差别的忠诚还会形成坚强的市场进入壁垒，从而有效地阻止潜在加入者的进入威胁。

（二）差异化战略的经营风险

但是，差异化战略也会使企业面临下列经营风险：（1）如果酒店企业提供的产品或服务的独特性并未给消费者带来期望的价值，消费者将不会为该产品支付高价；（2）如果产品的差别未能降低消费者对价格的敏感度，消费者可能会放弃购买具有特性的产品，以节省费用；（3）如果产品创新缺乏必要的制度保护，竞争者的模仿也将使产品差异减少。

三、酒店的专一化战略

虽然成本领先战略与差异化战略各自的出发点不同，前者希望通过以低成本为基础的低价格吸引客人，后者依赖自己产品与他人产品的差别来赢得消费者青睐，但是两者有一点是共同的，即这两种战略都是面向整个市场。然而，实践又告诉我们，在通常情况下，任何一家企业不可能也没有必要为所有消费者提供理想的服务，每家企业只能以其中的一部分人作为自己的服务对象，这些消费者在企业的经营活动中应该占有重要的地位。企业应该正确选择这些特定的消费群体，为他们提供行之有效的各项服务。

专一化战略就是上述经营思想的产物。所谓专一化战略，是指企业将自己的经营目标集中在特定的细分市场，并且在这一细分市场上建立起自己的产品差别与价格优势。采用专一化战略的基础是企业能够以更高的效率、更好的效果为某一狭窄的顾客群服务，从而超过在更广范围内的竞争对手。即企业选择一个或一组细分市场，实行成本专一化或差别专一化战略，向此细分市场提供与众不同的服务，期望在该市场上获得较高的占有率。

（一）专一化战略的竞争优势

酒店企业采用专一化战略的长处是：（1）专业化服务与专业化分工导致相对较低的成本、较低的价格敏感度，可以给酒店企业带来较高的经营利润；（2）以消费者偏好为基础提供的专业化服务，增加了目标市场顾客的满意度，由忠诚顾客形成的细分市场构成了新进入者的壁垒；（3）针对目标市场设计的专业服务及其经验，使替代品威胁降到最低水平。

（二）专一化战略的经营风险

当然，酒店企业实施专一化战略同样面临各种经营风险:（1）专一化经营使得企业的市场范围缩小，经营风险增大;（2）在与面向广泛市场的竞争对手竞争时，酒店企业选择的细分市场必须是有吸引力的，但这通常是不易确定的;（3）被酒店企业选定的目标市场的消费者需求可能会与整个市场上的消费者需求相似，在这种情况下，专一化战略的优势就会丧失。

本章小结

酒店战略的第一层次是基本战略。它是酒店经营者对酒店发展的总体目标作出的谋划和根本对策，具有长期性、全局性、稳定性、竞争性的特点。基本战略是酒店经营思想的集中表现，规定了酒店的发展方向。

酒店战略的第二层次是发展战略。根据酒店战略行为的特点，酒店的发展战略可以划分为发展型战略、稳定型战略、紧缩型战略和多元化战略四种基本模式。酒店经营者可以通过“SWOT”分析法，选择适合本酒店的发展战略。在进行发展战略选择时，必须研究潜在加入者的进入威胁、替代品威胁、购买者压力、供应商压力和产业内竞争五种基本力量的影响。

酒店战略的第三层次是竞争战略。它关心的是酒店企业相对于竞争者而言在市场上的竞争地位。在行业内处于有利地位的酒店企业，能够更好地应对以上五种基本力量的挑战。酒店企业通常可以通过成本或性能与竞争对手的比较，在特定的市场范围内，选择成本领先战略、差异化战略或专一化战略等通用竞争战略。

同步练习

一、同步学习

1. 扫描本章二维码，进行网络课程的预习。

2. 找到书后习题，完成练习和自测。

二、问题思考

1. 酒店的基本战略包括哪些内容？具有什么特点？

2. 什么是“SWOT”分析法？

3. 影响酒店发展战略选择的环境因素有哪些？

4. 成本领先战略的竞争优势和经营风险有哪些？

5. 差异化战略的竞争优势和经营风险有哪些？

6. 专一化战略的竞争优势和经营风险有哪些？

三、课堂交流

以 3~4 人的小组为研究单位，研究下列实例参考，分析和归纳成功酒店所实施的企业战略。

实例参考

浙江开元酒店集团五年战略发展规划

一、战略远景：成为国内一流的综合性连锁酒店集团

该目标有三层含义：

（一）酒店集团。酒店管理与酒店资产经营并重。

（二）综合性。同时从多个维度渗透到各个细分市场，不仅多样而且互补。

1. 酒店档次定位

继续发展高星级酒店，强化开元四、五星级高端型酒店的市场定位；继续向中档商务型酒店市场发展，探索开元中档商务型酒店发展模式。

2. 细分市场及功能定位

拓展多个有差异的、基于不同客户细分市场的品牌群，重点发展商务会议型酒店、度假型酒店和主题型酒店。

（三）国内一流。行业地位上，成为最优秀的本土酒店集团。目前已基本完成浙江省的战略布局，下一步的重点是东部沿海的珠三角、长三角和渤海湾，同时兼顾中部重要城市布局，因此，下一个五年的重点仍在国内，并且开元在国内三四线城市仍具备较强的差异化竞争力。

二、第一年的目标

（一）规模目标

保持国内酒店集团10强，进入世界酒店集团前50强。拥有60家以上开业的高星级酒店，客房数量超过18000间；拥有60家以上开业的中档商务型酒店，客房数量达到6000间。

（二）布局目标

1. 通过温州、嘉兴、金华项目布点，完成浙江全省布局

2. 重点实现全国性布局

在天津、山东、江苏、福建、广东、海南等省份省会城市和主要城市的战略布局；在四川、湖北、安徽等省份及东北地区发展开元酒店，基本完成在全国发展的格局。

（三）质量目标

酒店优质服务在当地享有盛誉，顾客满意度、市场认知度居同档市场前列；保持每家开元酒店当地一流酒店的经营业绩和品牌声望，酒店业绩居市场同档酒店前列。

三、能力提升与发展举措

为实现第一年的战略目标，酒店集团从业务拓展、品牌建设、集团化营销、产品经营、运营管理、中央采购等几个方面着手开展工作，通过努力以培育开元酒店集团的核心资源，提升战略性能力、连锁发展能力及盈利能力。

（一）加快项目拓展，提升业务发展能力

为实现第一年“双 60”的规模目标，集团将采取更加积极灵活的业务发展策略。通过强化发展部门设置、增加项目发展人员能力、扩大项目发展人员队伍等措施来增加项目拓展力量，拓宽渠道，提高项目质量。

1. 采取更加积极主动的发展策略

（1）树立积极进取的发展理念；

（2）制定总经理项目拓展制度；

（3）建立广泛的信息收集渠道；

（4）采取更有竞争力的合同条款；

（5）梳理流程，加速合同谈判进程。

2. 采取更加灵活的发展方式

新建或收购：对一线城市的旗舰酒店项目与房地产互动开发酒店项目，可以考虑投资建造或收购。集团将确保每年投资发展 1~2 家酒店。

参股：对可作为一个区域的标志性酒店的省会城市项目或重要城市项目，考虑参股经营。

租赁 / 承包经营：在当前委托管理市场受限制的情况下，对于市场前景明朗、品质不错的酒店项目，主要以租赁 / 承包经营方式作为拓展方式。

委托管理：作为未来发展方向，大力推动委托管理方式以加快发展。

特许经营：在委托管理合同结束后，可以考虑给予业主特许经营权。

公司收购：收购酒店管理公司。

3. 采取以点带面的区域发展策略

（1）优先在省会城市及重要城市发展具有一定规模的酒店。

（2）以标志性酒店为基地进行区域拓展，酒店总经理协助总部进行业务发展；在一个地区拥有 2~4 家地理位置接近的酒店时，可以委任区域总经理；在一个区域（省级行政区域以上）拥有 5 家以上酒店时，可以委任区域总监。

（二）清晰品牌定位，制定并实施品牌战略

在现有“开元名都”“开元大酒店”品牌基础上，进一步根据酒店定位及客源市场进行品牌细分并清晰定位，制定系统的品牌发展战略及持续的实施步骤，加强品牌宣传力度。

集团将进一步统筹品牌建设资源，建立和完善开元酒店五星、四星、度假型酒店清晰的品牌标准；通过品牌营销计划和专业策划推广活动，协同各酒店在品牌形象工作方面的进程，实现从区域品牌形象到全国性品牌形象的提升。我们将采取多品牌进入细分市场，根据市场定位、产品特色及目标客源的不同分为“开元名都”“开元大酒店”“开元度假村”“开元商务”及“开元精品”五个品牌。

开元名都：五星级的商务会议品牌，位于经济发达的地级以上城市商业中心，规模盛大，设施豪华，服务全面。一般客房 400 间以上，建筑面积 4 万平方米以上，造价

8000 元 / 平方米以上，平均房价 500 元 / 间以上。

开元大酒店：四星级的全面服务酒店，位于城市商业中心或次商业中心地带，配备齐全的会议设施，提供高档餐饮、娱乐设施。一般客房 250 间以上，建筑面积 25000 平方米以上，造价 6500 元 / 平方米以上，平均房价 300 元 / 间以上。

开元度假村：位于著名的旅游景点，定位为高档五星级酒店；总体建筑面积 2.5 万平方米以上，客房 200 间以上；拥有齐全的各项餐饮、娱乐设施及宜人的度假环境；在当地有潜力做到区域最佳的五星级度假村；在客源上，以中高档 MICE（会展）、国内外旅游团队及高档度假散客、本地高档散客为主。

开元商务：专注于中高档商务市场的酒店，位于经济发达城市商业区。一般客房 100~200 间，建筑面积 12000 平方米以上，造价 3000~4000 元 / 平方米，平均房价 250~350 元 / 间，配有 2~3 间会议室、商务中心和可作为商务酒吧的 24 小时营业的咖啡厅和精致餐厅。

开元精品：选择特定城市和区域，以设计和文化特色见长的小型高档酒店或度假村。

（三）发展中档商务型酒店，探索运营及盈利模式

根据“争取在第一年达到 60 家以上开业的中档商务型酒店”的战略目标，集团在前几年已尝试发展中档商务型酒店项目，计划争取通过 2~3 个项目的拓展与运作，加快梳理中档商务型酒店定位，探索该类型酒店的运营及盈利模式；经过一定数量的发展，逐步建立稳定的目标客户群，树立品牌知名度，奠定目标细分市场的地位，并通过新建、收购、租赁、特许经营等灵活的发展方式，加速连锁化发展，达到既定战略目标。

（四）培育集团核心资源，提升集团化营销能力

在建立集团化营销框架的基础上，加强能力培育，围绕客户关系管理系统建设，提高集团化客源共享。包括：

集团订房中心及订房网的推行：通过多项开放式的活动，加大开元订房宣传力度，协同推广，推进开元订房中心和订房网的宣传。

总部信息系统的完善：充分整合 GDS、IDS、Call-center、DMS，推动全球分销渠道的开发。

集团会员俱乐部的运作：以便捷、灵活的方式快速推进金爵会和商祺会会员积累；整合社会资源，与国际航空公司、金融服务公司及银行卡会员等消费品牌进行战略联盟。

推进收益管理：基于对市场的科学判断和开元信息技术系统的支持，采用收益管理这一战略工具，推进客房存货及其他酒店产品的充分利用，实现酒店收益最大化。

（五）完善运营管理，强化服务产品竞争优势

1. 完善集团运营管理

通过总部管控架构改进、开业规范管理、运营管理指导及质量监控等方面工作，进

一步完善集团的运营管理。酒店集团总部继续推行季度的业务巡视和每年的绩效评价体系，通过第三方不定期监控，发现问题，了解每家酒店的运营状况，协同酒店管理层及时采取改善计划，确保有上佳的业绩表现。以全面质量管理思想为指导，通过标准作业程序（SOP）完善，改进成员酒店培训质检体系来推进服务质量的保持和提升。

2. 强化产品竞争优势

继续坚持“为宾客提供东方文化和国际化标准完美融合的服务”的经营宗旨，继续致力于重点突出开元关怀服务特色，推行“开元关怀”服务计划。同时，我们将进一步重视客房产品的建设与销售，提高单房收益率，改善产品收入结构。强化餐饮和会议优势，通过标准化建设、资源技术共享提升品质；通过具有市场号召力的餐饮规模、出众的服务、高品质菜肴及有力的销售策略，稳固开元餐饮产品差异化竞争力。

（六）完善培训体系，加快中高层管理人才供给

人力资源管理工作要提升到组织管理的首位，制定人才战略，加快系统化的培训体系建设，重点加快对部门经理及以上中高层管理人员的培养速度，积极引进符合开元要求的中高层管理人员。在人员招聘上，依托严谨、科学的甄选评估流程选用人才；坚持内部培养为主，继续推进培养熟练、专业、忠诚的管理团队，为业主提供一支具有跨地区文化和高素质的职业经理人团队；以信息化为平台，完善人力培养、培训体系，开发互动、有效、专业的培训课程，为发展提供人才源动力。完善人力资源制度，宽幅薪酬、技术岗通道、薪酬的竞争力和高福利是政策完善的方向，打造最佳雇主品牌，从而为员工提供公平的待遇和发展机会。

（七）继续探索模式，发挥中央采购的战略优势

采购集中运作是集团发挥规模优势和成本优势的一个重要方面。集团将继续研究和探索中央采购的模式，最大限度发挥中央采购优势；在近年来执行“三个有利于”的前提下，采购工作需要由内部配套向竞争性采购的战略转移；完善和落实基于网络的供应链系统，为酒店提供系统的服务，提升竞争力。

第五章

酒店的市场营销

学习目标

知识目标

- 熟悉酒店市场营销调研与分析的方法
- 了解酒店市场营销策划的方法和步骤
- 知晓酒店市场营销组合策略的内容

能力目标

- 能采用酒店市场营销调研的方法组织市场调研活动
- 能运用 STP 营销法进行酒店市场营销的策划
- 能说明“酒店＋互联网”营销、“酒店＋移动”营销、“酒店＋新媒体”营销的概念

第一节　酒店市场营销调研与策划

酒店的市场营销，就是为了让目标顾客满意，并实现酒店经营目标而展开的一系列有计划、有步骤、有组织的活动。它也是酒店围绕顾客需求开展产品设计、价格制定、渠道拓展及活动促销的经营过程。

一、酒店市场营销的调研

酒店市场营销调研是指为了实施营销管理而对那些与酒店营销决策有关的信息进行系统的收集、分析和报告的过程。酒店市场营销调研是营销分析的前提，它的功能是把酒店管理者同消费者和公众联结起来，酒店管理者借助这些信息可以发现和确定营销机会和问题，改善营销活动。酒店市场营销的调研包括以下几个步骤：

（一）确定调研问题及目标

酒店市场营销的调研的第一步就是酒店市场营销调研问题的形成。通常包括两方面内容：第一是确定调研的具体问题，第二是明确调研的目标。

确定调研问题及调研目标，往往是市场营销调研过程中难度最大的环节。酒店管理者可能已经知道营销中存在的问题，但找不出产生问题的具体原因。因此，需要通过调研来寻找答案。确定营销中存在的问题后，酒店管理者应和调研人员共同确定调研目标。一般而言，一个调研项目可能存在三种目标，即探索性调研、描述性调研和因果分析调研。调研目标一旦确定，调研人员就明确了进行某项调研的目的。

（二）进行数据收集和调研设计

酒店市场营销的调研的第一步就是进行数据收集和调研设计。调研前要明确酒店营销决策需要哪些信息，这是调研设计所要解决的首要问题。酒店营销信息通常分为成两大类：第一类称为第一手资料，是指通过与客人接触亲自且首次搜集来的信息；第二类是第二手资料，即通过间接的方法搜集来的现存资料。

酒店市场营销调研需要得到的信息一般包括两种：一是有关环境方面的信息，如市场竞争、消费者行为等；二是有关酒店营销组合方面的信息，如产品、价格、销售渠道、促销等。数据收集常用的方法有实地调研法和抽样调研法。实地调研法包括观察、询问、实验和邮寄等具体办法，抽样调研法包括随机抽样、非随机抽样等具体办法。

（三）实施调研计划

实施调研计划这一步骤包括收集、整理和分析数据等工作。调研中的数据收集阶段常是花费最大且最容易失误的阶段。因此，调研人员在实施调研计划的过程中，应尽可能准确地按计划要求去做，使获得的数据尽可能接近事实。对收集来的数据必须经常进行分析和处理，否则会导致原始数据杂乱无章、无法使用。

（四）准备调研报告

对调研结果作出解释、得出结论，并向酒店营销管理部门提交调研报告，是酒店市场营销调研的最后一步工作。应注意的是：调研报告不是一系列数据的堆砌，而应是简明扼要的结论及说明。

在调研过程中，酒店管理者和调研人员应紧密配合、协调一致，这是酒店市场营销调研工作取得良好效果的基本保障。

二、酒店市场营销的分析

酒店市场营销分析的内容，主要包括企业产品 / 市场分析、消费者行为分析和竞争形势分析。通过分析，可帮助酒店了解所处的宏观环境和微观环境，明确自己的竞争优势与劣势，避开威胁因素，寻找市场营销的机会。

（一）企业产品 / 市场分析

西方学者曾提出一些对企业产品加以分类和评价的方法，其中最著名的是美国波士顿咨询集团的方法。这种方法也同样适用于酒店企业产品与市场发展状况的分析。

波士顿咨询集团是美国一流的管理咨询企业，它建议企业采用“市场增长率相对市场占有率矩阵”来对企业产品加以分类和评价，简称 BCG 分析法（又称波士顿咨询集团法，见图 5-1）。

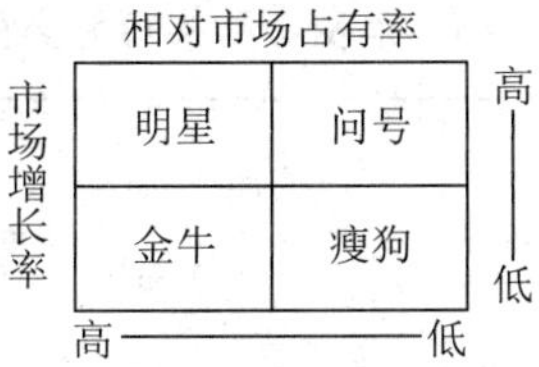

图 5-1　BCG 分析法

BCG 分析法把企业所有的产品分为以下四种不同类型：

1. 问号类产品

问号类产品是指市场增长率高而相对市场占有率低的产品，企业产品发展往往从问号类产品开始。问号类产品需投入大量资金，以满足迅速增长的市场需求。企业应该慎重地选择一两个有前途的问号类产品，集中投入资金，将其培育为明星类产品。

2. 明星类产品

明星类产品是高速增长市场中的领先者，具有一定的优势。企业必须投入大量资金来维持其市场增长率和击退竞争者的进攻。因此，明星类产品不一定能为企业带来丰厚的利润，但它常常是企业未来的金牛类产品。

3. 金牛类产品

当明星类产品的市场增长率下降到 10% 以下，却仍保持较高的相对市场占有率时，就变为金牛类产品。金牛类产品市场增长率低，企业不必大量投资。作为市场领先者，金牛类产品还享有规模经济的优势，依然能为企业带来大量利润，支持其他各类产品的经营。

4. 瘦狗类产品

瘦狗类产品是指市场增长率和相对市场占有率都较低的产品，它们在竞争中处于劣势，可能是亏损产品，也可能是保本产品。如果没有特别的原因，企业应进一步收缩或淘汰这类产品。

酒店企业经营的各类产品在矩阵图上定位后，酒店企业就可以确定其现有产品组合是否合理。由于一般产品都有生命周期，在矩阵图上往往会表现为从问号类产品开始，之后转向明星类产品，进而成为金牛类产品，最终降为瘦狗类产品。酒店企业必须注意各类产品变化的位置，预测未来的市场变化，合理规划产品开发战略。

（二）消费者行为分析

酒店消费者行为是指消费者购买酒店产品前、消费过程中及消费后整个过程中的所思、所为。消费者行为是受个人因素、社会因素及环境因素共同作用而发生的。要想使消费者选择本酒店而不选择别的竞争酒店，酒店管理者就必须善于分析各类消费者的行为及影响消费者行为的各种因素。

酒店消费者的购买行为一般可分为四种类型，如表 5-1 所示。

表 5-1　消费者购买行为类型

市场特征 \ 产品特征	高档产品	低档产品
选择机会多	复杂型	随意型
选择机会少	协调型	习惯型

1. 习惯型购买行为

对于价格低廉的、经常性购买的商品，消费者的购买行为是最简单的。这类商品的品牌差别极小，消费者对此也十分熟悉，不需要花时间进行选择。这种简单的购买行为不经过搜集信息、评价产品特点、最后作出决定这种复杂的过程。营销者可以通过价格优惠和营业推广等方式来鼓励消费者试用、购买和续购其产品。由于消费者对这些商品的品牌不很在意，而只是被动地接收信息，因此，营销者在做广告时要注意视觉符号和形象。

2. 随意型购买行为

有些商品品牌之间有明显差别，但消费者并不愿在上面多花时间，而是不断变化他们所购商品的品牌。如在购买点心之类的商品时，消费者往往不愿花长时间来选择和估价，下次买时会换一种新花样。消费者这样做往往不是因为对商品不满意，而是为了寻求多样化。对于这种情况，营销者应多采用营业推广的办法，保证商品供应，鼓励消费者购买。

3. 协调型购买行为

有些商品品牌区别不大，购买时有一定的风险，但消费者又不经常购买。对于这类商品，消费者一般先寻找几家酒店看看，进行一番比较，之后不费多长时间就购买。这是因为各品牌之间没有明显的差别，如果价格合理，购买方便，消费者就会决定购买。在使用期间，消费者会了解更多情况，并寻求种种理由来减轻、化解不协调，以证明自己的购买决定是正确的。

4. 复杂型购买行为

当消费者要购买一件价格高的、不常购买的而又非常有意义的商品时，就会全身心地投入购买。这类商品各品牌之间有明显的区别，消费者往往对这类商品缺少了解，需要学习，要经历一种复杂的购买过程：首先了解商品的性能、特点，从而对该商品产生某种看法，并与其他相关商品进行反复比较后，最后才会进行实际购买。其间，消费者往往还会向其他使用者征求看法和意见。对于这种购买行为，营销者应利用一切渠道让消费者了解商品的性能、特点以及它在同类商品中的优势地位，并积极做好售后服务。

（三）竞争形势分析

酒店管理者除了对企业产品 / 市场、消费者行为等进行分析外，还必须较详细地分析竞争形势。通常，酒店竞争形势分析可分为以下几个步骤：

1. 确定酒店主要竞争对手

在竞争形势分析中，酒店管理者首先必须明确谁是本酒店的主要竞争对手，谁将成为本酒店的主要竞争对手。截至 2022 年年底，我国共有 7337 家星级酒店，酒店之间的竞争在各个档次、各个方面激烈地展开着。以上海的酒店市场为例，截至 2022 年年底，该城市已有近 170 家星级酒店，其中五星级酒店 68 家。同时，每年新建的酒店不断涌现。倘若上海的酒店管理者对整个城市的酒店都进行分析研究，从投入的人力、物力、财力上来看都是不可取和不明智的。因此，要进行有效的竞争形势分析，制定出奇制胜的竞争对策，首先必须找准自己的主要竞争对手。酒店可按照所在区域、星级档次、经营的目标市场及经营的项目等因素来确定本酒店的主要竞争对手。

2. 进行竞争情况比较

竞争情况的比较，可从竞争对手所争夺的目标市场客人需求着手，尤其要针对客人选择酒店的重要标准来进行竞争情况的相互比较，如酒店的地理位置、设施、服务、价格等；然后进一步了解竞争对手的产品——服务组合情况及近期开展的营销活动和销售情况。通过对营销情况的比较，酒店管理者可了解本酒店和竞争对手分别运用了哪些行之有效的营销策略，从而为制定日后的营销方案打下良好的基础。

3. 确定酒店相对竞争优势和劣势

根据前面两步工作，酒店管理者可以很容易地判断本酒店的相对竞争优势和劣势。酒店管理者应将判定的优势、劣势以书面的形式记录下来，便于酒店决策者在制订年度营销计划时参考和使用。

4. 确定酒店竞争对策

酒店竞争形势分析的最终目的是制定本酒店有效的竞争对策，明确自己的竞争地位。通常，在同一目标市场上竞争的酒店，因营销目的、资源和实力不同，各自有不同的竞争地位，各酒店会因竞争地位的不同而采取不同的竞争对策。

三、酒店市场营销的策划

按照客人需求的差异程度，可将市场分成两种性质的市场。一是同质市场，指那些由需求几乎完全相同的顾客组成的市场。如日常生活中，人们都需要购买酱油、大米，他们的需求基本一致。二是异质市场，即由许多具有不同需求的顾客组成的市场。如酒店的客源市场，就是由许多不同类型且需求又有明显差异的顾客组成的市场。显然，异质市场带给管理者的挑战远远超过同质市场。酒店管理者所面临的市场是异质市场。

国际上专门研究市场营销的专家，通过大量理论和实践的反复论证，形成了一套经营异质市场的有效方法，称为STP营销法。一是按照一定的依据和标准对市场进行细分，即市场细分（S）；二是选择对本酒店最有利且本酒店有能力满足的亚市场（即经细分后的某一市场组成部分）作为自己奋斗和服务的目标市场，实行有目的、有针对性的营销活动，也称市场目标化（T）；三是确定本酒店在该市场中的竞争地位，搞好产品的形象策划与设计，即明确酒店的市场定位（P）。

（一）市场细分

所谓市场细分，是指酒店管理者按照消费者的一定特性，把异质市场分割成两个或两个以上的同质市场，以用来确定目标市场的过程。酒店做好市场细分工作，一是有利于发现市场营销机会，二是有利于深入了解消费者的需求，三是有利于制定正确的营销策略。

1. 市场细分的方法

酒店管理者可以利用许多因素来对酒店市场进行细分，常用的市场细分方法有以下几种：

（1）地理细分方法。即按不同地理区域将酒店市场划分为若干个亚市场，它以现在及潜在的客源发生地为研究的出发点。根据旅游输出国与接待国之间的距离，可把酒店市场细分为远程旅游市场和近程旅游市场；根据旅游者的客流量，可把酒店市场细分为一级市场和二级市场；根据旅游发生国或发生地的不同，可以把酒店市场细分为不同国家或地区的旅游市场。

（2）人口细分方法。即根据旅游者的年龄、性别、家庭规模、婚姻状况、收入水平、职业、文化程度、民族、宗教信仰、社会阶层等人口特征因素，将酒店市场划分为若干个亚市场。

（3）心理细分方法。即根据旅游者的生活方式、性格、爱好、价值观、心理敏感度、心理适应性等心理特征因素，把酒店市场划分为若干个亚市场。如旅游者的性格包括外向与内向、独立与依赖、乐观与悲观、开放与保守等，加之他们在不同社会环境中逐渐形成的不同生活习惯和价值观，酒店管理者可以将酒店市场进行不同的细分。

（4）行为细分方法。即根据旅游者的购买动机、购买时间、购买地点、购买习惯、使用频率、品牌忠诚度等行为特征因素，把酒店市场划分为若干个亚市场。如酒店利用品牌忠诚度来进行市场细分，发现欧美公司的长住客是比较忠诚的消费者，就可把欧美公司的长住客作为酒店重要的目标市场。

2. 市场细分的原则

如果把上述四种市场细分方法交叉使用，那么就有无数种市场细分方法，但是许多交叉使用的市场细分方法是没有实际意义的。市场细分应遵循下列原则：

（1）可衡量性。细分市场的规模、购买力及特征要能衡量和区分。

（2）可获得性。酒店能有效地进入细分市场，即该细分市场的消费者可以通过酒店的营销而被获得。

（3）可盈利性。细分市场应足够大，具有一定的稳定性，以便酒店进入该细分市场后最终能够盈利。

（4）可行性。酒店能够设计出吸引和满足该细分市场的有效营销方案。

（二）市场目标化

所谓市场目标化，是指酒店企业在市场细分的基础上，选择一个或几个亚市场作为目标市场的活动。“足够大”“有潜力”“未饱和”是酒店企业选择目标市场的三大依据。酒店管理者在进行市场目标化进程中，常采用三种市场目标化策略，这三种策略也可统称为酒店市场覆盖策略。

1. 无差异营销策略

无差异营销策略忽略不同顾客的需求差别，寻找出全部目标市场需求的共性，据此以同样的营销组合为该市场服务（见图 5-2）。

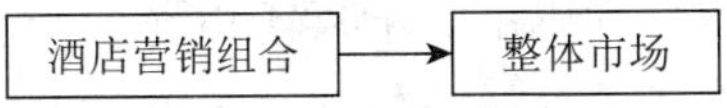

图 5-2　无差异营销策略

无差异营销策略的优点是可以发展规模效益优势，降低成本，简化营销工作。缺点是有效性较差，易引起其他企业模仿，造成更激烈的市场竞争。

2. 差异化营销策略

差异化营销策略是企业针对不同的细分市场分别设计相应的营销组合，即用不同的营销组合分别进入几个目标市场（见图 5-3）。

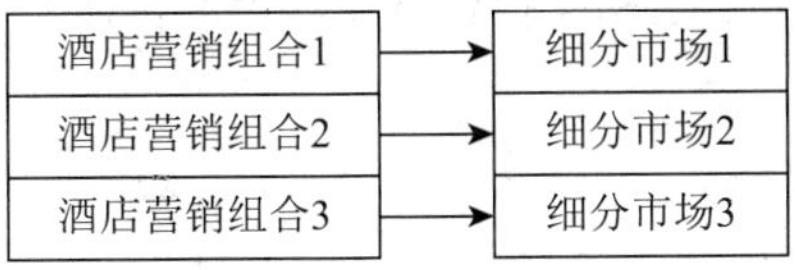

图 5-3　差异化营销策略

差异化营销策略的优点是能针对性地满足不同消费者的需求，创造出更多的销售收入。缺点是营销成本和操作要求高，一般适合实力较强的企业。

3. 密集性营销策略

密集性营销策略是企业选择一个或少量几个细分市场，集中力量争取在所进入的细分市场中获得较高的市场占有率（见图 5-4）。

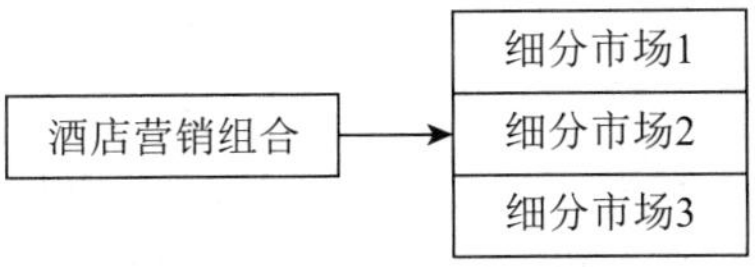

图 5-4　密集性营销策略

密集性营销策略的优点是能集中力量，发挥优势，以特色取胜。缺点是风险较大。密集性营销策略为中小企业发挥自己的优势提供了一个较好的办法。

对于以上三种市场目标化策略，酒店管理者究竟选择使用何种策略，应视其资源、产品特色、市场情况、竞争对手的策略等因素而定。

（三）市场定位

所谓市场定位，是指酒店为了使自己的产品和服务在目标市场消费者心中占据明确的、独特的、深受欢迎的形象（或地位）而作出的相应决策和进行的营销活动。如，上海金茂君悦大酒店的市场定位是豪华型酒店，上海锦江之星的市场定位就是经济型酒店。

通常，酒店企业可以通过创造产品差别、服务差别、员工差别、价格差别、消费群体差别与销售渠道差别来建立起自己区别于竞争对手的市场形象。正确的市场定位有助于酒店企业在市场上营造自己的特色，增强竞争力。同时，市场定位决策也是制定酒店营销组合的依据。

酒店市场定位工作大致可分为以下五个具体步骤：

1. 明确酒店目标市场客人所关心的关键利益（因素）

市场定位的目的之一是树立酒店明确、独特的深受客人喜欢的形象。为此，酒店管理者必须首先分析研究客人在选择酒店时最关心的因素及客人对现有酒店的看法，这样方能投其所好。

2. 进行形象的决策和初步构思

经过第一步工作，酒店管理者就要研究和确定酒店应以何种形象出现于市场方能获得客人的青睐。值得注意的是，酒店管理者在进行这一步工作时，应站在客人的立场和角度去思考问题，如“该酒店能为我做些什么”“我为什么偏要选择这家酒店而不选择别的酒店”等。

3. 确定酒店与众不同的特色

市场定位的另一个目的是树立独特的、容易让人们记住并传播的形象。事实上，酒店在许多方面均可显示出自己的特点或个性，如管理风格、服务、价格、地理位置、建筑特色等。酒店管理者应选择将最能体现本酒店的特色应用到酒店形象的构思与设计中去。

4. 进行形象的具体设计

这是指酒店管理者在前三步工作的基础上，应用图片、文字、色彩、音乐、口号等手段，将构思好的理性形象具体地创造出来，使它对客人的感官产生作用，让客人容易记住酒店的形象。

5. 进行形象的传递和宣传

酒店的市场形象一经设计完善，就应立即选定适当的宣传时机和合适的宣传媒介向目标市场客人传递和宣传；否则，即使形象设计得再好也只能是停留在酒店管理者的脑海里。

综上所述，酒店管理者应当明白，STP 营销法是一种能使经营成功、取得更高市场占有率的好办法，然而其难度也是显而易见的。这就要求酒店管理者具备渊博的市场知识、强烈的竞争意识、对本酒店产品有深入了解及具备丰富的酒店管理经验，同时要求酒店管理者具有一定的创造力和想象力。

案例分析

必胜客带来用餐新概念

世界著名的休闲连锁餐饮品牌必胜客在北京的首家餐厅于 1990 年 9 月开业，至今已在中国华北、东北、华南、西南、西北等地开设了多家连锁餐厅。它主要以“休闲、舒适、温馨、情趣、品位”为主题的餐饮模式受到了都市人的青睐。必胜客不同于肯德基式的自助快餐，更非正襟危坐的西式大菜，它在环境布置、菜单设计、服务方式、顾客需求等方面与快餐和中餐有很大区别，可以用一个公式来对其进行概括：一流的产品 + 舒适的环境 + 周到的服务 + 公道的价格 = 必胜客优良品质的承诺。

必胜客的成功是现代市场营销策略的完整注释，它告诉我们：确定一个适合企业的目标市场是至关重要的。

第二节　酒店市场营销的组合策略

酒店市场营销的实施，主要通过酒店的市场营销组合进行。酒店的市场营销组合，是指酒店企业为了满足目标市场的需要，有计划地综合应用酒店可以控制的产品、价格、销售渠道、促销等方面的市场营销手段，以达到销售产品并取得最佳经济效益的策略组合。传统的营销策略主要包括产品（Product）策略、价格（Price）策略、渠道（Place）策略和促销（Promotion）策略，即通常所说的 4P 营销组合策略。

一、酒店的产品策略

酒店产品是酒店营销组合中的首要的、决定性的因素。要设计和构思好酒店经营的产品，首先必须对酒店产品的概念、内涵等有清楚的认识，然后研究酒店产品的开拓与创新。

（一）酒店产品的概念

从酒店营销角度去理解，酒店产品就是为客人提供的一种在酒店体验的经历。任何产品都包括两个因素：一是产品的有形特征，即产品的物质因素和物理特征；二是产品通过其物理特征所提供给消费者的各种利益。酒店营销更重视其产品带给客人的利益。我们把酒店产品具体定义为由核心利益、展现利益和附加利益所组成的一次客人的消费经历。其中，产品的核心利益是指酒店产品满足顾客需要的核心内容。例如，五星级酒店的核心利益是为客人提供豪华、舒适的享受，而汽车旅馆的核心利益是为旅客提供便利和清洁的住宿环境。酒店经营者的任务就是要发现顾客的真正需要，把顾客所需要的核心利益提供给他们。然而，酒店产品的核心利益只是一个抽象概念，要提供给顾客必须通过一定的具体形式实现。

酒店产品的展现利益是用来说明产品为客人提供的核心利益的。展现利益是从物质上展示出产品核心利益的各种因素，例如，酒店的地理位置、建筑特色、周围环境、灯光、音响设施、面积、气味、装潢、员工等。

酒店产品的附加利益是指客人在购买酒店产品时所得到的附加服务或好处。它对客人来说并不是必不可少的，但对酒店产品的完整性及产品的吸引力会产生一定的影响。如酒店为客人提供擦鞋、洗衣、康乐等服务。

（二）酒店产品的生命周期

人们往往发现，不管什么产品，无论其过去多么受欢迎，最终总会因某种原因而被市场淘汰。产品在市场上也像人的生命一样，有一个发生、发展和消亡的过程。这个过程可以分成若干阶段，每一个阶段都有一定的市场特点。营销理论把产品从进入市场到最终退出市场的整个销售历史，称为产品的生命周期。

在一般情况下，根据产品销售量变化的情况，可以把整个产品生命周期划分为四个阶段，即导入期、增长期、成熟期和衰退期（见图 5-5）。

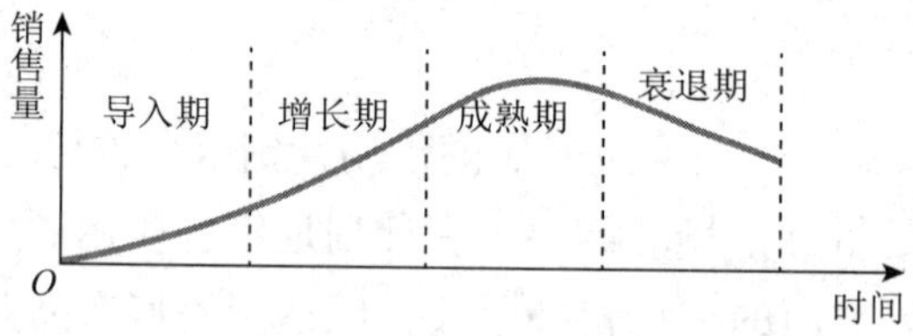

图 5-5　产品的生命周期

1. 产品销售量

如图 5-5 所示，在导入期，由于生产的批量少，消费者对新产品缺乏了解，常常不愿改变以往的购买习惯。因此，这个阶段产品销售量小、销售增长率低，一般不超过 10%。

经过一段时间的介绍推广，当产品为市场所充分了解并接受时，消费者会踊跃购买，产品销售量迅速增加，销售增长率超过 10%，便进入了增长期。

在产品的成熟期，由于市场普及率高，市场容量接近饱和，销售量增长速度减弱，销售量便逐渐稳定了。成熟期的销售增长率一般为 0.1%~10%。

当市场出现了更新颖的产品，或者消费者的需求出现变化时，旧产品就逐渐被新产品代替。有时虽然没有替代商品出现，但因为消费者需求的转移，对以往的产品不再感兴趣，产品就进入了衰退期，销售量迅速下降，销售增长率出现负值。

2. 产品价格

当产品处于导入期时，生产成本和销售费用都很高，产品价格不可能太低。尽管这一阶段的价格有时会低于成本，但同整个生命周期的其他阶段相比，仍然可能是最高的（见图 5-6）。

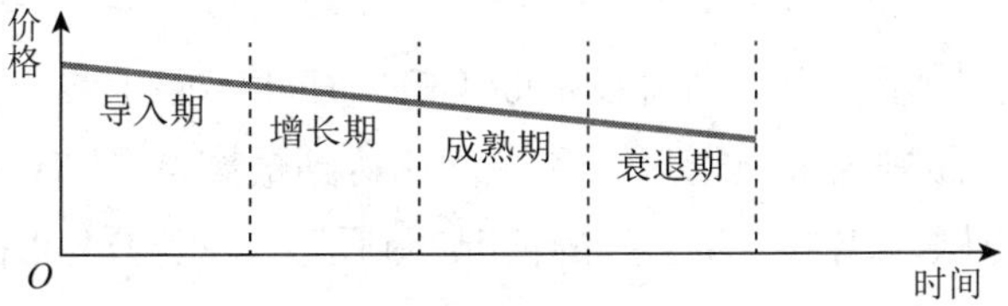

图 5-6 产品价格的变化

当产品销售量有了一定的增加之后，成本费用会相对减少，随着市场竞争的加剧，产品价格会不断下降。当进入衰退期后，各企业为了避免积压，往往把产品价格定得很低，甚至低于成本。

3. 产品成本

在导入期，由于生产的批量小，产品的固定成本和销售费用比较大，因此产品的总成本较高（见图 5-7）。

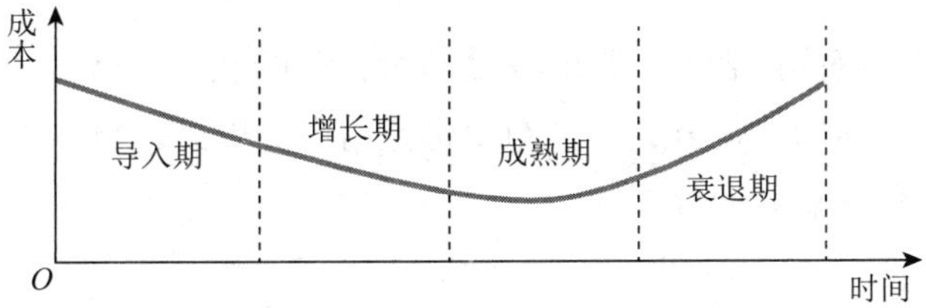

图 5-7 产品成本的变化

当产品进入增长期和成熟期后，由于销售量增加，技术进一步成熟，产品的固定成本不断减少。另外，随着产品市场知名度的提高，销售费用也相应减少。在成熟期，产品成本为整个生命周期中的最低点。到了衰退期，由于销售量下降，产品的单位成本必然会有所增加。同时，企业为了推销产品，会大量支出销售费用。这些都增加了衰退期的产品成本。

4. 销售利润

在导入期，产品的生产成本和销售费用比较高，因而，此时成本常高于售价，发生亏损（见图 5-8）。

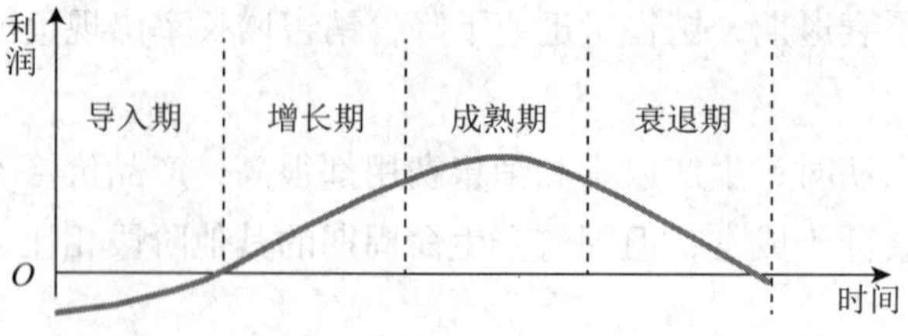

图 5-8 销售利润的变化

当产品进入增长期后，由于销售量不断上升，成本不断下降，价格开始高于成本，从而产生盈利。当产品进入成熟期后，利润往往达到最高点。随着产品衰退期的到来，又会出现价格不断下跌、成本不断上升的情况，到了一定的点就可能发生亏损，使利润出现负数。

二、酒店的价格策略

价格是酒店营销组合的第二个组成因素，也是影响顾客选择酒店的主要因素之一。价格是酒店营销组合中十分敏感的因素，价格制定得是否合理，直接关系到需求量的多少和酒店利润的高低，并且影响酒店营销组合的其他因素。

（一）酒店价格的类型

酒店产品的市场交易价格，可以分为以下四种基本类型：

1. 公布房价

公布房价是在酒店价目表上公布的各种类型客房的现行价格，又称基本价格、门市价或散客价。根据不同的计价方式，公布房价又可分为欧式计价、美式计价、修正美式计价、欧陆式计价和百慕大计价五种。

2. 追加房价

追加房价是在公布房价的基础上，根据客人的住宿情况，另外加收的房费。通常有以下几种情况：

（1）白天租用价（Day Charge）。客人退房超过了规定时间，酒店将向客人收取白天租用价。许多酒店规定：客人在 12 时以后、18 时以前退房，加收半天房费；在 18 时以后退房，加收一天房费。

（2）加床费（Rate for Extra Bed）。酒店对需要在客房内临时加床的客人加收的一种房费。

（3）深夜房价（Midnight Charge）。客人在凌晨抵店，酒店向客人加收一天或半天房费。

（4）保留房价（Hold Room Charge）。住客短期外出旅行，但继续保留所住客房，或预订客人因特殊情况未能及时抵店，酒店通常要求客人支付为其保留客房的房费，但一般不再加收服务费。

3. 特别房价

特别房价是根据酒店的经营方针或其他理由，对公布房价作出的各种折让价格。通常采用的折让价格有：

（1）团队价（Group Rate）。酒店为团队客人提供的数量折扣，其目的在于吸引大批量的客人，从而售出大批量的客房。

（2）家庭租用价（Family Plan Rate）。酒店为携带孩子的父母所提供的折让价格，如给未满 6 周岁的儿童免费提供儿童床等，以刺激家庭旅游者消费。

（3）小包价（Package Plan Rate）。酒店为有特殊要求的客人提供的一揽子报价，通常包括房费及餐费、游览费、交通费等项目的费用，以方便客人做好预算。

（4）折扣价（Discount Rate）。酒店向常客（Regular Guest）或长住客（Longstaying Guest）或有特殊身份的客人提供的优惠价格。

（5）免费（Complimentary Rate）。酒店在互惠互利原则下，给予与酒店有双边关系的客人免费招待待遇。免费的范围既可以包括餐费，也可以仅限房费。

4. 合同房价

合同房价又称合同价格或批发价格，是酒店给予中间商的优惠价。中间商销售酒店的客房要获取销售利润，为此与酒店确定散客和团队的优惠价，以使在销售酒店产品后有足够的毛利支付销售费用，从而获得利润。根据中间商的批发量和付款条件，酒店给予不同的数量折扣和付款条件折扣。

（二）酒店产品定价的方法

影响酒店产品定价的主要因素是产品成本、需求与市场竞争。酒店在定价时，通常考虑其中一个以上的因素。因此，酒店产品定价的基本方法不外乎以成本为中心、以需求为中心和以市场竞争为中心三种类型。

1. 以成本为中心的定价法

它是以酒店经营成本为基础制定产品价格的一种方法，产品成本加企业盈利就是产品的价格。从酒店财务管理的角度看，产品价格的确定应以成本为基础，如果价格不能保证成本的回收，则酒店的经营活动将无法长期维持。

（1）建筑成本定价法。建筑成本定价法又称千分之一定价法，是国际上比较通用的一种根据酒店建筑总成本来制定客房价格的方法。其计算公式为：

$$客房价格=\frac{酒店建造总成本}{酒店客房数}\times\frac{1}{1000}$$

酒店建造总成本包括建筑材料费用、各种设施设备费用、内部装修及各种用具费用、所需的各种技术费用、人员培训费用和建造中的资金利息等。

（2）盈亏平衡定价法。该定价法是指酒店在既定的固定成本、变动成本和产品估计销量的条件下，实现销售收入与总成本相等的产品价格，也就是酒店不赔不赚时的产品价格。以客房产品价格为例，其计算公式为：

$$客房价格=\frac{每间客房日费用额}{1-营业税税率}$$

其中，每间客房日费用额包括客房固定费用日分摊额和客房日变动费用。客房固定费用日分摊额可依据不同类型客房的使用面积进行分摊：

$$每平方米使用面积日固定费用=\frac{全年客房固定费用总额}{客房总使用面积\times年日历天数\times出租率}$$

客房日变动费用可以按客房间数进行分摊：

$$每间客房日变动费用=\frac{全年客房变动费用总额}{客房数\times年日历天数\times出租率}$$

每间客房日费用额 = 客房使用面积 × 每平方米使用面积日固定费用 + 每间客房日变动费用

（3）成本加成定价法。这种定价法也称成本基数法，即按产品成本加上若干百分比的加成额进行定价。其计算公式为：

$$客房价格=\frac{每间客房总成本\times1+加成率}{1-营业税税率}$$

按照这种定价方法，酒店客房价格可分三步确定：①估算单位客房产品每天的变动成本；②估算单位客房产品每天的固定成本；③单位变动成本加上单位固定成本即为单位客房产品的全部成本，全部成本加上成本加成额就可得到客房价格。

（4）目标收益定价法。这是另一种以成本为中心的定价方法，它的出发点是通过定价来达到一定的目标利润，以期在一定时期内全部收回投资。其基本步骤为：

①确定目标收益率（或投资报酬率）。

②确定目标利润额，计算公式为：

$$目标利润额=总投资额\times目标收益率$$

③预测总成本，包括固定成本和变动成本。

④确定预期销售量。

⑤确定产品价格，计算公式为：

$$产品单位售价=\frac{总成本+目标利润额}{预期销售量}\div（1-营业税税率）$$

美国酒店协会创造了一种类似于目标收益定价法的客房定价法，称为赫伯特公式法（Hubbart Formula）。它以目标收益率作为定价的出发点，预测酒店经营的各项收入费用，以测算出客房的平均价格。

2. 以需求为中心的定价法

以成本为中心的定价法有一个共同缺点，即忽视了市场需求和市场竞争因素，完全站在企业的角度考虑问题。以需求为中心的定价法是以市场导向观念为指导，从客人的需要出发，认为产品的价格主要应根据客人对产品的需求程度和对产品价值的认同程度来决定。

这种定价法认为，一种产品的价格、质量及服务水平等在客人心目中都有一个特定的位置。当产品价格和客人的认识、理解水平大体一致时，客人才会接受这种价格；如果产品定价超过了客人的理解价值，客人是不会接受这个价格的。酒店产品的价格，不仅取决于该产品对满足客人某种欲望的客观物质属性，而且取决于客人的主观感受和评价。通常采用的方法有以下三种：

（1）直觉评定法。邀请客人或中间商等，对酒店产品进行直觉价值评价，以决定价格。

比如，某酒店除了拥有竞争酒店相同的标准客房外，还具有地理位置优越、环境清洁卫生、安全可靠、服务员体贴热情等产品特点，为此根据直觉评定法，我们可得标准客房价格为：

竞争对手价格　200 元
地理位置优越　10 元
环境清洁卫生　10 元
+ 服务员体贴热情　15 元
标准客房价格　235 元

（2）相对评分法。这种定价法首先对多家酒店的产品进行评分，再按分数的相对比例和现行平均市场价格，计算出产品的理解价格。

比如，将 100 分按适当比例分配给不同的酒店，假设有甲、乙、丙三家酒店，经过综合测评，每家得分为 42 分、33 分、25 分，这三家酒店客人愿意支付的平均房价为 200 元，则每家酒店的房价分别为：

$$甲酒店房价 = 200 \times 42 \div 33 = 255（元）$$

$$乙酒店房价 = 200 \times 33 \div 33 = 200（元）$$

$$丙酒店房价 = 200 \times 25 \div 33 = 152（元）$$

（3）特征评分法。要求消费者按各家酒店产品的有形性、可靠性、反应性、保证性及移情性五个特征，针对自己的相对重要性，来评定各家酒店产品的直觉价值等级。每个特征的相对优劣程度分配总分 100 分，并按每个特征对消费者的相对重要性分配 100 分，每个特征的得分用重要性权数加权，求出全部特征相对优劣程度的总得分（见表 5-2）。

表 5-2　客房产品特征直觉价值等级

特征	重要性（%）	相对优劣程度分数			特征得分		
		甲酒店	乙酒店	丙酒店	甲酒店	乙酒店	丙酒店
客房设施	25	40	40	20	10.00	10.00	5.00

续表

特征	重要性（%）	相对优劣程度分数			特征得分		
		甲酒店	乙酒店	丙酒店	甲酒店	乙酒店	丙酒店
服务质量	30	50	25	25	15.00	7.5	7.5
服务手段	15	33	33	33	5.00	5.00	5.00
客房安全	15	45	35	20	6.75	5.25	3.00
情感满足	15	33	33	33	5.00	5.00	5.00
	100				41.75	32.75	25.5

由表 5-2 可知，甲、乙、丙三家酒店产品特征直觉价值总分分别为 42 分、33 分、25 分，如果市场平均房价为 200 元，则每家酒店的房价计算结果与相对评分法相同。

3. 以市场竞争为中心的定价法

如果酒店行业的竞争异常激烈，酒店在定价时就会把市场竞争因素放在首位，这样就形成了以市场竞争为中心的定价法。

（1）随行就市定价法。这种定价法主要有两种形式：一是以酒店业的平均水平或习惯定价水平作为酒店的定价标准。在酒店成本难以估算，竞争对手的反应难以确定时，酒店会感到"随行就市"是唯一的、也是最明智的选择。因为这种定价法反映了行业中所有企业的集体智慧，这样定价既能获得合理的收益，又能减少因价格竞争带来的风险。二是追随"领袖企业"的价格。酒店定价不依据自己的成本和需求状况，而是与"领袖企业"保持相应的价格水准，目的是保证收益和减少风险。

（2）边际效益定价法。根据盈亏平衡原理，当产品销售量为 $Q_o = \dfrac{F}{P-C_v}$ 时，则达到盈亏平衡。式中，Q_o 为保本点销售量，F 为固定成本，P 为产品单价，C_v 为单位产品变动成本。分母（$P-C_v$）表示产品单价减去单位产品变动成本的余额，称作边际效益或边际收入，其作用是补偿单位产品固定成本。当产销量达到盈亏平衡点时，$Q_o(P-C_v)=F$，说明全部固定成本已补偿完毕，因而企业收支平衡；当 $Q_o(P-C_v) > F$ 时，说明企业有盈余。由于边际效益 $= P-C_v$，即 $P = C_v +$ 边际效益。因此，只要 $P-C_v > 0$，即边际效益大于零时，每多出售一件产品，就能对固定成本有所补偿。这样，在竞争激烈、客房出租率较低时，酒店可以把（$P-C_v$）作为定价原则。

三、酒店的渠道策略

销售渠道是酒店营销组合的第三个组成因素，其作用在于使酒店的产品更方便地让客人得到，为客人提供时间效用和地点效用。

（一）酒店销售渠道的模式

根据到达最终消费者所经历的环节，酒店销售渠道可分两种主要模式：直接销售渠道与间接销售渠道。直接销售渠道，顾名思义就是不经过任何中间环节，由酒店将产品与服务直接销售给最终消费者；间接销售渠道则需要中间商经销、代理或帮助销售。按中间环节的多少，间接销售渠道又可分为一层渠道、二层渠道、三层渠道等（见表5–3）。

表 5–3 酒店销售渠道模式

模式	层次	环节
直接销售渠道	零层渠道	酒店→最终消费者
间接销售渠道	一层渠道	酒店→旅游代理商→最终消费者
		酒店→旅游经销商→最终消费者
		酒店→其他销售渠道（如航空公司）→最终消费者
	二层渠道	酒店→旅游经销商→旅游代理商→最终消费者
		酒店→其他销售渠道（如航空公司）→旅游代理商→最终消费者
	三层渠道	酒店→旅游批发商→旅游经销商→旅游代理商→最终消费者

对酒店而言，产品能直接销售给最终消费者，单位利润相对较高，而且能对渠道进行直接而有效的管理与控制。但实际上，众多酒店的产品销售有赖于中间商的运作，毕竟最终消费者（无论现实的还是潜在的）数量巨大且分布极广，一家酒店如果完全靠直接销售渠道进行产品销售，需要花费巨大的人力、物力、财力。

（二）酒店销售渠道的选择

销售渠道选择，就是确定渠道的长度与宽度。短渠道主要是利用旅游代理商和旅游经销商的一层渠道，长渠道则需旅游批发商的介入。宽渠道是在同一层次的渠道环节，采用多个中间商，以扩大市场覆盖面；窄渠道则是在同一层次只精选几个得力的中间商，建立密切联系，以求在某目标市场中取得较大市场份额，也能加强对渠道的控制。究竟如何选择销售渠道，酒店需综合考虑以下几方面因素：

1. 市场特点

旅游市场的容量，购买频率的高低，各细分市场的地理分布、人口分布以及不同市场对不同营销方式的反应等，无一不影响着酒店销售渠道的选择。如果目标市场规模非常大，为方便客人预订，可使用较多的中间商（即宽渠道）以达到较大的市场覆盖面。如果订单常常来自小批量预订，则需较长的销售渠道。大批量的团体预订和会议预订往往通过一个中间商，或由主办单位直接与酒店接洽，渠道很短。如果某酒店的主要客人集中于某些特定地区，就应考虑直接在该地设立酒店办事处，进行零层渠道直接销售。如果酒店的客人分散在世界各地，则需较多的旅游中间商代理销售。此外，客人对不同营销方式的态度也是应考虑的因素，如随着网络技术的发展，网上预订因其方便快捷深受客人欢迎，酒店也应积极使用电子预订系统。

2. 酒店产品与服务的特点

商务酒店宜采用直接销售或较短的渠道，直接与目标市场接触；而休闲度假酒店的目标市场分散，更多会利用旅行社代理。同一家酒店，不同产品与服务的销售渠道也不尽相同：客房是酒店预订的主产品，多采用中间环节；餐饮、娱乐健身等设施则重点面向住店客人及当地居民，可采取直接销售方式。

3. 酒店自身条件与经营意图

一家酒店的规模决定了它的最大接待能力，而它所接待的顾客规模及层面分布又影响了它的销售渠道选择。例如，某酒店有客房 500 间，假设全年出租率为 100%，则年最大接待能力为 365000 人（按一年 365 天，每间客房住 2 人计算）；而一家只有 50 间客房的酒店，年最大接待能力为 36500 人，则它的渠道自然会比前者窄。

酒店销售渠道的选择自然不能有悖于酒店的总体经营意图。酒店的财力也决定了对销售渠道的选择与控制。酒店营销人员的素质也会影响销售渠道的选择。如酒店自身营销力量有限，不具备涉外销售的条件，最好还是委托旅行社或其他旅游中间商代理销售。

四、酒店的促销策略

现代酒店的促销方式主要有人员销售、公关策划、广告宣传和销售推广等。

（一）人员销售

酒店的人员销售具有其他营销手段无法比拟的优越性：第一，直接接触。通过人与人之间的直接沟通，能劝说潜在顾客购买产品，提高现有顾客的回头率。第二，增进人际关系。经常性的直接接触易使酒店与中间商及顾客建立融洽的关系，对销售极有益处。

人员销售可以分为销售访问和电话销售两种形式，整个推销过程可分为四个阶段：

1. 培养阶段

此阶段，客户可能对你的产品一无所知，销售人员应重点向客户介绍自己的酒店及产品，并稍加引导，培养对方的信任感，建立良好的沟通关系。具体做法是：

（1）提供关于销售人员本人、酒店的产品和服务特色等信息；

（2）告知访问的目的；

（3）提出与销售目的有关的过渡性问题，并具体易答。

2. 诱导阶段

此阶段，客户对酒店的产品仍不太了解，但已有印象或已发生兴趣。销售人员应加强沟通来探察客户的需要，给予相应的产品介绍和辅助性引导。具体做法是：

（1）试探客户在旅行食宿方面的需要和面临的问题；

（2）鼓励、诱导客户提供相应信息；

（3）向客户提供解决问题的“良方”，解释酒店产品可以给客户带来的利益。

3. 清障阶段

此阶段，客户对酒店的产品已经有了相当的了解，但就某些问题仍心存疑虑，销售人员应在以下方面继续努力：

（1）进一步强化产品能给客户带来的好处；

（2）积极与客户沟通，消除订单的障碍；

（3）如客户有购买意向，应及时抓住机会。

4. 善后、巩固阶段

此时，客户对产品和服务已相当了解，或已做了初步尝试，销售人员需要不失时机地巩固成果：

（1）追踪服务，在客户消费的初期及时询问其对服务质量的满意程度；

（2）利用感觉满意的客户进行宣传，以增强说服力；

（3）处理新出现的问题，满足需求变化。

（二）公关策划

酒店的公共关系是指酒店为增进与社会公众和内部员工之间的了解、信任和合作而做的各种有计划的、持久不懈的沟通努力。酒店通过各种公关活动（如宣传报道、大型活动、捐款赞助等）来树立自己良好的公众形象，提高自己的知名度，减少或消除对酒店不利的影响，提高酒店员工之间的凝聚力，密切与新闻媒体、客户、竞争对手及社区的关系，创造良好的经营环境。

酒店公共关系的对象（见图 5-9）包括与酒店有关的所有社会关系，分为内部公众和外部公众。

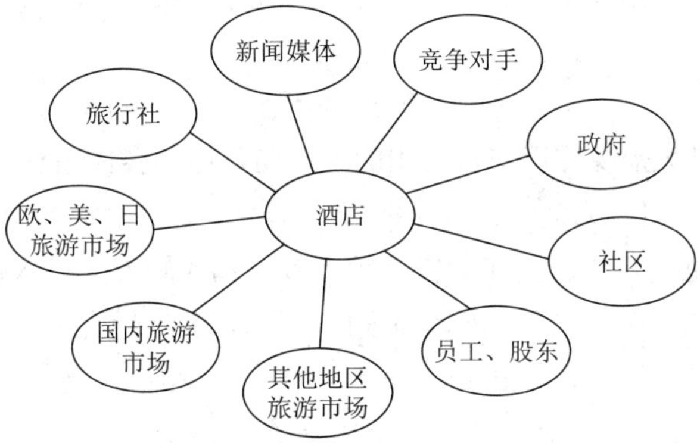

图 5-9　酒店公共关系的对象

1. 酒店内部公关

酒店的各项工作最终要由员工来完成。营销工作的原则就是使顾客满意，而没有满意的员工就不可能有满意的顾客，所以酒店管理者应搞好与员工的关系，以达到有效的沟通与协作，使每个员工都有归属感，做到“以店为家”，这是酒店内部公关追求的目标。

（1）尊重、信任员工。酒店管理者应将每位员工视为不可缺少的一员，时刻体现出“本店需要你”的态度，积极听取员工对酒店管理、营销的建议与意见，对员工做出的成绩应及时给予充分肯定，使员工从中获得成就感和满足感。

（2）进行上下沟通。当领导权力过分集中、缺乏沟通时，领导不知道员工的想法，员工也没有参与管理的机会，就会出现关系淡漠。所以，应加强对员工的关心与信赖，创造民主气氛，使员工参与决策与管理，争取员工的支持与谅解。

（3）重视员工的培训与激励。将人作为酒店最宝贵的资源，通过培训不断提高员工素质，并通过各种激励方式，激发员工最大的工作热情，充分发挥其潜能。

（4）增强员工对酒店的归属感。这种归属感可以使员工与酒店荣辱与共，风雨同舟。

2. 酒店外部公关

酒店外部公关涉及面极广，公关活动主要有：

（1）搞好与顾客的关系。顾客是酒店最直接、最有影响的公众群。酒店与顾客的关系融洽与否，不仅决定了现实客人的满意度，而且会影响潜在客人的购买选择。具体来说，一方面要积极主动地做好接待工作，向客人详细介绍酒店的设施、服务和活动，做到细致入微；另一方面要高度重视客人的投诉。

（2）搞好与新闻媒体的关系。酒店应密切保持与新闻界的联系，将有价值的信息及时通过大众传媒传达，吸引公众对酒店的注意和了解，促进自身产品与服务的销售。

（3）搞好与旅行社的关系。旅行社是酒店传统渠道中最重要的环节，与旅行社关系密切，就等于拥有了一部分稳定的客源。所以，搞好与旅行社的关系，是酒店日常公关活动的重点。

（三）广告宣传

广告是通过各种大众媒体以支付费用的方式向目标顾客传递有关企业的信息，展示企业的产品或服务的宣传形式。

人员销售虽然对大客户、团体销售比较有效，却照顾不到巨大而分散的潜在顾客。广告顾名思义就是“广而告之”，覆盖面很广，所以为了让更多的人知道并了解酒店的产品和服务，广告宣传就很有必要了。

1. 广告媒体的选择

酒店做广告，首先面临的问题就是选择何种广告媒体。一般而言，可以根据以下三个方面来把握：

（1）酒店的规模与实力。规模大、实力雄厚的酒店，营销预算有时会相当惊人，所以也就能拿出较多的财力做广告。在这种情况下，酒店可以利用不同广告媒体的组合，使其信息的触角延伸到每一个现实或潜在的顾客之中。

（2）目标市场的定位及特点。这是营销调研中的一项重要内容，即目标顾客能有效接触的广告媒体中，选择哪些广告媒体是至关重要的。

（3）所要重点推销的产品。酒店面向不同的目标市场会分别着重推荐某些产品或服务，选择的广告媒体自然也不一样。

2. 广告效果的测定

广告效果的测定是指对广告效果进行评估，以确定是否达到预期的广告目的。广告效果很难简单地用量化指标来衡量，主要从广告所产生的心理效果与销售效果两方面进行测定。

（1）心理效果的测定。

①知觉度测定：通过对酒店广告的知晓程度进行估测。

②记忆度测定：通过对酒店的名称、产品特色等广告的记忆程度进行估测。

③理解度测定：考察广告内容是否达到预期的理解度。

④购买动机测定：调查有多少购买行为是受广告的影响。

（2）销售效果的测定。

要求酒店对旅行社、重要公司客户或重要个人的购买量作动态调查，比较进行广告宣传前后的效果。

广告效果以广告成本效率表示，该数值越高，说明广告效果越好。广告成本效率的计算公式为：

广告成本效率 = 广告引起的销售增加额 ÷ 广告费用

（四）销售推广

销售推广是指企业刺激购买、扩大销售的各种短期的、非经常性的营销活动，其目的在于迅速扩大需求，取得立竿见影的效果。

1. 销售推广的作用

（1）吸引客人。通过提供优惠，争取新客人以及竞争对手的客人。对于现有客人可向其提供额外好处，如赠品、打折等，吸引他们多消费或再次光临。

（2）推广新产品。当酒店推出一项新的产品或服务（如新菜单、特别活动、主题晚会）时，可促使客人立即购买。不过，这种策略要通过广告、公关活动的配合才能取得理想的效果。

（3）扩大淡季销售。酒店产品与服务需求的时间性、季节性强，淡季时设施的闲置对酒店无疑是极大的损失。而要改善酒店资源时紧时松的局面，一个有效的方法就是加强淡季销售推广，刺激需求。

2. 销售推广的活动方式

酒店常用的销售推广活动方式有：

（1）免费赠送样品。此法经常被用来推销客人不熟悉的新产品。如酒店新开业，可以邀请旅行社及其他重要中间商或一些有影响的人士前来免费住宿，或者由餐厅推销人员请客人免费品尝新菜肴或饮料。

（2）发放优惠券。优惠券经常附在报纸、杂志或广告页上。优惠券要说明原来的价格，并指出本券可享受多少折扣或优惠。此法适用于淡季推广。许多优惠券上印有时间，以鼓励客人及早购买。有时在客人结账时，酒店会赠送一张优惠券，客人下次光顾时可获得优惠。这种方法虽可达到快速的促销目的，但易被竞争对手模仿，如过于滥用则有变相削价竞争之嫌。

（3）赠送小礼物。这种方法比较实用，如对来酒店餐厅就餐者，可免费赠送一定的酒水；对高级商务客人，可每次送一盘水果或一束鲜花等；有的酒店还向客人赠送当地的工艺品和印有酒店名称、地址、电话的纪念品等。这些方式都能刺激客人再次购买和多次购买。

（4）抽奖促销。酒店可以对住宿量达到一定数额的客人给予抽奖资格，如果中奖能得到免费旅游的机会等。

（5）赠送礼品券。酒店对其重要客户按购买量给予不同等级的礼品券，凭券可领取不同的礼品。尤其对那些经常订房或使用酒店服务的公司的秘书、旅行社负责人等可以赠送礼品券。

第三节　酒店市场营销模式的创新

中国酒店业从 20 世纪 80 年代初引进现代营销理论以来，其关于营销理论的研究与营销实践已经历了 30 多年的风风雨雨。随着 21 世纪服务经济时代的到来，服务营销、整合营销和关系营销等新理念和新方法进入酒店行业，酒店业的市场营销活动又有了新的发展。

移动互联网时代的到来，使得人与人之间的交流能够跨越时间与空间的限制，“即时互动”与“信息对称”成为新时代的特征。“客户流量”成为各大商家争夺的热点，“争夺客户时间”是商家竞争的重点。目前，中国移动网民平均每天有一小时花在了微信上，使微信成为移动互联网时代的宠儿，也催生着酒店营销模式的创新。

一、酒店 + 互联网营销

（一）互联网营销的形式

酒店互联网营销的形式主要有网上预订、酒店官网、信息管理系统和互联网广告四种，如图 5-10 所示。

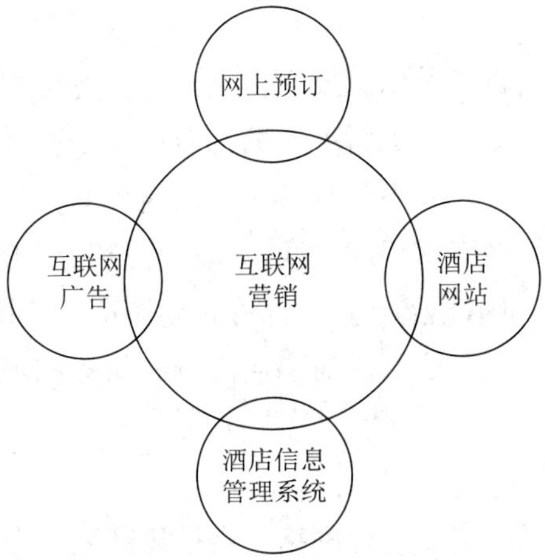

图 5-10　酒店互联网营销的四种形式

1. 网上预订

网上预订的方式不仅可以提高酒店接收订单的效率，同时，可以缩短订单处理的时间，减少失误，提高客户的体验。利用在线预订，订单会被迅速转移到订单处理点，简化了订单处理流程。同时，消费者在网上预订的时候，除了填写入住时间以及选择的房间种类之外，还可以根据自己的偏好对酒店提出要求，从而在实际入住时享受更贴心的服务。这样，不仅有利于提高客户的消费体验，还能增强他们对酒店品牌的忠诚度，通过口碑传播带来更多的客户资源。

2. 酒店官网

酒店官网可为消费者提供全面的酒店信息，从而可让消费者自行查询及选择。酒店拥有自己的独立网站，可降低对在线预订系统的依赖性，同时，也开拓了新的互联网营销渠道。借助互联网方便、快捷的通信方式，酒店也可以开展产品使用的跟踪服务，及时帮助客户解决问题，提高网站的访问率。

3. 互联网广告

互联网在酒店行业的应用，为其带来一种新的广告营销方式。酒店官网可与其他网站建立连接，利用网络新闻或论坛巧妙插入广告。与传统广告形式相比，互联网广告成本低、互动性强、速度快、传播面广，而且能够帮助酒店与客户建立一对一的营销关系。

（二）互联网营销的类型

目前，互联网在线旅游服务商主要有五种类型：一是 OTA，如携程、艺龙等；二是电商平台，如淘宝等；三是旅游垂直搜索引擎，如去哪儿网等；四是酒店自建线上平台，如国旅在线、芒果网等；五是门户网站，如春秋旅游网等。其中，第一、二种类型可以归为中介代理营销类型，其他几种则可归为直销类型。

1. 中介代理

所谓中介代理是指酒店将各种信息发布在携程、艺龙等中介代理网站上，由其代为开展市场营销活动，而酒店则向其支付一定的佣金，属于酒店营销渠道的外包形式。消费者如果点击酒店名称的链接，并不是直接进入酒店界面，而是进入到酒店在中介代理的页面展示。因中介代理的网络辨识度更高，从而会给酒店带来大量的订单量。但中介代理并非只代理一家酒店，因此会产生酒店间的激烈竞争，特别是在价格方面。另外，客人通过中介代理选择酒店，无法形成对酒店品牌的信赖和忠诚，使酒店失去独立成长的机会。

2. 直销模式

直销模式是指酒店或酒店集团自建网络平台销售产品。在国内酒店网络直销中，官网直销和搜索引擎排名是较为流行的模式。通过直销模式，酒店可以与客户建立直接联系。通过持久的直销，酒店也可以逐步树立起自己的品牌形象，获得比较稳定的客源。但是，如果酒店不能跻身搜索引擎排名靠前位置的话，就很难获得理想的销售效果。同时，由于酒店缺乏比较完善的与银行关联的担保体系，如何降低预订后却没来的客人的比率，也是酒店直销模式面对的难题。一般而言，规模较大、服务水平较高、以协议客户为主的酒店，更适合采用直销方式，

（三）互联网营销的组合策略

酒店传统营销组合策略就是由著名营销大师麦卡锡提出的4P要素，即产品（Product）、价格（Price）、渠道（Place）和促销（Promotion）策略。在互联网营销模式下，4P营销组合策略的内涵和外延也都发生了显著的变化，如图5-11所示。

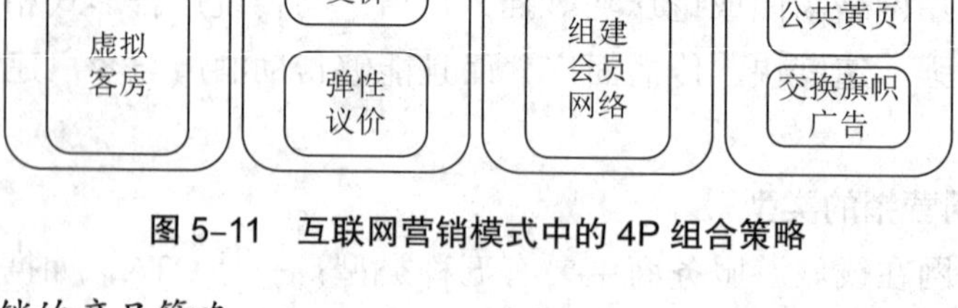

图5-11　互联网营销模式中的4P组合策略

1. 互联网营销的产品策略

在互联网时代，客户往往先在网上浏览酒店信息后再做出是否预订的决定。如果酒店网页设计得好，会大大增加消费者预订的可能性。因此，做好网页设计和虚拟客房是酒店产品策略的关键。

（1）网页设计。酒店网页要以设计精致和操作方便为准则。

酒店主页：以强烈的视觉冲击力给消费者留下深刻的印象。

网页结构：布局合理，层次分明，让消费者能在较短的时间内找到自己所需要的服务功能。

网页内容：全面、重点突出，消费者所要了解的信息都可以在网页上找到。

网页链接：浏览方便，上传和下载速度快，不可出现链接中断以及缺乏图形的情况，尽可能在众多酒店网页中吸引消费者浏览自家的网页。

（2）虚拟客房。消费者在购买产品前需要对产品有一个大致的了解。过去，消费者无法在预订之前对客房有直观的了解，而互联网的出现，满足了消费者的需求。酒店可利用互联网构建一间虚拟客房，消费者参观虚拟客房的操作也较简单。如果消费者对客房的设施，如窗帘的颜色、屏风摆放位置、楼层高低等不太满意，还可以把自己的意见输入计算机系统，要求酒店改进。

2. 互联网营销的价格策略

价格是酒店营销管理的关键因素。互联网的发展，在为消费者提供便利服务的同时，也将酒店客房价格暴露在竞争对手面前。因此，在互联网营销模式下，酒店定价需关注下列问题：

（1）科学定价。由于互联网的发展，消费者可以在网上看到其他酒店的客房价格，一定程度上也增加了市场价格的透明度。科学定价，物有所值，则能够在一定程度上消除消费者的预订疑虑。

（2）灵活变价。酒店可建立客房价格自动调节系统，按照淡旺季的不同消费流量，动态灵活变价，与市场需求变化保持同步。

（3）弹性议价。弹性议价是指酒店与消费者通过互联网进行商讨，共同商定双方都可以接受的价格。消费者可在酒店主页上输入自己认为合理的价位所需客房的楼层、朝向等选项，然后酒店针对消费者要求为其提供满意的客房。

3. 互联网营销的渠道策略

目前，互联网已成为酒店营销的主要渠道。酒店可采取多渠道形式来进行市场营销，增加酒店在不同渠道上的曝光度，也不会被主要渠道所捆绑。

会员网络是在虚拟组织基础上建立的网络团体，会员通常由曾住过酒店的客户组成。通过网络交流，培养会员对酒店的忠诚度。在节假日，酒店会通过网络向会员发送精美贺卡，表达对消费者的尊重和重视，提升客户黏性度。

4. 互联网营销的促销策略

（1）电子邮件形式（E-mail）。电子邮件是互联网促销中常用的一种方式，具有成本低、反馈及时、速度快等优点。酒店会成立专职部门对消费者信息进行分析和归类，有针对性地向目标客户投放广告。

（2）专业销售网。专业销售网是指专门销售某种产品的网站，具有省时、高效的特点。消费者可以通过专业销售网查询感兴趣的内容，如旅游地名称、酒店等级等。

（3）公共黄页。公共黄页是专门为公众提供查询服务的网站，如 Yahoo、Infoseek、搜狐网等，消费者只要在查找框内输入关键字，网站就会为消费者提供所需要的信息。但是，公共黄页与专业销售网存在相同的弊端，即酒店网址可能会淹没在众多的信息当中，不易被查找到。

二、酒店 + 移动营销

移动互联网的出现为人们带来了一种可随时随地获取信息的方式。移动便携性、本地化以及社交化等功能的日渐丰富，让酒店营销活动因移动互联网的出现而发生了“改头换面”式的变革。

（一）移动营销的方式

目前，中国有近 5 亿人使用移动网络。酒店的预订方式也发生了翻天覆地的变化，人们更喜欢借助移动网络工具，进行快捷预订。

1. 微预订

客户可以在酒店微信预订平台进行实名注册，之后便可“一键预订”。这种方式拉近了酒店与消费者之间的距离，大大缩短了客户的预订时间。而且，客户在交易平台上所留下的相关信息，都可被酒店纳入数据库，从而有利于酒店的精细化管理和精准化营销。

2. App

大型酒店集团都有属于自己的 App。酒店通过 App 可以与客户时刻保持互动，并通过 App 向客户进行宣传推广和产品促销。在移动互联网时代，酒店业务由 PC 端移至移动端，有助于快速提高经营业绩。

（二）移动营销的意义

1. 建立酒店直销模式

移动互联网的应用，拉近了酒店和终端客户之间的距离，客户通过手机客户端不仅可与酒店直接沟通，也可实现随时通话，了解酒店最新的优惠信息，传递自己的服务要求。这样，OTA 中间商的作用没有过去那样突出，而酒店也建立了通往终端客户的直销渠道。智能手机客户端除了提供客户预订功能之外，入住酒店的客户也可以通过客户端预订送餐服务和购买客房用品，这也是酒店从传统互联网模式进入移动互联网时代的一大跨越。

2. 减少酒店库存房量

通过智能手机客户端向会员客户发送当天“最后一分钟”房价，促进客房的销售，减少库存房量。这样，不仅可以让客户享受到更多的优惠，也不破坏酒店与 OTA 等渠道合作伙伴的商业规则。美国的 Hotel Tonight 曾推出当天房间短期预订服务，可以让“最后一分钟”的商旅客户利用该软件搜索附近酒店的空房，从而降低空房率。

3. 提升客户参与度

在PC时代，由于客户不可能随时随地在线，酒店也很难与客户之间实现随时互动。而手机移动终端的出现，可以让客户时时在线，酒店也可以加强与客户之间的联系。比如7天连锁酒店通过签到获取“点币”的奖励方式鼓励客户参与，从而增强与客户的互动。

4. 提升客户满意度

通过手机智能终端，酒店可以直接与客户建立联系，并利用移动互联网的社交属性，了解客户消费习惯以及爱好，为提供高度定制化的酒店服务创造了条件。在让客户获得极致服务体验同时，也增强了客户对酒店品牌的忠诚度。

（三）酒店 App 创意营销

1. 开发酒店 App 手机客户端

智能手机具有随时、随地、随身都可携带的便利性。现在，几乎每人都有一部智能手机，手机已成为人与人之间、企业与客户之间保持联系、促进交流的重要工具。App应用在中国也已普及，各酒店可自己开发手机客户端，消费者下载酒店手机客户端，便可成为酒店的固定客户，提升酒店精准营销的水平。

2. 利用其他 App 做广告宣传

现在，手机成为人们日常生活中必不可少的工具，App 的营销效果是电视、报纸所不能比拟的。无论是在大街上、地铁中，人们几乎每时每刻都在关注着自己的手机，当消费者长期停留于某个页面时，客户端的 App 广告就会显示出来。

酒店会下载知名的应用程序并植入广告，当消费者在体验这些应用程序时，这些广告形式就会停留在应用程序的附近，从而引起消费者对酒店的注意。

3. 与专业酒店预订 App 合作

App 不仅具有游戏娱乐等功能，更具有实用的信息工具功能，消费者可通过这类实用性的 App，获得海量、准确、时效性的信息。目前，酒店预订 App 的应用已经越来越普遍，这些 App 应用程序都可以满足消费者的酒店查询、房态查询、电话预订等需求。酒店注重与专业酒店预订 App 合作，可为消费者提供准时的房态及房价信息。

三、酒店＋新媒体营销

新媒体是相对于传统媒体而言的。具体来说，新媒体就是利用数字技术、互联网技术等，借助宽带、无线通信、卫星等通道以及电脑、手机等终端，形成一种传播新渠道，为客户传递各种媒体信息。在新媒体时代下，多样化的媒体形态为酒店提供了多种选择，也逐渐成为酒店营销的重要方式之一。酒店的新媒体营销平台主要有以下几种类型，如图 5-12 所示。

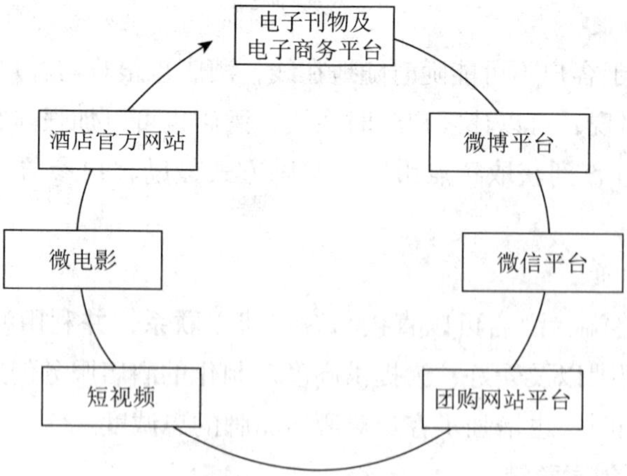

图 5–12　酒店新媒体营销的平台

（一）新媒体营销的平台

1. 电子刊物与电商平台

电子刊物突破了传统纸媒的传播局限，以其丰富的内容、生动的表现形式、快速的传播等特点备受人们青睐，也成为酒店营销的一种新形式。酒店同相关的网络杂志平台合作，选取热门杂志的适当位置植入酒店的信息，可以取得不错的营销效果。电子商务平台也是酒店展示自己服务和产品的理想渠道。电子商务平台往往拥有完整的营销系统，如宣传、交易、客户服务等。酒店与电子商务平台的联合，有助于扩大市场范围、提升产品销量。

2. 微博与微信平台

微博拥有极大的流量和极强的互动性，客户之间很容易因为某个共同关注点而成为一个社交群体。酒店借助这个平台进行营销，不但可以拉近与消费者的相互关系，还有助于提升消费者对酒店品牌的认同度。同微博相比，酒店对微信平台的利用率还不是很高，拥有自己官方微信的酒店较少。因此，酒店在微信平台上还有很大的营销拓展空间。酒店在微信上可以"情怀营销"为主，与消费者保持持续不断的联系，不断吸引消费者加入互动。

3. 团购网站营销平台

团购网站是具有极大营销价值的平台。团购能给消费者提供价格上的优惠，吸引大量消费者。酒店采用团购网站平台开展营销，可借助价格优势吸引消费者，降低客房的闲置率。当然，团购也会带来的酒店利润空间被压缩的情况。所以，大多数酒店选择与团购网站进行合作，主要用意还在于扩大酒店的知名度。

4. 微电影与短视频

微电影投资较低，规模较小，被看作是一种有效的营销渠道，可填补人们的零碎时间。酒店可以把产品信息等融入视频中，借助视频的直观性、故事性展示出来，起到娱乐性、观赏性和宣传性相结合的效果。

短视频一般是指在互联网新媒体上传播时长在 5 分钟以内的视频传播。和传统的图文相比，短视频具有轻量化、直观性强等特点。人们可通过碎片时间来浏览短视频，通过弹幕、评论、分享进行社交互动。从 2013 年快手短视频被大家所熟知，到目前以抖音为主的短视频软件被人疯狂刷屏。短视频已经越来越被大众所接受，并成为酒店营销的新渠道。

（二）新媒体营销的特性

新媒体营销具有与客户互动性强、信息传播复杂性和形式多样、成本低的特性。

1. 互动性

新媒体能够建立一个迅捷的交流平台，在平台上酒店和消费者可以进行双向互动，也在无形之中为酒店做了品牌推广。酒店在平台上发布服务、设施、安全等信息并与消费者进行交流；而消费者还可以针对酒店的服务、安全、满意度等问题与其他消费者进行交流。在这个过程中酒店不需要做额外的华丽宣传，营销效应自然发生。

2. 复杂性

复杂性是指信息内容和信息传播的复杂性。新媒体时代下的舆论环境极为复杂，信息量庞大且良莠不齐，消费者也逐渐产生了信息接受的警惕性。这种情况也无疑影响了酒店信息传递的效果。因此，酒店必须树立起良好的品牌形象，注意大众舆论的引导，及时维护企业形象。酒店在营销宣传过程中应当对话题具有掌控权，把握话题议论的尺度，引导舆论朝向对酒店有利的方向发展。

3. 多样性

多样化是指媒体形态的多样化，如微博、微信、网络视频、电子刊物等，这些平台为酒店营销提供了形式丰富的载体。在互联网环境下，各个载体联系密切，整个营销过程立体化，在消费者周围形成一个完整的宣传情境，容易从不同角度引发其消费热度。使用成本的降低也为酒店营销宣传带来了性价比的优势，不仅使酒店在营销投入方面大大减轻负担，也为后期持续进行新媒体营销提供了可能，这也是新媒体能够迅速提高市场占有比重的原因之一。

（三）酒店新媒体营销的策略

酒店新媒体营销的策略，可以反映在以下七个方面，如图 5-13 所示。

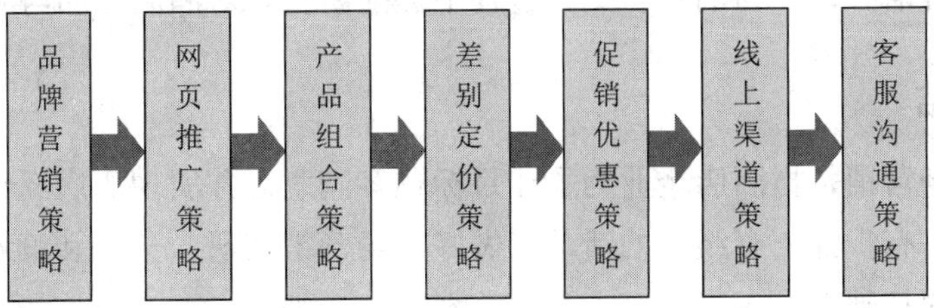

图 5-13 酒店新媒体营销的策略

1. 品牌营销策略

互联网营销的重点之一就是借助互联网的各个渠道和各个平台迅速树立起酒店的品牌形象，并不断扩大品牌影响。酒店可在互联网上实行一系列推广措施，对酒店的品牌进行营销推广，逐步把品牌形象推入公众视野并获得公众认可。

2. 网页推广策略

酒店需重视官网的建立和维护，并在网页建设过程中针对消费者需求进行持续的调整，不断提高网站的人性化程度。酒店官网要结构完整、信息丰富，从企业介绍到服务类型、预订信息应有尽有。同时，网站需与酒店管理系统对接，使得线上收到的预订信息能够及时进入到酒店管理系统。

3. 产品组合策略

酒店需要推出独具特色的产品组合，以吸引目标市场客户的注意。酒店除了要具备完善的功能产品、完备的设施设备，其主题化的特色装饰、个性化的服务提供，都可以为酒店带来极好的声誉。

4. 差别定价策略

酒店需要根据不同季节、不同产品设计富有层次的阶梯式价格体系，并根据市场需求的变化及时进行动态价格调整，使酒店的价格具有较大的灵活性和浮动性，提升酒店产品的竞争能力。

5. 优惠促销策略

酒店可适时推出优惠促销活动，如配合三八妇女节、六一儿童节、圣诞节、情人节等的促销活动，还可以用常客俱乐部的形式，笼络一批长期消费者，以各种会员活动鼓励客户经常往来。

6. 线上渠道策略

网络直销模式省去了其他中间销售环节，打破了生产商、经销商和消费者之间的障碍，为交易的实现提供了更为便捷高效的途径。同时，在成本控制方面，网上直销也功不可没。酒店需要充分利用线上销售的优势，积极借助网上交易平台开展营销活动。

7. 客服沟通策略

酒店在营销活动过程中与客户的互动是十分重要的，而互联网最为显著的特征之一就是可以进行互动交流。在网络销售模式中，酒店需设立专业团队，通过实时的网络监控，了解消费者信心，在与消费者交流过程中提高消费者对酒店产品与服务的满意度。

本章小结

酒店的市场营销是指酒店企业为了让目标顾客满意，并实现酒店经营目标而展开的一系列有计划、有步骤、有组织的活动。做好市场营销调研、分析和策划，是酒店开展市场营销活动的基础工作。

通过产品、价格、渠道及促销四大营销组合策略，组织和实施市场营销活动，是酒店市场营销活动的基本内容。随着营销理念的发展，又形成了服务营销、整合营销和关系营销等新的营销概念和策略。

随着互联网技术的不断提升以及互联网在人们工作和生活领域的不断渗透，也带来了酒店营销模式的变革与转型。酒店 + 互联网营销、酒店 + 移动营销、酒店 + 新媒体营销，将酒店的市场营销活动推向了一个新的高度。

同步练习

一、同步学习

1. 扫描本章二维码，进行网络课程的预习。

2. 找到书后习题，完成练习和自测。

二、问题思考

1. 什么是 BCG 分析法？

2. 什么是 STP 营销法？

3. 什么是 4P 营销组合策略？

4. 什么是酒店 + 互联网营销？

2. 什么是酒店 + 移动营销？

3. 什么是酒店 + 新媒体营销？

三、课堂交流

以 3~4 人的小组为研究单位，通过互联网或实地考察酒店查找资料，进行以下问题的研究，作出调研报告，编制 PPT 文件，在课堂上进行交流分享。

1. 分析某一家酒店的市场定位。

2. 分析某一家酒店的市场营销策略和手段。

实例参考

四季酒店的品牌社交：与消费者实现“零距离”互动

随着在线社区、博客、百科以及其他一些互联网社交平台的发展，社会化营销也开始成为各行各业的促销手段，尤其是以旅游酒店为代表的服务业。消费者在体验之后，有了更多的消费心得，也更具发言权，并通过社交平台传播。

对于酒店等服务行业来说，如何利用大数据，及时地了解消费者的需求，如何为他们提供个性化、定制化的服务是酒店等服务行业都面临的问题。

四季酒店是一家国际性的奢华酒店管理集团，它依托互联网的优势为客户讲故事，进行内容营销，与客户交流沟通，为其提供优质的体验。四季酒店在经营过程中，也多次尝试通过社交媒体平台营销。

一、社会化营销在品牌战略中的地位

例如，在社交平台“X”上举办虚拟品酒会。通过 Facebook 与粉丝及时交流沟通，了解他们的需求，参与 Foursquare 和 Gowalla 基于位置服务的 App 应用，并在 Youtube 上发布信息，使四季酒店成为搜索关键词。

四季酒店将一半的精力放在数字媒体平台上，通过社交媒体平台营销，拉近与消费者的距离，满足他们的长尾需求，以此形成客户黏性和忠诚度。四季酒店在数字营销上的投入超过营销总支出的 50%，每家酒店都会配有一位社交媒体经理，有的酒店甚至有多位。社交媒体经理不仅负责解答消费者的疑惑和投诉，还要与消费者交流沟通，为他们提供最新的信息。通过社交媒体与社交经理交流的客户既可以不在酒店内，也可以是入住酒店的客人。在互联网还没有普及的时代，他们通过打电话反馈自己的需求，而现在只需通过社交平台“X”或者博客来反馈。

四季酒店的成功得益于它的营销以及高层管理者的重视，能够及时地满足消费者的需求，拓展业务范围，四季酒店在全球范围内的连锁酒店里实施统一的营销策略，所推广的品牌也是一视同仁。在进行社会化营销的同时，四季酒店也注重本土化经营，将酒店的消费者变成粉丝，实现粉丝效应。

虽然酒店在实施社会化营销时的策略点不同，但实施的初衷都是使整个企业参与进来，而不是某个人或者某个部门独立运营。

二、专业团队运营管理社交平台

2009 年，四季酒店开始着手实施社会化营销，创建自有品牌，同年，消费者也开始期望能随时随地地与其品牌进行互动。因此，四季酒店专门设立部门，负责运营社交平台，及时了解消费者的需求，与其交流沟通。

目前，四季酒店已在主流的门户网站上创建了自有品牌，并投入大量的精力管理数据，与消费者互动，如 Facebook、Youtube、Twitter、Tumblr 等，通过这些社交平台及时了解消费者的需求。

四季酒店能成功运营社会化平台的两大关键是“真实性”和“参与度”。正如四季酒店的数字营销高级副总裁 Elizabeth pizzinato 所说：这不是简单地创建 Twitter 账号或者 Facebook 页面的问题，社交媒体渠道所依靠的是即时性、参与度和真实回应。所以，企业要准备好面对配置社交渠道关键资源时带来的额外管理压力。

对于酒店管理来说，具备专业的平台运营部门，管理客户的评分和点评体系以及数据分析能力等是提高酒店品牌影响力和盈利的关键。因此，四季酒店在不同的社交媒体上注册账号，获取消费者在这些平台上反馈的信息，及时地了解他们的需求，并与消费者沟通互动，挖掘潜在需求，抓住行业的发展趋势，不断地完善自身，为消费者提供个性化、定制的服务。

三、极具效果的内容策略

四季酒店之所以能为消费者提供个性化的服务，离不开它极具效果的内容策略。专门成立的社交平台运营部门，负责与消费者互动沟通，及时了解他们的需求，为消费者提供优质的服务。四季酒店社交平台的内容策略由两部分组成：客户生成内容和线上线下渠道提供极致的体验，而消费者在参与不同活动的过程中，会与不同的品牌交流互动，体验个性化服务。

例如，四季酒店在策划婚礼筹划专题时，通过专门开设的 Twitter 和 Pinterest 向消费者提供来自酒店专业人士的建议以及在四季酒店举行婚礼的新娘的故事，为消费者提供个性化、定制化的服务。

四季酒店还举办 Maxine 畅游曼哈顿竞猜活动，以商旅群体为消费对象，专门为其打造家庭周末旅行的活动方案，并投入大量的资源，启用大量的社交平台，如 Pinterest、Twitter、instagram 和 Tmumblr 等。

除此之外，四季酒店还在社交媒体平台上“打造其视觉资产”，在一些新的平台，推送内容，发挥应有效用。如 instagram 和 Tmumblr 等推送内容，发挥应有效用。同时，酒店还与餐饮业和夜生活中的“超级明星”达成战略协议，共同为消费者提供极致的服务。

毋庸置疑，四季酒店作为一个奢侈豪华的连锁酒店集团，其成功离不开它为消费者提供个性化、定制化的服务，消费者至上的经营理念以及不断创新的品牌文化，入驻四季酒店的消费者能够拥有完美的睡眠质量，体验到独特的当地生活，真正体验到宾至如归。而通过社交媒体讲故事以及与消费者的互动，更是让消费者在不同的活动中体验到酒店独特的品牌文化。

第六章

酒店的收益管理

学习目标

知识目标

- 了解酒店收益管理的基本要素
- 知晓酒店收益管理的衡量指标
- 熟悉酒店收益管理的主要方法

能力目标

- 掌握酒店收益管理的实战技巧
- 能根据收益管理的原理，综合运用旺季增收和淡季增量的策略
- 能通过互联网或其他途径查找酒店经营的资料
- 能编制介绍酒店的 PPT 文件，并在课堂上进行交流分享

第一节　酒店收益管理的基本概念

收益管理（Revenue management，简称 RM）是在对市场的供求关系和消费者的行为模式进行分析和预测的基础上，以最优化的产品、价格和销售渠道组合，实现最大限度提高产品销售总量和单位产品平均售价，从而获取最大收益的一种理论、方法和策略。通俗地说，收益管理就是通过把合适的产品、以合适的价格、在合适的时间、通过合适的渠道，销售给合适的客人，从而实现企业利润最大化的一种管理过程。

著名的收益管理权威 Robert Cossing 在他的《Revenue Management Hardcore Tactics for Market Domination》中指出："运用了收益管理的公司，可以在不增加资本投入的情况下使营业额提高 3%~7%，利润率提高 50%~100%，并有效和迅速提高市场占有率。"

一、收益管理的起源

（一）美国航空业的运用

收益管理起源于20世纪80年代中期的美国航空业。由于航班座位有限，而且航班座位的使用有很强的时间性和不可储存性，导致航空公司竞争激烈，想尽办法在飞机起飞前尽量卖掉所有的机票，填满所有的座位。价格的恶性竞争使不少航空公司亏损或倒闭。于是，很多专家开始研究市场的供求关系和价格对需求与消费者行为的影响，以寻求帮助航空公司适时将机票以合理价格卖出去的方法，由此产生了收益管理的概念和理论。

（二）世界酒店业的运用

20世纪90年代初期，美国酒店业开始借鉴航空业的成功经验，研究收益管理在酒店管理中的应用，并逐步形成酒店收益管理的相关理论，研制出适合酒店行业的收益管理系统。经过十多年的探索和改进，凭借先进的经营理念，完善的需求预测系统，科学的收益管理方法和有效可行的实施手段，收益管理成为世界品牌酒店经营成功的法宝之一。率先把收益管理理念与技术引进到酒店业的万豪国际集团董事长兼首席执行官比尔·马里奥特曾说："收益管理不仅每年为我们增加了成倍的利润，更重要的是教育了我们应如何更有效地管理酒店"。

21世纪初，收益管理的理论及其方法开始被中国的酒店业所接受，成为中国酒店业实现利润最大化的一个重要途径。

（三）实施收益管理的产品特征

当然，收益管理也不是万能的。收益管理从航空业扩展到酒店等其他行业，是因为这些企业的产品都具有以下特点：

1. 生产能力相对固定，即一定时间内供给总量相对固定；
2. 产品价值不可储存，即产品的价值具有很强的时效性；
3. 高固定低变动成本，即产品销量变化对成本影响不大；
4. 市场需求不断变化，即淡旺季的周期和需求差异明显；
5. 产品可以提前预售，即市场需求可以预测和规划管理；
6. 产品可以进行细分，即不同消费群体的需求存在差异。

小故事

卡洛尔太太的理发店

卡洛尔太太在乡下小镇上经营了一家理发店，由于手艺精湛，很受当地人欢迎。但是，这家小店没有其他理发师，周末时常常要排两个小时的队才能等到服务，许多人因此不愿意光顾她的理发店，罗伯特先生就是其中的一位。由于工作在外，罗伯特先生只有周六上午的时间可以用来理发，虽然很欣赏卡洛尔太太的手艺，但紧张的时间安排让他无法接受长时间的等待。罗伯特先生曾劝说卡洛尔太太接受预约安排，但卡洛尔太太担心这样会疏远顾客，不愿意改变目前的经营方式。

罗伯特先生同她一起详细分析了理发店面临的问题：

1. 理发店在星期六过于拥挤，但是星期二却很少有顾客来；

2. 一些工作繁忙的顾客只会在星期六来，而其他退休的或上学的顾客可以在一周中的任何一天来理发；

3. 卡洛尔太太在星期六损失了不少顾客；

4. 卡洛尔太太考虑过再增加一把椅子和一个兼职理发师，但她知道这样要花费很多钱，可又不知能增加多少收入。

根据上面的分析，罗伯特先生提出，应当提高周六价格而降低周二的价格。原因是有些顾客宁愿多花点钱换取周六的便利，而另一些顾客为了省钱也会乐意在周二来理发。用收益管理的术语来讲，叫认清细分市场上顾客对价格与便利的取舍。

开始，卡洛尔太太很不情愿这样做。她认为自己提供了相同的服务，不应根据时间的不同来设定不同价格。但后来发生的一件事让她改变了自己原来的想法。

有个周六，卡洛尔太太正在为罗伯特先生理发，有一个人站在门口张望。当他看到等候室里坐满了人时，摇摇头走开了。罗伯特先生问："他是你的老顾客吗"？"不是"，卡洛尔太太回答。"那么"，罗伯特先生说，"他今天将找到另外一位理发师，如果不是手艺特别糟，他再也不会到你这里来了。你不只是今天失去了一个顾客，而是永远失去了这位顾客。"听到这里，卡洛尔太太决定实行改革。

卡洛尔太太把周六的价格调高了10%，同时把周二的价格降低了10%。结果，原本喜欢周六来等候、聊天的退休老人和带小孩的母亲，大都改成了在周二来理发，周二生意不再清淡；匀出周六时间，可以服务情愿多花点钱来换取时间便利的客人，那些摇头离去的顾客又被吸引了回来。

一年后，卡洛尔太太惊喜地发现，理发店收入增长了20%。

二、酒店收益管理的要素

收益管理的成效，在很大程度上取决于酒店经营管理者对收益管理的五大要素：产品、价格、时机、渠道和客源的把控能力（见图6-1）。

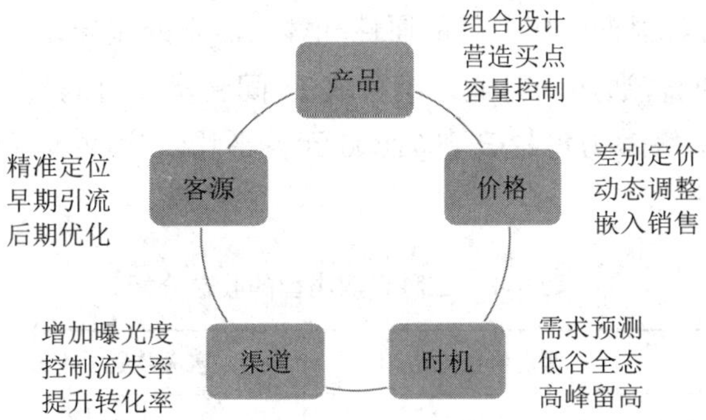

图 6-1 收益管理的五大要素

（一）客房产品的组合设计

客房是酒店收入和利润的主要来源，客房收入一般占酒店总收入的 50% 以上，客房的经营利润高达 70%~90%。但是，客房产品又具有很强的时效性和不可储存性。认识客房产品的属性，做好客房产品的组合设计，营造不同客房产品的买点，并做好客房产品的容量控制，是提升客房收益管理水平的前提条件。

1. 单一客房产品的设计

如：某酒店有 300 间客房，酒店经营者把这些客房都定为普通标房，每间客房的定价为 230 元。那么，该酒店的最大客房销售潜力为 69000 元，平均每房收入为 230 元（见表 6-1）。

表 6-1 单一客房类型的收益分析

客房类型	客房价格（元）	客房数量（间）	房费最大收入（元）
普通标房	230	300	69000

2. 组合设计的客房产品

根据客房产品的属性和客人需求的差异，进行客房产品的组合设计，有利于提升客房的收益水平。比如，该酒店经营者根据客房产品的属性和客人需求的差异，把 140 间外景房、高层房定为豪华客房，价格定为 260 元；把其余普通标房价格降 10 元。那么，在没有增加资本投入的情况下，该酒店的最大客房销售潜力可提升为 71600 元，平均每房收入提升为 239 元（见表 6-2）。

表 6-2 两种客房类型的收益分析

客房类型	客房价格（元）	客房数量（间）	房费最大收入（元）
普通标房	220	160	35200
豪华客房	260	140	36400
合计	239（平均）	300	71700

如果该酒店经营者根据客房产品的属性和客人需求的差异，再增加若干套房，则效果将更好。若把30间普通房间打通，组合成15间套房，每间套房定价520元。那么，该酒店的最大客房销售潜力可提升到72800元，平均每房收入可提升到253元（见表6–3）。

表6–3　三种客房类型的收益分析

客房类型	客房价格（元）	客房数量（间）	房费最大收入（元）
普通标房	220	130	28600
豪华客房	260	140	36400
套房	520	15	7800
合计	255.4（平均）	285	72800

可见，为了提高客房的收益，酒店经营者在认真分析客房产品属性和客人需求差异的基础上，合理增加酒店客房类型，适当拉开房价差价，在满足不同客人需求的基础上，客房的收益也得到了相应的提升。在实际经营过程中，可根据客房的设施、级别和朝向等，精心设计客房产品组合（见表6–4）。

表6–4　客房产品的组合设计

设施	单人间 Single	大床房 KingSize	双床间 Twin	三人间 Triple	套间 Suite
级别	普通房 Stanard	高级房 Superior	豪华房 Deluxe	行政楼层 Executive	总统套 Presidential
朝向	海景房 SeaView	湖景房 LakeView	园景房 GardenView	朝街房 FrontView	内景房 RearView
特殊	连通房 Connection	错层房 Duplex	无烟房 NonSmoking	公寓房 Apartment	残疾人房 Handicapped

（二）客房价格的动态调整

酒店客房营收是由客房出租率和客房平均房价决定的。客房出租率通常与客房平均房价成反比，当房价上升时，需求会下降，客房出租率就会较低；当房价下降时，需求会上升，客房出租率就会提高。所以，房价是否恰当，直接关系到酒店客房产品的销量和营收。

酒店客房价格的高低，首先取决于客房产品价值的本身，价值越高，价格也会较高；价值较低，价格也会相应较低。但是，客房价格的高低，还受市场供求关系的影响，市场需求量越大，价格就会越高；市场需求量越小，价格就会越低。另外，客人主观上对客房产品的价值感知和支付能力的不同，也会影响客房产品的定价。

1. 成本导向定价法

国内酒店传统的定价方法是成本导向。这种定价法的长处在于：当客房产品销售出去后，可以抵消酒店的经营成本，保证预期目标利润的实现。但这种定价法没有考虑市场的需求情况，当企业产品销售价格高于竞争对手时，企业产品没有竞争力；当企业产品销售价格高于消费者的支付能力时，消费者也不会来购买。随着市场竞争的加剧，这种定价法显然已不适应酒店企业的市场营销。

2. 需求平衡定价法

目前，我国酒店流行的定价方法是需求平衡定价法。这种定价法考虑了市场情况，力图寻求需求与供给的最佳结合点（见图 6–2）。

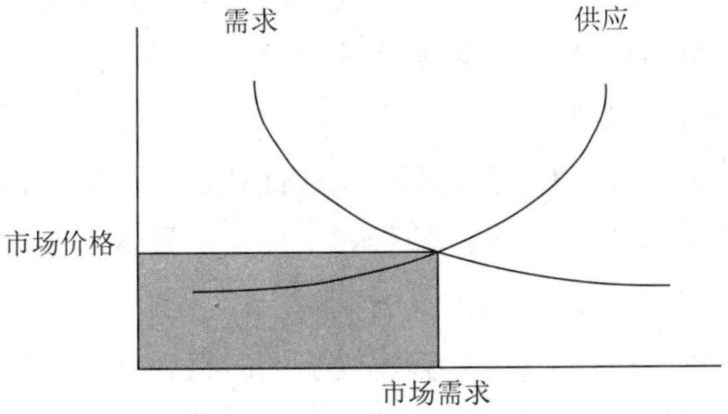

图 6–2 供给与需求的平衡点

需求平衡定价方法尽管反映了市场导向的定价观念，但仍然存在很大缺陷：一是房价与需求的最佳平衡点很难确定，因为价格会影响需求，竞争对手的价格政策也会影响需求。需求平衡定价方法无法适应快速变化的供求关系。二是没有进行市场细分，酒店没有挣到愿出高价的那部分人利润，对价格敏感的那部分人利润也流失了。

3. 收益管理的动态定价法

酒店在把握市场供求关系变化情况、细分市场订房行为模式、市场竞争状态和客人对产品价值理解的基础上，建立起一套完整的客房价格体系。市场价格随市场供求关系曲线的变化而上下浮动。由于酒店客房价格不是固定的，而是根据供求关系在变化的，所以称为动态定价法（Dynamic Pricing）（见表 6–5）。

表 6–5 酒店客房动态价格表（单位：美元）

日期（月 – 日）	星期	市场需求（元）	非动态价格	动态价格
8 月 3 日	一	623561	270	250
8 月 4 日	二	652121	270	261
8 月 5 日	三	612311	270	245
8 月 6 日	四	515840	270	207

续表

日期（月-日）	星期	市场需求（元）	非动态价格	动态价格
8月7日	五	622200	190	249
8月8日	六	468946	190	188
8月9日	日	480480	190	193

从表6-5中可以知道，在一周需求波动时，单一平衡定价在周五高峰期和周六低谷期的价格是不变的；而动态定价却需要根据需求的波动而相应变动价格，使价格随市场需求的变动而变动，价格曲线和市场需求曲线运动方向一致，同时起落。当然，在实际营销过程中，客房价格曲线与市场需求曲线完全吻合是不可能的，但收益管理能做到的就是不断提高分析预测能力，尽量减少两者的偏差。

（三）销售时机的灵活掌控

从酒店客房产品的时效性和价值的不可储存性特征，可以看出把握客房销售时机的重要性。酒店营销人员过早把客房产品低价卖出去，会导致客房经营效益的下降；酒店营销人员的惜售，也会带来客房产品闲置的风险。

收益管理要求酒店经营者准确把握客房销售的时机，在淡季时尽可能扩大客房的销售途径，在旺季时要预留足够的客房给上门的散客。要提高客房销售的效益，需要关注市场需求的三个方面：

1. 季节波动指数

酒店客房产品的销售，有明显的淡旺季节之分，一年里面有波动，一周里面也有波动。对国内大多数酒店来说，每年的4月和5月、9月和10月是旺季，每年的11月份到次年3月份是淡季；对城市商务酒店而言，周一到周四的出租率都很高，而度假酒店则在周五和周六达到出租率的高峰。掌握销售的季节波动指数，有助于做好收益管理中的客房存量控制。

2. 重大活动日期

酒店客房产品的销售，也会受到各项重大活动的影响。"黄金周"、节假日、各种博览会等大型节事活动和商务活动，都会在短期内形成酒店客房销售的高峰。把握重大活动日期，有助于做好收益管理的客房预订控制，保证重大活动日期客房营收的最大化。

3. 提前订房天数

客人的提前订房天数，会影响到他们对酒店客房价格的接受程度。通常，提前订房的客人对房价较为敏感，希望得到房价折扣较大的客房，而临时预订的客人，其对价格的敏感度较低，砍价的能力也较弱。如果酒店预测未来市场需求不足，就会以低价鼓励客人提前预订；反之，酒店就会控制提前预订的客房数量，以便将来可以出售给对价格不敏感的客人。

（四）销售渠道的合理选择

现代社会中，销售渠道已经成为酒店收益管理要素中一个重要的组成部分，其重要性表现在两个方面：一是面对竞争、全球市场、电子分销技术以及产品的不可储藏性等环境因素的变化，酒店企业仅仅依靠自身的销售力量是不够的，必须通过选择帮助酒店开拓消费者市场的合作伙伴，不断完善和发展酒店的销售网络，扩大客源市场，才能在竞争中取胜。二是通过委托渠道中的各种营销中介进行销售，这样比酒店直接销售有更高的效率，酒店借助于中间商，就可以进入更为广阔的市场，降低营销成本，提高投资收益率。

移动互联网时代的到来，使得人与人之间的交流能够跨越时间与空间的限制，"即时互动"与"信息对称"成为新时代的特征。在移动互联网时代，"用户流量"成为各大商家争夺的热点，"争夺用户时间"是商家竞争的重点。目前，移动端的中国网民平均每天有一小时花在了微信上，使微信成为移动互联网时代的宠儿，也出现了许多新兴渠道，催生着酒店销售模式的变革。下述是三类新兴的互联网销售渠道：

1. 酒店微信订房

酒店微信订房的最大优势是没有佣金，同时，可以打造酒店的电子化会员体系。酒店直接用免费的微信订房系统，放上一个相对优惠的价格，前台反复做引导，就可以吸引一部分本地客预订。

2. 团购网（美团、糯米、拉手）

团购网与携程是一种互补渠道，商旅客一般用携程，本地客一般用团购网。团购的特点是量大且价格便宜，所以在开业之初用团购可以快速吸引人气，获得订单，同时，也可以平日做一些限制性的团购促销来作为补充。

3. 淘宝网（阿里旅行·去啊）

阿里旅行·去啊是阿里巴巴集团旗下的旅游网站，网址是 www.alitrip.com，手机 App 叫去啊。因为有 4 亿活跃的支付宝会员和"信用住"带给客人快速订房的体验，是目前值得期待的新渠道。

（五）酒店客户的精准定位

客人是酒店客房产品的最终购买者。对酒店经营者而言，客人的购买行为是酒店制定经营策略的依据。分析酒店客房产品购买者购买行为的目的，是为了便于酒店经营者实施正确的收益管理策略，引导客人的购买行为朝着有利于本企业的方向发展。根据客人的购买目的，一般可把客人的购买行为分成以下几种类型：

1. 休闲度假型购买行为

它是客人为放松身心、解除疲劳、减轻精神压力等目的，离开常住地外出旅行而导致的购买行为。此类客人的价格敏感度高，娱乐性强的旅游产品、休闲随意的酒店住宿环境很受这类购买者的欢迎。

2. 商务会议型购买行为

这种类型是指出于商务经营需要或专业需要如出席会议、教育旅游、体育旅游、专业旅游等目的而进行的旅游购买行为。此类客人的价格敏感度高，对酒店和客房的选择有某种偏爱。

3. 健康医疗型购买行为

这种类型是指客人为了治疗慢性疾病或增进本人身体健康，同时，又能轻松地欢度假期而外出参加旅游活动而导致的购买行为。如温泉浴、阳光浴、沙滩浴、森林浴等旅游产品很受这类旅游购买者的青睐，健身、保健旅游项目也很受欢迎。

4. 探亲访友型购买行为

这种类型是指以满足探亲访友需要为目的的旅游购买行为。此类客人购买目的性明确，对酒店的地理位置和房价比较在乎。

5. 宗教旅游型购买行为

三、收益管理的衡量指标

酒店传统的经营指标是客房出租率和平均房价。传统经营指标的缺陷是没有考虑房价与出租率的关系。单独考量这些指标都无法正确判断酒店的经营效果。收益管理的理论及其收益的衡量指标，则有效地避免了上述局限。酒店收益管理的衡量指标主要有：

（一）单房收益（RevPAR）

RevPAR 是 Revenue Per Available Room 的缩写，即每间可供出租房产生的平均实际营业收入。

单房收益 = 实际客房营业额 / 可售客房数 = 实际平均房价 × 客房出租率

由于酒店客房产品的不可存储性，将出租率和平均房价结合起来，能更好地分析酒店的经营绩效，寻找出租率和平均房价的最佳结合点，从而实现客房收入最大化的目标。诚如希尔顿酒店集团市场营销总监所言：“收益是‘希尔顿’的生命，平均房价和客房出租率早已被收益所取代。”

例如：A 酒店有客房 200 间，公布房价 200 元。某日销售客房 100 间，房费收入 16000 元。则：

单房收益 = 实际客房营业额 / 可售客房数 = 16000 / 200 = 80（元）

或 = 实际平均房价 × 实际出租率 = 16000/100 × 100/200 = 160 × 50% = 80（元）

（二）市场渗透指数（MPI）

市场渗透指数指酒店的平均出租率与竞争市场平均出租率的比率，该指数表示酒店在竞争对手中的获客能力。

市场渗透指数 = 酒店的出租率 / 竞争市场平均出租率 ×100%

市场渗透指数评估原则：指数高于 100%，表示酒店的获客能力（销售能力）高于竞争对手；指数低于 100%，则表示酒店的获客能力低于竞争对手。

（三）平均房价指数（API）

平均房价指数指酒店的平均房价与竞争市场平均房价的比率。

平均房价指数＝酒店的平均房价／竞争市场平均房价 ×100%

平均房价指数评估原则：指数高于100%，表示酒店的平均房价高于竞争对手；指数低于100%，则表示酒店的平均房价低于竞争对手。

（四）收益产生指数（RGI）

收益产生指数指酒店的单房收入（RevPAR）与竞争市场平均单房收入（RevPAR）的比率。

收益产生指数＝酒店单房收入（RevPAR）／竞争市场平均单房收入（RevPAR）×100%

竞争市场平均单房收入＝竞争市场酒店客房总收入／竞争市场酒店可售房间总数 ×100%

收益产生指数评估原则：指数高于100%，表示酒店当前价格政策与经营策略优于竞争对手；指数低于100%，表示酒店的价格政策与经营策略需要及时调整。

第二节 酒店收益管理的主要方法

酒店收益管理的目标是降低客房空置率并提高客房平均房价。要达到这个目标，从战略层面，需要对市场需求进行研究，确定目标市场，做好市场定位，设计产品组合，建立合理价格体系，选择销售渠道，配备收益管理人员。在日常的经营管理工作中，可采用差别定价与房型细分、容量控制与嵌入销售、需求预测与动态定价、房价限制与时滞控制、升格销售与超额预订、包价促销与附加价值的方法，来争取酒店收益的最大化。

一、差别定价与房型细分

差别定价是指酒店经营者在区分顾客需求差异的基础上，通过制定差别价格体系，在满足不同顾客需求的基础上，谋求酒店客房销量和客房收益的最大化。

现行的单一需求平衡定价方法尽管反映了市场导向的定价观念，但仍然存在很大缺陷。由于价格会反作用于需求，竞争对手的价格政策也会影响需求，所以单一需求平衡定价方法无法适应快速变化的供求关系，房价与需求的最佳平衡点很难确定；同时，由于没有进行市场细分，酒店没有挣到愿出高价的那部分人利润，对价格敏感的那部分人利润也流失了。

收益管理指导下的差别定价方法，要求酒店经营者在市场细分的基础上，根据不同客户对象、不同预订方式、不同入住天数、不同客房数量、不同客房位置、不同服务方式，制定差别价格体系（见图 6-3）。

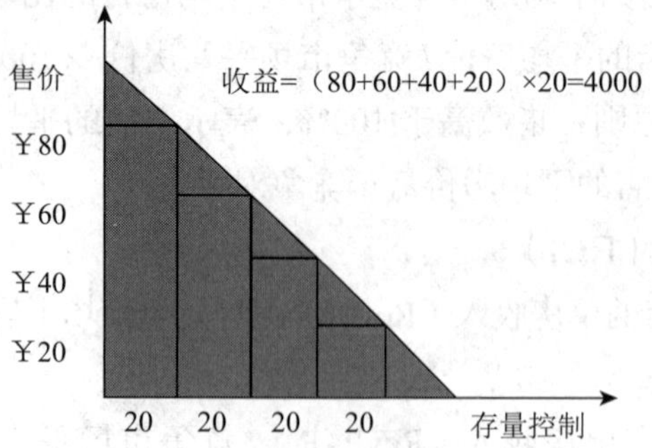

图 6-3　差别定价下的客房价格体系

假设：某酒店有 100 间客房，根据预测，房价与市场需求的关系，如表 6-6 所示，酒店同类房间允许多种价格同时存在，并对客房按五个子类房价作存量控制。

表 6-6　客房差别定价体系

客房类型	房价体系定价（元）	市场需求（间）	客房配置（间）
A	江景房 /180	10	8
B	城景房 /160	20	18
C	雅致房 /150	50	50
D	优惠价 /130	20	24
E	促销价 /108	100	0

不同的定价方法，会给酒店带来不同的收益结果（见表 6-7）。收益管理指导下的差别定价，既能提高客房出租率，又能使客房收益最优化。

表 6-7　不同定价方法的经营结果比较

定价方法比较	选择定价（元）	销售客房数（间）	出租率（%）	平均房价（元）	实际收入（元）	单房收益（元）
追求平均房价	折扣价 1（160）	30	30	160	4800	48
追求出租率	折扣价 2（108）	100	100	108	10800	108
单一平衡价格	折扣价 3（150）	80	80	150	12000	120
收益管理的差别定价	四种价格同时存在	100	100	149.4	14940	149.4

当然，差别定价法使用的前提是对房型进 行细分，即对酒店客房产品的组合设计，如表 6-8 所示。

表 6-8 根据客房属性进行的房型细分

朝向	海景房 Seaview	湖景房 Lakeview	园景房 Garden view	城景房 Front view	内景房 Rear view
特殊	连通房 Connection	错层房 Duplex	高级房 Superior	豪华房 Deluxe	行政楼层 Executive

案例分析

休布雷公司的定价策略

休布雷公司在美国伏特加酒的市场上属于营销出色的公司，其生产的史密诺夫酒在伏特加酒的市场上占有率达 23%。后来，另一家公司推出一种新型伏特加酒，其质量不比史密诺夫酒差，每瓶价格却比它低一美元。

按照惯例，在休布雷公司的面前有三条对策可选：

1. 降低一美元，以保住原有市场占有率；
2. 维持原价，通过增加广告与推销费用来与竞争对手抗衡；
3. 维持原价，听任其市场占有率降低。

由此可见，不论采取上述哪种策略，休布雷公司似乎都输定了。

休布雷公司经过深思熟虑后，却采取了让对手意想不到的第四种策略：将史密诺夫酒的价格提高一美元，同时，推出一种与竞争对手价格相同的瑞色加酒和另一种价格更低的波波酒。这种系列定价策略，一方面提高了史密诺夫酒的地位，另一方面使竞争对手的新产品沦为一种普通的品牌。结果，休布雷公司不仅顺利渡过了难关，而且利润大增。实际上，休布雷公司上述三种酒的味道和成本几乎是相同的，只是巧妙地运用了收益管理的差别定价原理。

二、容量控制与嵌入销售

容量控制（Capacity Control）是指经营者在需求预测基础上，为不同价格水平的顾客或细分市场就现有产品资源进行优化分配，在特定时间、以特定价格按分配方案销售产品，以实现收益最大化的一种收益管理方法。

假设某家酒店有 400 间客房，公布价是 220 元。某日客房的需求状态如下：

离入住日 56 天前，没有任何预订；

离入住日还有 56—49 天时，有旅行社要预订 150 间房，每间房愿支付团体价 75 元；

离入住日还有 48—28 天时，有商务团要预订 75 间房，每间房愿支付团体价 105 元；

离入住日还有 27—21 天时，有度假散客要预订 60 间房，每间房愿支付 115 元；

离入住日还有 20—14 天时，有政府散客要预订 15 间房，每间房愿按协议价支付

125 元；

离入住日还有 13—5 天时，有商务散客要预订 90 间房，每间房愿按协议价支付 145 元；

离入住日还有 4—2 天时，有散客要预订 40 间客房，每间房愿意支付 175 元；

在入住日当日和前 1 天，有散客要预订 30 间客房，每间房按公布价支付 220 元。

酒店传统销售做法是“先来先得”，并根据酒店的授权程度和销售人员的谈判技巧，以及客人愿意支付的价格和与客户的关系，决定成交价格与成交数量。这种销售方法的弊端是显而易见的。表 6-9 反映的是按照传统销售方法产生的销售结果。

表 6-9 运用传统销售法的销售结果

客人类型	离入住日（天）	市场需求数（间）	接受订房数（间）	No-show	实际入住客房（间）	客房价格（元）	客房销售收入（元）
旅行社	49—56	150	150	1	149	75	11175
商务团队	28—48	75	75	1	74	105	7770
度假散客	21—27	60	60	1	69	115	6785
政府散客	14—20	15	15	1	14	125	1750
商务散客	5—13	90	90	1	89	145	12905
散客 1	2—4	40	10	0	10	175	1750
散客 2	0—1	30	0	0	0	220	0

（注：销售客房 395 间；客房收入 42135 元；单房收益为 106 元）

按照收益管理的容量控制方法销售，在准确把握市场需求的基础上，销售人员会对特定时期、特定价格的客房作出一定数量的控制，以争取客房收益的最大化。

如上例：在旅行社和商务团体预订时，因为价格较低，只分配给 110 间和 60 间；对度假客、政府散客和商务散客的预订，因为价格较高，可全部接受；在离入住日还有 4 天时，因为竞争对手的房间已全部出售，所以可按公开价销售；在入住日当日和前 1 天，根据过去订房客人未到数据超订 5 间，按公开价出售 30 间。表 6-10 反映的是按照收益管理的容量控制方法产生的销售结果。

表 6-10 运用容量控制法的销售结果

客人类型	离入住日（天）	市场需求数（间）	接受订房数（间）	No-show	实际入住客房（间）	客房价格（元）	客房销售收入（元）
旅行社	49-56	150	110	1	109	75	8175
商务团队	28-48	75	60	1	59	105	6195

续表

客人类型	离入住日（天）	市场需求数（间）	接受订房数（间）	No-show	实际入住客房（间）	客房价格（元）	客房销售收入（元）
度假散客	21-27	60	60	1	69	115	6785
政府散客	14—20	15	15	1	14	125	1750
商务散客	5—13	90	90	1	89	145	12905
散客 1	2—4	40	40	0	40	175	8800
散客 2	0—1	30	30	0	30	220	6600

（注：销售客房 400 间；客房收入 51210 元；单房收益为 128 元）

对比两种方法的销售结果，差异是巨大的。采用容量控制法，单房收益可增加 22 元；营收可增加 9075 元；利润可增加 7260 元（假设变动成本率为 10%），利润增幅高达 172%。当然，在实际销售过程中，即使达不到这样精确的预测程度，但利润的差异也会是十分明显的。

市场需求多变，酒店的容量配置数与市场的需求数往往会不一致。容量控制下的嵌入式销售法，要求在严格控制低价房的预订数情况下，如果高价房有需求，可把低价房按高价房出售，从而保证酒店的整体收益达到最优（见表 6-11）。同时，容量控制方法下实施的嵌入式销售，可使酒店对市场的需求状况有较为全面的了解。当市场需求发生显著变化时，酒店可相应调整客房容量配置，以保证酒店收益的最大化。

表 6-11 嵌入式销售法

房价体系	豪华景观房 180 元	城景房 160 元	雅致房 150 元	团队价 130 元
客房配置数	50 间	50 间	100 间	100 间
可接受预订数	300 间	250 间	200 间	100 间

三、需求预测与动态定价

准确有效的需求预测，能使酒店经营者敢于并善于承担价格决策和容量控制的风险，力争为酒店获得最大的收益。

（一）需求预测的步骤

1. 选择主要市场指标为需求预测变量。如预订量、销售价格等；
2. 收集历年经营数据；
3. 异常值处理剔除与修补；
4. 选择合适的预测方法，建立预测模型并实施预测；
5. 导入未来可能发生的相关市场事件；

6. 分析预测效果，作出评价。

酒店可根据预订周期来预测客房销售量，如表 6-12 所示。

表 6-12　根据预订周期预测客房销售量

时间	入住日结果	离入住日还有若干天时的预订客房数（间）			
		7	14	21	28
3 月 15 日	300	180	120	90	60
3 月 22 日	291	170	109	73	36
3 月 29 日	296	188	108	81	27
4 月 05 日	292	204	102	58	29
4 月 12 日	285	190	119	71	36
平均数	293	187	112	75	38
预测可获新订房数	0	106	181	218	255

假设离入住日还有 7 天，该酒店已预订 170 间房，需预测入住日该酒店销售的客房数。

则：入住日预计销售客房数为：170 + 106 = 276 间

（二）酒店的动态定价

根据市场供求关系及竞争状态，实施价格的浮动政策，称为动态定价（Dynamic Pricing）。动态定价使酒店的房价随着市场需求的变化而变化，最终与市场波动趋势相匹配，从而消除了恒定价格在需求旺盛周期损失的高价格收入和在需求衰退周期由于价格显得过高而导致顾客流失的弊端，能最大限度地提高客房产品的销量和总体收益。在日常经营过程中，酒店会依据季节波动指数、重大活动日期、订房提前天数、入住时间长短等情况来实施动态定价，如表 6-13 所示。

表 6-13　动态定价与静态定价的区别

价格水平	预测客房出租率	传统静态价格（元）	收益管理的动态价格（元）
1	＞ 90%	470	再提价 5%~10%
2	80%~90%	470	提价 20%
3	60%~80%	470	提价 10%
4	60% 左右	470	470
5	＜ 60%	470	开放折扣

酒店实施动态定价，首先要对价格进行结构设计，按市场细分横向设定层级关系不同的基础价格。基础价格反映了酒店的市场定位，必须慎重定价，一般可采用百分比

法确定差距。在市场平稳时基础价格维持不变，而是通过开关各种价格折扣实现动态变价；在市场起伏激烈时可采用固定差价法纵向变动基准价格，关联的其他价格也随之变化，如表 6-14 所示。

表 6-14　酒店动态定价的组合设计

标准房门市价 998/ 元			BRD/ 元	价格代码	执行时间	价格说明
散客	酒店会员	金卡会员	648	VD1	4 月份	可随 W1 变化而变化
		银卡会员	685	VD2	4 月份	可随 W1 变化而变化
		普通会员	708	VD3	4 月份	可随 W1 变化而变化
	官网 /OTA 商旅散客		718	ET1	4 月份	可随 W1 变化而变化
	公司协议散客		678	CT1	4 月份	可随 W1 变化而变化
	无预订散客		898	W1	4 月份	BRD 标准价可变化
团队	公司会员团体		585	CG1	4 月份	不可变化
	旅行社团体		495	TG1	4 月份	不可变化

四、房价限制与时滞控制

（一）房价限制

经营者在预测未来顾客需求的基础上，确定开放或关闭低价房的时期；并根据供求关系的不断变化相应调整房价，称为房价限制。房价限制的目的，是在需求低时，通过开放低价房谋求出租率的上升；在需求高时，通过关闭低价房谋求平均房价的上升。最终，使酒店客房收益达到最优。

在实施房价限制方法时，酒店经营者根据事先设定的准则，确定房价变动的触发点。一般以客房出租率和单房价格水平作为房价变动的触发点。当需求高于某一触发点时，就要关闭某些等级的价格；当需求低于某一触发点时，就可开放某些等级的价格（见表 6-15、表 6-16）。

表 6-15　“客房出租率触发点”房价控制法

客房出租率（%）	最低房价（元）	开放或关闭的房价
0	160	开放高于 160 元的折扣
60	220	关闭低于 220 元的折扣
70	280	关闭低于 280 元的折扣
80	340	关闭低于 340 元的折扣
90	380	按公开价 380 元销售

表 6-16 “单房收益 触发点”房价控制法

目标收益（元）	实际收益（元）	占目标比例（%）	最低价格（元）	开放或关闭的房价
117	0	0%	160	开放高于 160 的折扣
117	59	50%	220	关闭低于 220 的折扣
117	82	70%	280	关闭低于 280 的折扣
117	94	80%	340	关闭低于 340 的折扣
117	110	90%	380	按公开价 380 销售

设定触发点价格控制的思想也是收益管理软件进行价格控制的主要理论依据，当获得的预订数达到预先设定的客房出租率和单房收益目标时，收益管理系统就会自动建议软件使用者关闭某些等级的客房价格。当然，客房出租率和单房收益目标的确定是主观的，所以触发点的确定也是主观的。酒店要根据市场需求的变化，做好触发点的修正。

（二）时滞控制

时滞控制（Duration Control）是指酒店通过限定客人住店时间长度，调节客房出租率的不均衡，以达到客房平均收益最大化的一种收益管理方法。

在酒店经营过程中，会由于各种原因导致某一天的客房出租率高于其他日期，即出现了客房使用量的“长钉（spike）”，如果该长钉导致随后几天客房销售出现大幅下降，显然对酒店经营是不利的。比如，度假酒店在周五出现“长钉”，会挤走意欲在酒店住宿周五和周六两个晚上的客人。

“长钉”的对立面称为“孔洞（hole）”，图 6-4 显示了出租率的“长钉”和“孔洞”会导致酒店客房可供量出现高峰和低谷那样的需求起伏。

酒店可以通过规定客人“最短入住天数”和“最长入住天数”的方法，避免出现出租率的“长钉”和“孔洞”情况。

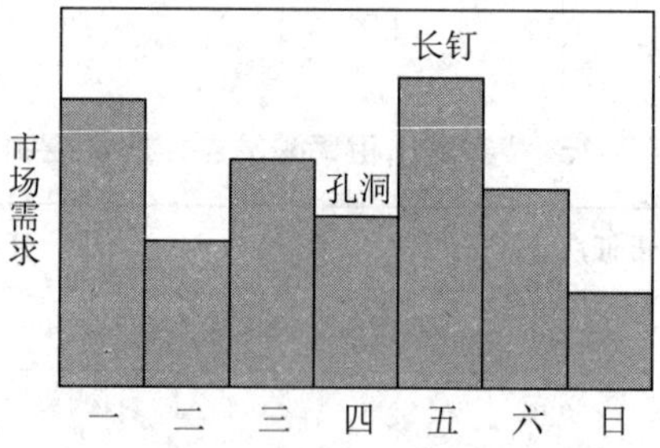

图 6-4 客房出租率的“长钉”与“孔洞”

1. 最短入住天数限定

需要设置最短入住天数限定的情况主要有二种：一是在需求处于低谷的淡季，酒店推出特价以填补出租率的不足，这些特价在一定销量的情况下才能发挥最大效用，酒店就会要求客人至少入住几晚，才能享受特价。二是在需求处于高峰的旺季或重大节事活动日期间，酒店也会对客人的最短入住天数作出限定，防止出现“长钉”而导致随后几天客房需求呈现“孔洞”。

从经营成本的角度而言，客人住宿时间长，将能节省酒店客房的开支。因为这意味着减少了由住客房转换成空房而带来物品更换和布件洗涤的费用；同时，也减少了酒店前厅总台办理入住登记和离店结账的工作量。

2. 最长入住天数限定

最长入住天数的限定，一般用于客房需求从低谷转向高峰的过渡时期。避免淡季低价房客人住宿时间过长，影响高峰时段客房的出租。同时，为了防止出现客房使用量的“长钉”，也会对入住客人限定入住到“长钉”日前。

为了填补客房出售的“空洞”或淡季的销量不足，酒店一般可根据客人住宿天数的长短给予一定的折扣，例如：给第二晚入住者 20% 的折扣、第三晚继续入住者半价优惠。使用住宿天数折扣策略，有利于提高客房出租率，降低客房运营成本，也有助于增加酒店其他营业部门的收益。

五、超额预订与升格销售

（一）超额预订

超额预订（Overbooking）是指酒店在订房已满时，实行有选择的超额预订（如：只对低档房实行超订），在降低风险的同时，确保客房收益最大化的一种收益管理方法。因为，客人预订后却没到的现象时有发生。据统计，订房不到者约占 5%，临时取消者约占 8%~10%，这可能导致酒店 50%~70% 客房利润的流失。

1. 超额预订数的确定

实施超额预订收益管理方法的关键是准确预测并合理确定超额预订房间数。超额预订数的确定，可通过以下计算方式：

超额预订房间数 = 客人未到房间数 + 临时取消房间数 + 提前退房数 − 延长住房数

如：某酒店根据过去历史数据统计，预计某日客人未到房间数 4 间；临时取消房间数 8 间；提前退房数 4 间；延长住房数 2 间，则可确定该日超额预订数为：

超额预订房间数 = 4 + 8 + 4−2 = 14（间）

2. 超额预订的控制

超额预订既是酒店客房收益管理的一种方法，体现了酒店管理者的经营能力，但又具有一定的风险，要求酒店管理者做好预订历史资料的统计分析、团体与散客订房比例分析，并与同行建立业务协作关系。

一是预订历史资料的统计分析。统计下列各种类型客人的数量与比例：订房不到者（No Shows）；临时取消者（Cancellations）；提前退房者（Understays）；延长住房者（Overstays）。如订房不到者、临时取消者、提前退房者的数量较大，超额订房的数量不宜过小；如延长住房者数量较大，则超额预订的幅度不宜过大。

二是团体与散客订房比例分析。团体订房一般指由国内外旅行社、专业会议、商业机构等事先计划和组织的订房，要与酒店签订订房合同，双方愿意共同履行契约。因此，可信度较好，预订不到的可能性较小，即使有变化也会提前通知。而散客是由个人订房，无担保订房者居多，随意性很强，预订不到的可能性较大。所以，在团体订房多、散客订房少的情况下，酒店超额预订的幅度不可过大；反之，在散客订房多而团体订房少的情况下，超额订房的数量不宜过少。

三是与同行建立业务协作关系。即使酒店超额订房不准或遇意外事件，导致客人抵店无房时，也可安排客人住本地区其他的同类型酒店。

（二）升格销售

当酒店高档客房（如行政楼层）有存量，而低档客房（如普通标间）不够时，选择部分预订低档房的客人自动升级到高档房，把空出来的低档房出售给有需求的客人；同时，在预订低档房的客人抵店时实施升格促销，这种方法称为升格销售（Up selling）。

要实施升格销售，酒店首先要合理确定各种类型客房的比例及其价格差异。同时，要加强对订房部和前厅总台员工的销售技巧的培训，使员工掌握从高到低开价法的技巧，优先推销高档客房。当市场需求量很大时，可选择适当时机暂停普通客房的销售，适当保留普通客房。当市场需求量不大，高档房存量充足，普通客房存量相对不足时，可把部分存量高档房以普通房价格出售，降低客房空置率；对重要客户和首次抵店客人也可进行客房自动升格。

酒店实施升级销售法的好处，一是可减少高档房的闲置，有利于酒店经营利润；二是可以增加低档房的可销售数，提升收益的空间；三是有助于加深顾客对酒店的印象，扩大酒店的市场份额。

六、包价促销与附加价值

（一）包价促销

酒店的包价促销可分为内部包价法（包价产品）和外部包价法（套票组合）两种。

1. 内部包价

内部包价法（包价产品）就是将酒店畅销与不畅销产品组合起来捆绑销售，增加吸引力。如：在客房供不应求时，关闭仅含客房的价格，销售含早餐或晚餐费用的客房。在淡季时，把客房、餐饮、娱乐等都不畅销产品捆绑销售，提高整体吸引力，刺激高消费细分市场的购买欲望。

2. 外部包价

外部包价法（套票组合）就是将酒店产品与外部产品组合起来，以套票形式出售，资源共享、优势互补。套票的销售方式，既方便客人的购买，刺激了购买的欲望，也可以较大程度增加酒店产品的吸引力。酒店很容易从外部获得价格优惠的入场券和购物券，酒店也可以通过置换的方法抵消套票组合的外部成本。

（二）附加价值

平庸的销售经理以价格为卖点，而出色的销售经理以价值为卖点。酒店不应轻易采取打折销售的方法，虽然房价打折能提高销量，但代价是损失了打折那部分的营收，而这往往意味着净利润的流失。既不减少营收、又能提高销量的一项有效方法，就是采用附加价值法，给客人更多的利益，如表 6-17 所示。

酒店在日常经营管理过程中，采用客房 + X 或客房 + X + X 等的附加价值的销售方法，比打折促销方法更能增加酒店的收入，较大幅度地提升酒店的收益水平。

酒店客房 + X 的项目有：免费升档；享受提前入住延迟退房服务；实施居住期奖励；赠送其他服务产品：两人早餐 / 晚餐；酒吧 / 康体 / 泊车；土特产礼品 / 瓶酒饮品等。

表 6-17 营收变化对酒店利润的影响

麦肯锡公司的研究结果——营收变化对酒店利润的影响	
销售量每增加 1%	利润 +3.3%
平均价格提高 1%	利润 +11.1%

第三节 酒店收益管理的实战技巧

收益管理不仅是现代酒店企业管理的先进理念，也是一项重要的经营手段和管理技术。有效实施酒店的收益管理，需要熟练掌握预订环节的控制技巧、旺季提升营业收入的技巧和淡季增加销量的技巧。

一、预订环节的控制

在现代社会，随着人们工作和生活节奏的加快，客人都希望在行前获得对旅行目的地住宿的确认。预订是酒店招徕客人、提升经营收益的首要环节。

客人一般会通过在线旅行社（OTA）渠道（以下简称为 OTA）进行订房，也会通过酒店官网进行预订，或通过移动通信手段直接与酒店前台部门进行预订。在酒店日常预订环节，OTA 渠道可给酒店引来众多客户，但若过度依赖这个渠道，则会被渠道捆绑；总台员工一些不正确的操作方式，也会导致酒店收益水平下降。

（一）与 OTA 合作的基本法则

1. 善于把 OTA 客源转化成直销客源

OTA 的主要作用应该是广告、引流、补充客源。不能过分依赖 OTA，酒店定价权和库存分配权不能被其控制。注意提高顾客对酒店直销渠道的忠诚度，要杜绝员工让客人直接到 OTA 上预订，然后酒店再支付佣金购买客人现象。要研究 OTA 客源的特点，制定相应流程和绩效考核标准，努力把 OTA 客源转化为酒店直客，养成客户到酒店官网、官微和以人工方式预订的习惯。

2. 注重图片的直观视觉冲击

一张好照片胜过一千字：高像素、高清晰度，突出酒店特色的最新照片。适当精选一些周边旅游资源的照片，增加酒店附加值。

3. 内容为王，重视客户点评

多用客人搜索的热词：景点、事件、交通枢纽、设备设施、价位等，提高被搜索概率。顾客在 OTA 上的评论是酒店宣传的延伸和补充。利用网评互动，做好客户关系管理。

4. 保持价格公平性与一致性

酒店直销渠道价格不能高于 OTA 价格，宁可提高佣金比例，也要防止出现价格倒挂现象。

给 OTA 的短期促销价，在酒店直销渠道也要能够提供，一碗水端平。

5. 做好 OTA 渠道客源偏好分析

不同 OTA 渠道客源在出行目的、停留时间、预订规律、房型喜好、来源地区、同房人数、房间类型、餐饮和其他消费等方面会有差异。通过分析，可采取相应销售策略。海外 OTA 的预订窗口较国内长，综合消费能力更强，可提前推出针对海外 OTA 的促销价。

6. 清除 OTA 渠道的竞争代理商

不允许包房商和旅行社用代理方式在 OTA 渠道上公开销售，与酒店直销竞争，吸引客户。可提供优惠价给包房商和旅行社，通过房 + 机 + 门票等不透明价格销售，给酒店带来额外客源。

7. OTA 渠道上不能关房，保持市场热度

关房会导致客户流失和市场热度下降。即使满房，也可挂高价在网上，愿者上钩。在旺季可根据需要关闭低价房型，引流到高价房型；或设置入住天数限制。

8. 广开门路，与更多 OTA 渠道开展合作

只与一两家 OTA 合作，容易被卡脖子。不要因某些 OTA 销量不高而不合作，积少成多。合作的 OTA 越多，酒店在互联网上的曝光率就越大，广告牌的作用就越大，这对品牌知名度不高的单体酒店尤其重要。

（二）酒店私域流量的构建

1. 私域流量的概念

“私域流量”是 2019 年兴起的一个热词，是相对于“公域流量”而言的。“公域流量”是指企业只能通过付费或活动等方式，在满足平台规则基础上获得的流量，这种流

量无法保存。而“私域流量”指企业可以在任意时间、任意频次、直接达到用户的渠道，是一种可自由支配的流量。“私域流量”之所以受到企业关注，一是源于“公域流量”越来越高昂的获客成本，倍感压力的企业想突围日益恶化的“流量陷阱”，减少对电商平台的依赖。二是源于互联网时代的客户消费习惯改变，已从中心化流量时代走向个体流量时代（见表 6-18）。

表 6-18　公域流量与私域流量的特征比较

流量分类	载体	属性	获客成本	转化率	触达频次
公域流量（使用权）	OTA	付费平台	高	中	低
	社群，短视频	社交平台	中	高	中
	知乎，百度	搜索平台	低	中	低
私域流量（所有权）	公众号、微信、QQ 群	自媒体矩阵	高	高	高

2. 私域流量的价值

（1）流量更可控。假设百度有一千万用户，但与酒店没有任何关系。只有把里面的用户导入到企业自己平台，才算自己的用户，后续针对用户的服务或换量才有可能。

（2）性价比更高：企业在公域流量池获得曝光是需要付费的（如：关键词竞价）。而一旦把用户从公域流量池导入私域流量（如：微信群），则可“我的地盘我做主”。

（3）可深度服务：企业建立了私域流量池，也就具有了深度服务用户的可能，可以任意时间、任意频次接触客户，有利于培育“忠诚客户”。

3. 私域流量的运营步骤

酒店私域流量的运营步骤可分为线索收集、私域打造、流量导入和流量裂变四个环节，如图 6-5 所示。

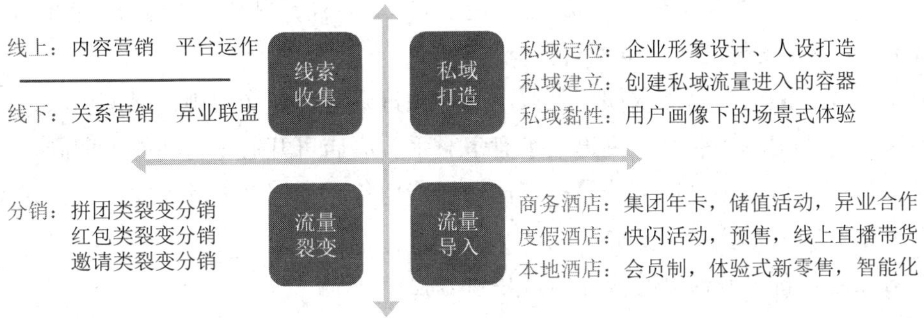

图 6-5　酒店私域流量运营的步骤

（三）预订环节问题与破解

1. 酒店在某一房型无房时，在 OTA 上关闭该房型；前台员工则回绝订单。

如：某酒店有江景大床房 50 间，房价 580 元；城景大床房 50 间，房价 550 元；城景双床房50间，房价550元；行政楼层房30间，房价650元。目前，酒店江景大床房已满房，虽然其他类型客房还有较多空房，但酒店在OTA渠道关闭了江景大床房。

破解之策：关闭畅销房会导致客户流失，酒店应确保畅销房仍有空房继续引流。在经营过程中，酒店可设置房型库存预警，在接近满房时，对该房型提价至上一级房型接近的价位，与上一级房型产生联动营销效应。同时，对该房型后续订单进行升级处理。

又如：某酒店有豪华景观房90间，房价560元；行政楼层房30间，房价680元。目前豪华景观房已满，行政楼层客房还有25间空房。客人致电要预订一间豪华景观房，员工回复无房。

破解之策：员工应积极引导客人选择行政楼层客房。如客人接受，则酒店增加了680元营收；如客人可以接受该房型，但不能接受该价格，则可给客人免费升级，降低豪华景观房的空置率，给酒店增加560元的营收。当然，员工如没有获得免费升级授权，在这个环节只能拒单。酒店管理层不授权的主要原因，是担心员工实际上是收取了高房费却登记为免费升级房，赚取中间差价，使酒店营收流失。管理层可为每种房型设置库存量预警提示，比如，在豪华景观房仅剩若干间时，需上报总经理知晓，便于总经理及时有效地掌握房态信息，及时作出相关授权决策。

2. 酒店在空房不多时，关闭OTA渠道或只接受担保类订房。

如：时值销售旺季，酒店在空房不多时，关闭OTA渠道惜售。用意之一是为了留给前台以更高价格销售，二是风险规避，预留一些客房满足客人调房或换房之需，减少客人投诉率。当然，关闭OTA渠道会导致客户流失和空房损失。

破解之策：酒店可对OTA渠道的房型进行提价销售，在确保OTA渠道畅通的同时，实现这个时段在酒店前台和OTA渠道都有销售客房的机会，也可减少预定客人未到房导致的酒店营收损失。

又如：酒店为了减少临时取消和客人预定后未到等原因引起的客房空置，采取严厉的预订政策，即在OTA渠道上只接受担保型订单。而且，只开通预付及担保订单服务，酒店需要向OTA支付的佣金也相对较低。

破解之策：酒店在高需求期可采取严厉的预订政策。但在常规情况下仍然采取严厉预订政策，等于把本酒店客户倒逼给了竞争对手。酒店可开通现付功能，即同一房型如客人选择房费现付，则酒店可按照一定比例提高房价。根据客人的不同支付方式差别定价，对酒店和客人都会带来益处。

3. 对酒店低价客房的订房数量不做任何监控。

如：在出租率越高说明酒店生意越好的传统经营管理思维模式影响下，酒店对很早时间段就预订大量本酒店客房的旅游团队和会议团队不做任何监督控制，导致酒店较低房价的客房在某一天或某一时段被大量占房。

破解之策：酒店需要增强收益管理意识，在高峰期要做好容量控制，并分析提前大量预订低价房的原因：是否有重大社会活动发生，竞争对手是否也有大量预订。如是，做好容量分配或考虑提价；预留部分房量，在后面销售周期里提价销售。

4. 没有注重酒店特价房的引流作用和二次销售。

如：某酒店将异形房、无窗户房、小面积房等有缺陷的客房作为特价房，进行市场促销。特价房作为酒店的最低房价类型，酒店也相应降低了对客服务规格，并在预订的高峰期，关闭了特价房。

破解之策：酒店设置特价房的作用是为了引流，因此不能关闭。引流的特价房虽然是酒店客房的最低价格，但并不代表价格不能变动。即使客人选择入住特价房，也应享受相同的服务，以提升顾客体验感。同时，需注重到店客人的二次营销，通过客房优惠升级，引流客人选择入住到更高价格的房型。

5. 缺乏对酒店客房预订限制政策的合理运用。

如：酒店在客房存量较少的高峰期，没有采用严厉的预订政策，没有要求预订的散客预付、担保、交付订金；没有要求支付订金的团体客户承诺最低的用房数和入住天数。最终，导致酒店部分客房空置。

破解之策：酒店在销售低谷期，可采取宽松的预订政策引流；在销售高峰期，应采取严厉的预订政策来保证营业收入。同时，要仔细排查酒店内部的自用房、临时内控房，及时掌握最真实的库存量，并根据酒店的销售周期和预订进度，合理运用宽松或紧缩的预订政策。

二、旺季营收提升的技巧

在较高出租率时期，是酒店全面提升平均房价、综合收入、市场美誉度和竞争力的关键销售期。一些酒店在旺季虽然处于较高出租率，但收益水平没有得到很好地提升。究其原因，是因为酒店在旺季没有制定相应的收益管理策略，对预订拒单率、客户流失率、预订客房却未到率与临时取消率和滞销房空置率问题关注度不够，白白错失了很多提升酒店收益的机会。酒店在旺季的收益管理技巧主要体现在下述几个方面：

（一）适当提价，停止或限制打折

（1）适当提高房价水平，拉大不同房型之间价差，但价位要控制在中央订房系统和酒店宣传册上公布的价格范围内。

（2）停止实行房价折扣，或只给住店时间较长的客人房价折扣。延住客人要按当日价收取，不能沿用旧价格。

（二）鼓励连住，采取超额预订措施

（1）酒店根据需要，设置最少停留天数限制，防止出现客房销售的“空洞”。

（2）采取超额预订措施，减少客人预订客房却未到导致的客房空置。

（三）采取严厉的信用政策

（1）减少或取消无信用担保订房，紧缩预订取消政策。

（2）认真做好每一个预订的确认，减少预订水分。

（3）住宿期较长的顾客，酒店应要求客人定金付到最后一晚。

（四）动态定价，减少免费升档

（1）加强价格监控，每天至少两次研究未来 7~14 天竞争群酒店价格的变动情况。根据需要实施动态定价，适当提升对外散客价。

（2）酒店不能改变的协议价，要通过及时关闭低价房型来提升销售单价，尽量减少免费升档。

（五）团队入住模式优化

（1）酒店要测算好每日团队用房量上限和团队价格下限，严格控制特定日期团队用房占比。

（2）合理减少团队房配额，研究调整团队入住时间和入住天数的可能性，优先接受愿意支付高价位的团队，用低价鼓励团队住到低需求时段。

（3）挤掉团队订房数量的水分，团队如增加预订要加价，尽量不要免费升档。

（4）团队价与散客价挂钩，水涨船高。报价根据停留日期，取平均数报价。可采用置换分析法，把团队带来的客房、餐饮、会议等总收入和利润综合计算后才报价，尽量避免分开报价。

三、淡季销量提升的技巧

在淡季，许多酒店会一味采取低价策略来刺激市场需求。其实，这种观念具有片面性。虽然低价策略会刺激一部分需求的上升，但在淡季依然会有不少高价需求。

（一）酒店在市场淡季的换位思考

（1）竞争对手。提供低价的竞争对手，其实是主动放弃了购买高价、高附加值产品的市场机会。

（2）客户价值。淡季来酒店消费的客户，在旺季重复购买的可能性更大，是酒店开展客户资源维护的良机。

（3）服务提升。在淡季，酒店可以有更多时间和精力研究目标客户偏好，是提升酒店服务水准的契机。

（4）口碑营销。酒店在淡季实施的优惠措施会换取客人更多的好评，是酒店好评积累的有利时机。

（二）酒店在淡季的收益管理策略

1. 创造顾客需求。

深入分析每个公司协议账户、团队在客房、餐饮、会议和宴会等方面的产出，寻找隐含的需求。确立全员销售理念，使全体员工都成为酒店的销售代理人。向客户多介绍本酒店产品和服务特色及其可给予客人不同于竞争对手的体验。

2. 实施价格折扣。

实行淡季价格折扣。在特定时期，只要能产生边际利润，都是酒店可接受的短期最低房价。针对特定市场、特定时间或特定产品实行限时限量的优惠促销。

3. 提供包价和住店奖励。

把客房与其他有吸引力的产品结合在一起销售，采用一揽子报价形式。采取激励措施奖励订房人员，如协议公司的秘书和会议、宴会组织者等。给予住店期较长的客人积分、优惠券等住房奖励。

4. 放松控制，并鼓励升档。

暂时取消对客人抵、离店的时间和停留天数的限制。适当缩小各种房型之间的价差，鼓励升级销售。推出套房或豪华房特价促销，加强钟点房的销售。

5. 采取灵活的团队报价。

设定每天最少团房数量和最低团价，促使销售团队主动寻找淡季团队业务。用团房打底，带旺客房、餐饮、会议、宴会和康乐等消费。

6. 探索新市场的开拓。

通过对市场需求与酒店产品特色的分析，主动出击，拜访客户，探索开发新兴市场的可能性。开展体验式营销，引流为主，创造惊喜，善用口碑广告效应。

本章小结

收益管理就是通过把合适的产品、以合适的价格、在合适的时间、通过合适的渠道，销售给合适的客人，从而实现企业利润最大化的一种管理过程。21 世纪，收益管理的理论及其方法开始被中国酒店业所接受，成为中国酒店业实现经营利润最大化的一个重要法宝。

在日常的经营管理工作中，可采用差别定价与房型细分、容量控制与嵌入销售、需求预测与动态定价、房价限制与时滞控制、超额预订与升格销售、包价促销与附加价值等六大方法，来争取酒店收益的最大化。

有效实施酒店的收益管理，需要熟练掌握预订环节的“控制法则”、旺季提升营业收入的“增收法则”和淡季增加销量的“增量法则”。

同步练习

一、同步学习

1. 扫描本章二维码，进行网络课程的预习。

2. 找到书后习题，完成练习和自测。

二、问题思考

1. 什么是酒店收益管理的五大要素？

2. 有哪些衡量酒店收益管理成效的指标？

3. 差别定价的原理是什么？如何实施差别定价？

4. 容量控制的原理是什么？如何实施容量控制？

5. 在经营旺季，酒店有哪些提升营收的技巧？

6. 在经营淡季，酒店有哪些提升销量的技巧？

三、课堂交流

以 3~4 人的小组为研究单位，通过互联网或实地考察酒店查找资料，进行以下问题的研究，作出调研报告，编制 PPT 文件，在课堂上进行交流分享。

1. 分析某一家酒店的价格体系。

2. 分析某一家酒店的收益管理策略和手段。

实例参考

酒店的收益管理系统

收益管理系统是辅助酒店开展客房收益管理工作的有效工具。它通常由一组或多组计算机软件构成，能搜集、整理、储存有关的数据和资料，并能生成各种供收益管理决策参考的数据和图表。收益管理系统还能进行预测，并提出收益优化的方案，供收益管理人员经营决策时参考。在酒店的客房收益管理过程中，使用收益管理系统，可以大大提高酒店收益管理的效率，并提升收益管理的精确性。

（一）收益管理系统的构成

酒店的客房收益管理系统一般由需求预测、市场分割、容量安排与价格控制（核心成分）、结果衡量等四大模块构成，如图 6–6 所示。

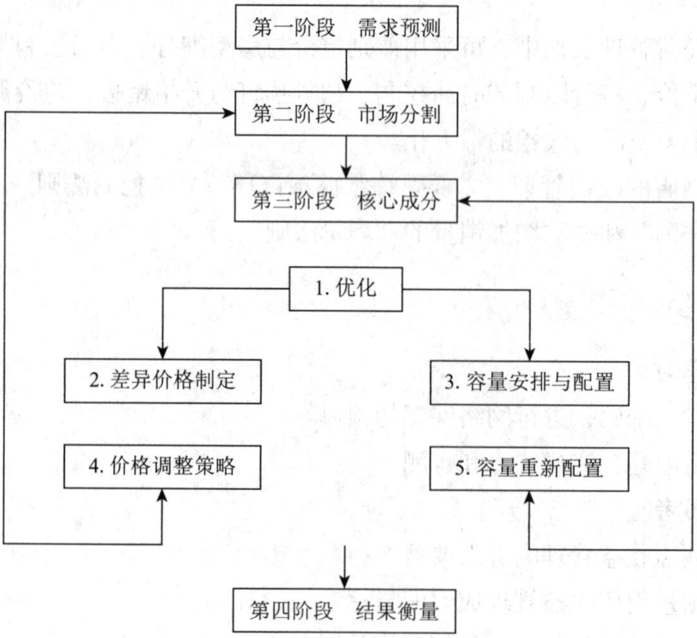

图 6–6　酒店收益管理系统的构成

（二）收益管理系统的功能

酒店收益管理系统的功能主要体现在下列七个方面：

1. 顾客分类及需求预测

不同的顾客对酒店的要求往往不同。尽管酒店有自己的市场定位和目标顾客，但顾客来源渠道以及消费特点仍有许多不同之处。收益管理系统的一个重要功能就是通过科学的方法对顾客进行分类，得出各种顾客行为模式的统计特性，然后对每一类顾客的未来需求进行精确的预测，包括预订的迟早，入住的长短，实际入住和预订的差异，提前离店和推迟离店的概率等。有了这些精确的预测，再根据各种客人对价格的敏感度等，酒店就能很好地控制客房资源，提高客房收益。

2. 价格体系决策与动态定价

价格是调节需求的最直接、最灵活的杠杆。常见的以成本为基础的定价方法虽简便易行，但不能反映市场需求的变化，缺乏竞争力。建立在收益管理基础上的价格体系决策和动态定价，使得价格杠杆的功能发挥到极致。如淡旺季房价的调节；初次入住和重复入住客户的价格区分。节假日以及特殊事件日往往是酒店获利的最佳时机，许多酒店在此期间一般能达到很高的入住率。但高入住率并非就是高利润率。收益管理系统通过一套完善的节假日需求预测及价格控制方法，帮助酒店实现利润最大化。

3. 超额预订和升级控制

由于预订和实际入住之间往往存在一定的差异。如何预测及控制这种差异，从而保证实际客房入住率，是酒店经常要解决的一个问题。尤其是旺季，这一问题特别突出。对酒店而言，既要保证尽可能高的客房入住率，又要避免因超订失误导致抵店客人无房的尴尬。收益管理系统通过精确的超售分析和升级控制，保证酒店在实现客房收益最大化的条件下，使经营风险变得最小。

4. 团体和销售代理管理

团体和销售代理是酒店的间接销售渠道，有助于提高客房的出租率。但过多依赖间接销售渠道，会降低酒店的平均房价。对团体和销售代理收益进行定量分析，并对折扣程度实行优化控制，则是收益管理系统的又一大重要功能。

5. 酒店附设资源管理

现代酒店大都有附设资源，如餐厅、会议室等。收益管理系统的拓展就是进行全收益管理，不仅仅对客房的收益进行预测和控制，还可以对整个酒店的收益进行预测和优化，以期达到最大效益。

6. 收入模式比较与经营决策

对历史数据的收集与分析和对经营现状的反馈与比较，是保证酒店正确决策的基本条件。收益管理系统由于兼有过去历史数据分析和未来需求预测的功能，因此，是酒店进行正确的战略、战术决策时不可缺少的工具。通过比较不同控制模式所得到的实际收益和理论最大收益之间的差值，有助于酒店随时判断经营状态并进行经营决策。

7. 顾客价值的管理

随着现代酒店由以利润为中心的管理转向以顾客为中心的管理，如何确定每一位顾客的价值并通过相应的收益控制来区别对待，是酒店收益管理的一个新的方向。收益管理系统完善的顾客信息资料有助于酒店实施顾客价值管理。

第七章

酒店服务质量管理

学习目标

知识目标

- 理解酒店服务特性与服务质量的概念
- 知晓服务质量的构成要素与测评方法
- 了解体验时代酒店产品与服务的变革趋势
- 掌握提升酒店质量管理水平的主要方法

能力目标

- 能解释酒店服务的特性
- 能说明酒店服务质量的基本属性
- 能分析酒店服务质量差距的成因
- 能掌握酒店质量管理的方法

第一节　酒店服务特性与质量要素

酒店业属于服务性行业。酒店为客人提供的产品主要是服务。酒店服务质量是酒店的生命，服务质量控制是酒店经营管理的核心内容。目前，全球酒店市场总体上是供大于求，酒店间的竞争异常激烈，谁能够向客人提供全面优质的服务，谁就能在市场上取得竞争优势，获得良好的经济效益。

一、酒店服务的定义与特性

对服务的研究起源于经济学领域，从20世纪五六十年代开始，市场营销学开始把研究的领域从物质产品拓展到服务产品领域，并开始关注服务的定义与特征，对服务的研究开始步入正轨。

（一）酒店服务的定义

1960 年，美国市场营销协会（AMA）最早对服务的定义为："用于出售或者是同产品连在一起进行出售的活动、利益或满足感。"在此后的较长时间里，这一定义一直被许多学者广泛采用。但这一定义的缺陷也是明显的，它没有将服务的无形性凸显出来，因此在一定程度上混淆了有形产品同无形服务产品的本质区别。

1990 年，当代服务管理理论与思想大师格鲁洛斯（Gronroos）在综合前人观点的基础上，提出了试图为所有人接受的定义："服务是以无形的方式，在顾客与服务员、有形资源、产品或服务系统之间发生的，可以解决顾客问题的一种或一系列行为。"格鲁洛斯的观点较为综合，也比较有代表性，并明确指出了服务的本质特征。但由于服务自身的复杂性，服务的内涵处于不断变化之中，该定义也有它的局限性。

对酒店服务的界定是一个复杂的、困难的过程。国外的研究主要以服务营销和服务管理为基础，运用定量和定性相结合的方法进行个案的实证研究。我国对酒店服务的研究基础还比较薄弱，主要以国外的研究成果为基础，从酒店服务的经济属性和酒店服务的市场供需两方面进行表述。因此，可以认为酒店服务就是在一定经济发展阶段的一种综合性服务现象，是发生在酒店服务提供者和接受者之间的一种无形的互动作用，酒店服务的供需双方在交换中实现了各自利益的满足，但互动过程不涉及所有权的转移。

从顾客的角度来看，酒店服务的无形性互动关系使顾客获得了经历和感受，但没有得到实体结果，所以顾客在接受服务过程中一般更注重心理和精神感受。从企业的角度来看，酒店服务的无形性互动过程需要一定的支持设施与物质投入，但这种服务的结果不可以储存，发生互动作用是为了实现企业既定的价值目标。

阅读资料

服务是什么？

服务究竟是什么？服务的英文是"SERVICE"，除了字面意义还有没有其他意义呢？其中："S"表示微笑待客（Smile for everyone），"E"就是精通业务中的工作（Excellence in everything you do），"R"就是对顾客态度亲切友善（Reaching out to every customer with hospitality），"V"就是要将每一位顾客都视为特殊和重要的大人物（Viewing every customer as special），"I"就是邀请每一位顾客再次光临（Inviting your customer to return），"C"就是要为顾客营造一个温馨的服务环境（Creating a warm atmosphere），"E"就是要用眼神表达对顾客的关心（Eye contact that shows we care）。酒店可以根据这七个字母的含义来检查自己的服务表现。

（二）酒店服务的特性

对酒店服务定义的剖析为我们深入研究酒店服务奠定了基础。与制造业的有形物质产品相比，酒店服务也有自己独特的属性（见表7-1）。

表7-1 酒店服务与有形产品的区别

有形产品	酒店服务
有形	无形
生产、传递与消费过程分离	生产、传递与消费过程同时发生
一种物体	一种活动或过程
核心价值在工厂中生产	核心价值在买卖的交互过程中实现
顾客不参与生产过程	顾客参与生产过程
可以储存	无法储存
涉及所有权的转移	不涉及所有权的转移

1. 无形性

酒店服务是抽象的、无形的，既没有一定的状态，又不可触摸。绝对的无形服务是很少的，因为大多数酒店服务都要利用有形设施的支持才能完成服务的过程，但有形设施只是作为提供服务的条件而存在，顾客真正感觉、评价和衡量的服务质量来自与服务人员的互动。

酒店服务与制造业物质产品之间最本质的区别就在于服务的无形性。由于酒店服务的无形性不能申请专利，竞争者容易模仿；顾客在购买前难以评价服务质量，增加了购买风险；酒店服务的单位成本很难确定，价格与质量的关系变得更为复杂。要消除酒店服务无形性带来的负面作用，可以采取无形服务有形化的策略，通过有效的有形展示将服务的无形性变得可以感知，从而减少顾客购买的风险。

2. 同时性

酒店服务的提供必须以顾客的到来为前提，没有顾客的参与，酒店服务就不可能发生。当顾客的消费过程结束时，酒店服务的过程也自然结束。生产与消费的同时性给酒店的经营活动带来许多不便。

对有形产品而言，顾客只评价其性能，而不会考虑其生产过程。而酒店服务由于顾客要参与生产过程，因此以什么样的方式或程序进行生产就会直接影响顾客的利益。例如：酒店选择什么时间清扫客房就是一个较为敏感的服务问题。由于顾客参与了服务过程，因此如何引导顾客的行为也将对酒店服务产生重要影响。再如：顾客在餐厅点菜，服务人员要善于与他们交流，帮助他们获得必要的服务知识，以保证他们点菜成功。由于顾客个人的经历和经验的差别，他们在与服务人员互动的过程中对服务的要求也不一样，这就需要服务人员有提供个性化服务的能力。

3. 不可储存性

酒店服务是在生产过程中被消费的，其使用价值往往都有一定的时间限制。因此，顾客从服务中所得到的好处不能像物质产品那样储存起来。也就是说，酒店服务价值的回收是通过划分不同的时间段来体现的。例如：酒店的客房、餐厅的餐位都有它们特定的时间价值，若不能在有效的时间中销售出去，则这次服务的价值就不能体现，即使下一次的价值可以得到，但上一次的价值已经流失了。酒店服务的不可储存性对酒店的经营活动构成很大的威胁。

酒店服务的不可储存性带来了供需之间的矛盾，这就需要酒店采取相应的措施来改变这种局面。一方面，要对需求量进行监控，对需求波动进行预防；另一方面，要调节需求量，使其与酒店的供给相适应。例如：利用价格杠杆的作用，削减高峰期的需求量并刺激低峰期的需求量，解决供需不一致问题。

4. 不可转移性

物质产品在生产出来以后，需要经过一定的流通环节才能到达顾客手中，表现为实物形式的流动。由于酒店服务必须以一定的建筑设施为基础，而酒店的建筑不可能发生空间的移动，这使酒店服务呈现出不可转移性。酒店服务的不可转移性还表现在所有权不发生变更方面。物质产品在进行交换活动时伴随着所有权的转移，酒店服务则不同。顾客购买酒店产品时，只拥有服务设施的暂时使用权，而不是所有权。例如：顾客下榻某酒店两天，他只是拥有两天的客房使用权，而不是所有权。

酒店服务的不可转移性给酒店企业的经营带来了极大的困难：一方面，酒店企业要加大宣传推销的力度，把最新的服务信息及时、准确地传递给消费群体和潜在消费者，通过强大的信息流刺激顾客的流动；另一方面，酒店企业要在日常经营中树立良好、可信的服务形象，从而形成一种服务消费的无形推动力。

5. 不稳定性

酒店服务特有的属性使得酒店服务质量呈现出一定的波动性。由于生产与消费的同时性，不可避免会造成服务质量的差异性以及生产过程的可变性。因为不同的顾客对服务的要求、参与提供服务的程度有很大不同，对服务质量的评价也不一样。另外，服务是由人来执行的，会受到许多服务人员自身因素的影响和制约。顾客自身的消费行为、其他顾客的消费行为及服务人员的素质，都会对服务质量产生很大影响。

鉴于酒店服务的不稳定性，酒店企业应有意识地对服务质量进行控制，以尽可能保证服务质量的稳定性：一是对一些反复操作的服务程序，可用标准化手段来规范服务行为；二是加强对服务现场的控制，发现问题及时纠正；三是提高服务人员的综合素质，增强控制服务质量的能力。

二、酒店服务质量的要素与属性

（一）酒店服务质量的构成要素

酒店服务质量是指酒店服务活动所能达到规定要求和满足顾客需求的能力与程度，

包括技术性质量（结果要素）和功能性质量（过程要素）两个方面（见图 7-1）。

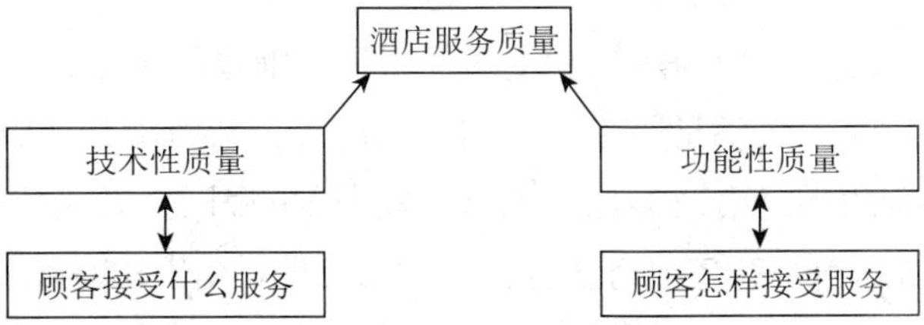

图 7-1　酒店服务质量的构成要素

1. 技术性质量

技术性质量是指酒店服务生产过程的结果，也称结果质量（Outcome quality）。结果质量是顾客在酒店服务过程结束后的“所得”，通常包括建筑外观、功能环境、设施设备、服务项目、实物产品等，这些构成了酒店服务质量的一个基本要素。

（1）建筑外观。建筑外观是指酒店建筑带给顾客的视觉感受，包括独特的建筑设计手法、建筑体量比例、表面材质处理、设计语言符号等。酒店的建筑在一定程度上体现了酒店的品质。历史的、地域的、艺术的各种文化元素的运用，赋予酒店建筑深刻的文化内涵，能给顾客带来第一视觉冲击。

（2）功能环境。功能环境由酒店的空间布局、内外部交通流线设计、室内装潢、灯光音响、室内温度等构成。在功能环境的设计上，要体现科学性、功能性、合理性、艺术性及整体性，在此基础上带给客人方便性、舒适性、易识性及安全性。

（3）设施设备。设施设备是酒店赖以存在的基础，是酒店提供服务的依托。酒店的设施设备包括客用设施设备和营运设施设备两大类。客用设施设备也称前台设施设备，是指直接供顾客使用的设施设备，如客房设备、健身康乐设施等。营运设施设备也称生产设施设备，如锅炉设备、制冷供暖设备、厨房设备等。

（4）服务项目。酒店服务项目大体上可分为两大类：一类是基本服务项目，即在酒店服务指南中明确规定的，对每个顾客几乎都要发生作用的那些服务项目；另一类是附加服务项目，是指由顾客即时提出，不是每个顾客必定需要的服务项目。服务项目的多寡反映了酒店的服务功能和满足顾客需求的能力。

（5）实物产品。实物产品通常包括菜点酒水和客用品配备，直接满足顾客物质消费的需要。菜肴的原料选择、烹调工艺、风味特色及客用品的质地、数量，都构成了酒店服务质量的重要组成部分。

2. 功能性质量

功能性质量是指顾客接受服务的方式及其在服务生产和服务消费过程中的体验，也称过程质量（Profess quality）。过程质量说明的是酒店服务提供者是如何工作的，通常包括员工服务态度、服务效率、服务程序、服务礼仪与服务技巧等，这些构成了酒店服务质量的主体，也是顾客在酒店消费过程中最期望获得的东西。

（1）服务态度。服务态度是提高服务质量的基础，取决于服务人员的主动性、积极性和创造性，取决于服务人员的素质、职业道德和对本职工作的热爱程度。在酒店服务实践中，良好的服务态度表现为热情、主动、周到和细致的服务。

（2）服务效率。服务效率是服务工作的时间概念，是提供某种服务的时限。衡量酒店服务效率的依据有两类：第一类是用工时定额表示的固定服务效率，如打扫一间客房30分钟，宴会摆台5分钟，夜床服务5分钟等；第二类是用工作时限表示的服务效率，如总台入住登记每人不超过5分钟，租借物品5分钟送进客房，接听电话不超过3声铃响等。

（3）服务程序。服务程序是以描述性的语言规定酒店某一特定服务过程所包含的内容与必须遵循的顺序。首先，服务程序是从对服务作业的动作、过程、规律的分析研究中设计出来的；其次，服务程序的对象是每个具体的服务过程；最后，服务程序以强制性的形式规定了服务过程的内容与标准。

（4）服务礼仪。服务礼仪是以一定的形式对顾客表示尊重、谦虚、欢迎和友好等，是提高酒店服务质量的重要条件。服务礼仪中的礼节偏重于仪式，礼貌偏重于语言行动。服务礼仪反映了一个酒店的精神文明和文化修养，体现了酒店员工对顾客的基本态度。酒店服务礼仪主要表现在仪容仪表、礼节礼貌、语言谈吐和行为动作等方面，要求服务人员衣冠整洁、举止端庄，待客有礼、尊重风俗习惯，语调恰当、语言文明，动作规范、姿势优美。

阅读资料

对客服务的语言技巧

对客服务的语言技巧，如表7–2所示。

表7–2　对客服务的语言技巧

不应该说	应该说
你是谁?	请问您是哪位?
你叫什么名字?	对不起，我没听清楚您的名字。
你要什么?	我能帮您什么忙吗?
请说大声点。	对不起，我听不到您在说什么。您能说大声一点吗?
哦，我不是你要找的人。	对不起，杰姆斯夫人，您要找的人不是我。
他出去吃午饭了。	班瑞戈先生离开办公室已有一小时了。要我叫他给您回电吗?
你得打电话到财务办公室。	我们的财务办公室可以提供这方面的信息，我很高兴帮您与他们联系。（我叫财务办公室的人给您回电？）
对不起，我帮不了你。	这里没有那些资料，是否需要叫质量服务部的员工给您打电话?

续表

不应该说	应该说
那件事情我帮不上你忙。	我会把那件事记在我的日历上，下周二我会再检查一下您的要求。到时我再打电话给您。

（5）服务技巧。服务技巧包括操作技能、沟通艺术和应变能力，取决于服务人员的技术知识和专业技术水平，是服务质量的技术保证。酒店服务人员在为顾客提供服务时总要采用一定的操作方法和作业技能，服务技巧就是这种操作方法和作业技能在不同场合、不同时间，对不同对象进行服务时，根据情况灵活而恰当运用的员工能力的表现。

阅读资料

应付顾客投诉的一些常用句式

（1）“像您这样有地位的人……”暗示了对方的社会地位很高，所从事的工作很重要。别害怕在对方脸上贴金，因为大家都喜欢听到好话和美言。

（2）“如果您可以……我会非常感激的。”此话意在征得顾客许可，暗示顾客有很大的权利表示接受或拒绝。

（3）“您真得在……方面帮我一个忙。”此话暗示了顾客不仅在整个处理投诉的过程中地位重要，而且可以感受到扮演一种“父母兄长般”的长者角色。

（4）“也许您可以在……方面给我一些建议。”这样可以让顾客感到他充满思想和智慧。

（5）“请您……因为您在这方面有专业知识/因为您是这方面的专家。”此话暗示了顾客具有很高的专业技术水准。把对方看成富有智慧的人，这样的话别人爱听。

（6）“像您这样有成就的人……”暗示对方的事业很成功。

（7）“当然，您肯定知道（了解）……”暗示对方知识面广、信息灵通。当你知道对方不了解（或无法了解到）这方面信息的时候，讲这句话特别管用，因为谁都不愿承认自己无知（尽管有些事情他们完全没理由/完全不可能知道）。

（8）“您说的……完全正确。”这句话会起到一种很有效的停顿作用，也可以借此认同顾客提出的观点。这样，顾客在大的问题上也就愿意作出让步。

（9）“像您这样的大忙人……”可以暗示对方作为“生活要员”的地位，同时也说明问题会很快得到解决。

（10）“如果……我会感激不尽。”这句话可以轻轻松松地让人感到愉快，这也算是人的天性。

（二）酒店服务质量的基本属性

近年来，国内外许多专家和学者对服务质量的属性进行了论述，其中以美国的营销专家贝瑞、巴拉苏罗门和西斯姆的观点最具代表性。他们认为顾客在评价服务质量时，主要从可靠性、反应性、胜任能力、礼貌、可信性、安全性、易于接触、易于沟通以及对消费者的理解程度等十个标准进行考虑。后来，在进一步的研究中，他们又将这十项标准合并为五项，分别是可靠性、反应性、保证性、移情性和有形性。贝瑞等专家提出的服务质量五大标准，基本涵盖了酒店服务质量的基本属性，也是顾客衡量酒店服务质量优劣的主要依据。

1. 可靠性

可靠性是指酒店企业可靠地、准确无误地完成所承诺的服务的能力。它是酒店服务质量属性的核心内容和关键部分。顾客希望通过可靠的服务来获得美好的经历，酒店企业也把服务的可靠性作为树立企业信誉的重要手段。例如：必须兑现向预订客人承诺的客房或餐厅包房。

2. 反应性

反应性是指酒店企业准备随时帮助客人并提供迅速有效服务的愿望。反应性体现了酒店企业服务传递系统的效率，反映了服务传递系统的设计是否以顾客的需求为导向。例如：顾客在酒店办理住宿登记的等候时间，就餐的等候时间等。当服务传递系统出现故障导致服务失败时，及时地解决问题将会给顾客的感知质量带来积极的影响。

3. 保证性

保证性是指酒店员工所具有的知识技能、礼貌礼节以及所表现出的自信与可信的能力。首先，员工应具有完成服务的知识和技能，这是赢得顾客信任的重要因素；其次，员工要对顾客表示礼貌和尊重，友好的态度与好客的尊重会使顾客产生宾至如归的感觉；最后，员工要有可信的态度，主动与顾客进行沟通与交流，适时适地地帮助他们。保证性使顾客消除了跨越地理空间的不适感。

4. 移情性

移情性是指酒店的服务工作自始至终以顾客为核心，关注他们的实际需求，并设身处地地为他们着想。在服务过程中，员工要主动接近顾客，掌握他们的需求，同时要对他们的心理变化和潜在需求有很强的敏感性，从而使整个服务过程充满人情味。

5. 有形性

有形性是指酒店通过一些有效的途径——设施设备、人员、气氛等传递服务质量的形式。酒店服务具有无形性的特征，因此必须通过有形的物质实体来展示服务质量。有形性提供了酒店服务质量的线索，给顾客评价服务质量提供了直接的依据。例如：酒店通过装饰材料、色彩、照明、温度、湿度、背景音乐等来塑造富有情调的氛围；服务人员得体的服装、高雅的举止，不仅提高了服务质量的外在表现形式，而且会给顾客评价服务质量带来有益的贡献。

第二节 服务质量测评与品质塑造

酒店服务质量是服务的客观现实和顾客的主观感觉对比的结果。顾客满意度测评有助于酒店全面、客观地了解服务质量的现状，把握酒店服务质量控制的正确方向。对服务质量差距成因进行分析，有助于酒店寻找改进服务质量的有效途径。

一、酒店服务质量测评的方法

酒店的服务质量测评，一般可通过上级主管部门的明察、第三方的顾客满意度测评和“神秘顾客”的暗访来实施。

（一）酒店服务质量管理部门的检查

由酒店服务质量管理部门、上级公司质量主管部门和酒店星级评定委员会定期开展的酒店服务质量检查，有助于全面了解酒店开展服务质量管理工作的情况和酒店服务质量管理的水准。酒店服务质量管理部门检查的重点，是酒店服务质量管理的文件、制度以及酒店设施设备和服务质量符合规定要求的情况。图 7-2 显示了酒店星级评定检查的基本程序。

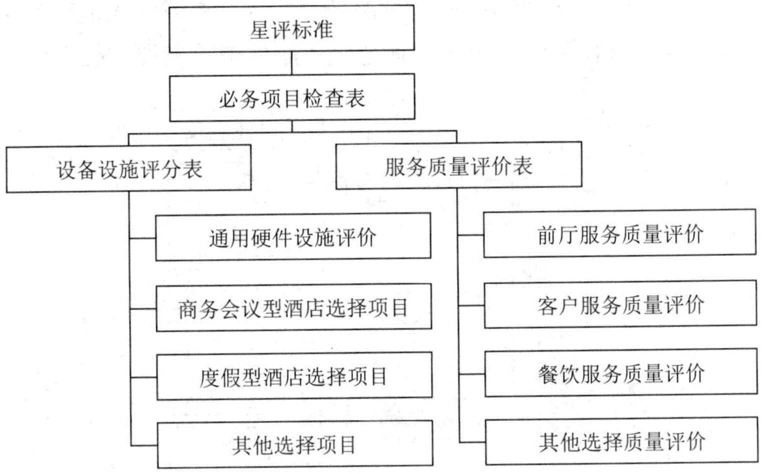

图 7-2 酒店星级评定检查的基本程序

（二）第三方的顾客满意度测评

顾客满意度是指顾客对所购买的酒店产品和服务的满意程度，以及期待他们未来继续购买的可能性。顾客满意度的测定是酒店企业对顾客感知服务质量的调研、测算和认定。如何测定顾客满意度是一个困难而复杂的问题。经过酒店多年的运用实践，顾客满意度测评技术和手段也日趋完善，形成了先进的酒店服务绩效测评模型（见图 7-3）。

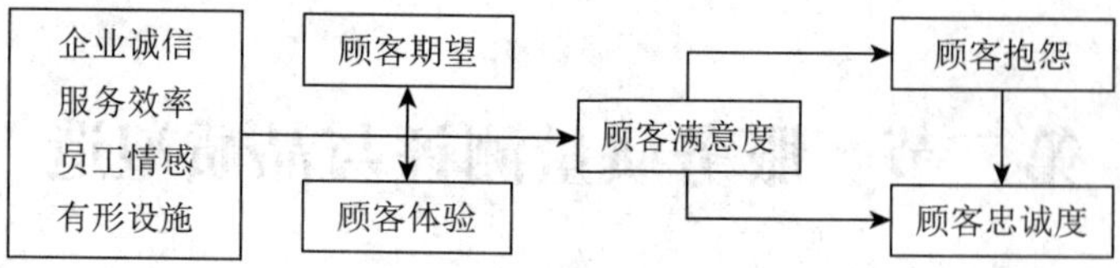

图 7-3　酒店服务绩效测评模型

1. 酒店服务绩效测评模型的要素

该模型的基础源于消费心理学、服务营销学和体验经济理论，主要结构由顾客对酒店服务的企业诚信、服务效率、员工情感和有形设施的价值感知，以及顾客的抱怨、顾客忠诚度组成。

（1）企业诚信：体现酒店准确履行服务承诺的能力。

（2）服务效率：体现酒店及时履行为客服务承诺的能力。

（3）员工情感：体现酒店服务过程的“人情味”特征。

（4）有形设施：体现酒店的硬件水平。

顾客满意度是站在顾客立场而设，它是顾客期待与顾客感受的比较，而不再是过去那种酒店标准与顾客感受的比较。这一改变是酒店服务质量管理理念本质性的变革，意味着新型的酒店服务质量管理方式的诞生。

2. 酒店服务绩效测评模型的指标

酒店服务绩效测评模型的指标体系（见图 7-4）是一个多层次指标结构体系，运用层次化结构逐级设定，由表及里、深入清晰地表述服务绩效测评指标。

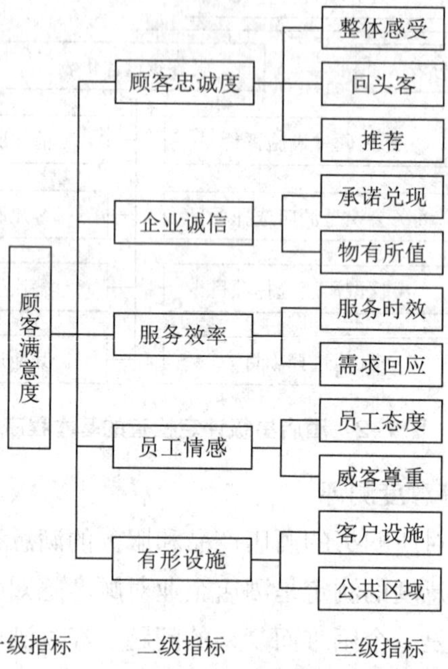

图 7-4　酒店服务绩效测评模型的三级指标体系

酒店服务绩效测评指标的含义体现为顾客满意度调查表的表述（见表 7-3）。

表 7-3　顾客满意度调查表

请勾选合适的选项　非常满意 ⟷ 不能接受 Please tick appropriate choice　Excellent ⟷ Unacceptable 5□　4□　3□　2□　1□ 您如何看待以下各方面? What do you think of the following ? 1. 您在我们酒店住宿经历的整体感受?　5□　4□　3□　2□　1□ Taking into account all the products and services you receive from us，how satisfied are you with our hotel ? 2. 您继续下榻我们酒店的可能性?　5□　4□　3□　2□　1□ How likely are you to continue to choose our hotel ? 3. 您向亲戚、朋友、同事推荐我们酒店的可能性?　5□　4□　3□　2□　1□ How likely are you to recommend our hotel to a friend or associate ? 4. 您对客房的整体满意度?　5□　4□　3□　2□　1□ How are you satisfied with our guestroom ? 5. 您对酒店外观、大堂及餐厅氛围的印象?　5□　4□　3□　2□　1□ How are you satisfied with the overall physical condition of our hotel，such as the exterior area of the hotel，the lobby and the restaurant ? 6. 您是否感受到了员工热情的接待服务?　5□　4□　3□　2□　1□ Do you feel a warm and sincere service during your stay ? 7. 您是否总是能感受到员工对您的尊重?　5□　4□　3□　2□　1□ Does our hotel always treat you with respect ? 8. 您是否享受到了快速和有效的服务?　5□　4□　3□　2□　1□ Do you enjoy the quick and efficient service ? 9. 酒店总是能够及时满足您的任何需要?　5□　4□　3□　2□　1□ Can our hotel always meet your needs on time ? 10. 酒店总是能提供我们所承诺的服务?　5□　4□　3□　2□　1□ Does our hotel always deliver on what we promise ? 11. 酒店的产品是否物有所值?　5□　4□　3□　2□　1□ Is our hotel's product always worth the value for the price paid ?

在互联网时代，客人会更多地从网评指数的高低来判断一家酒店的服务质量，它也是评判一家酒店服务质量水准的重要依据。

（三）酒店“神秘顾客”的暗访检查

所谓“神秘顾客”，即由酒店委派专家以普通顾客身份入住酒店，围绕顾客在酒店“来、住、走”整个消费过程的经历，反映酒店关键服务岗位在关键服务时刻“真实瞬间”的服务水平。通常，“神秘顾客”从酒店客房预订、抵店接待、客房住宿、餐饮接待、公共区域、退房离店和员工能力七大环节仔细检查酒店的服务质量，给酒店提供一份客观、专业、全面的服务质量诊断报告。

二、酒店服务质量差距分析模型

根据顾客满意度测评模型的内涵，顾客感受的服务质量与顾客对服务质量期望之间的差距形成了服务质量得分。那么，服务质量的差距是如何形成的？怎样消除这些差距呢?

美国专家贝瑞等人曾系统地提出一种服务质量差距分析模式（见图 7–5）。

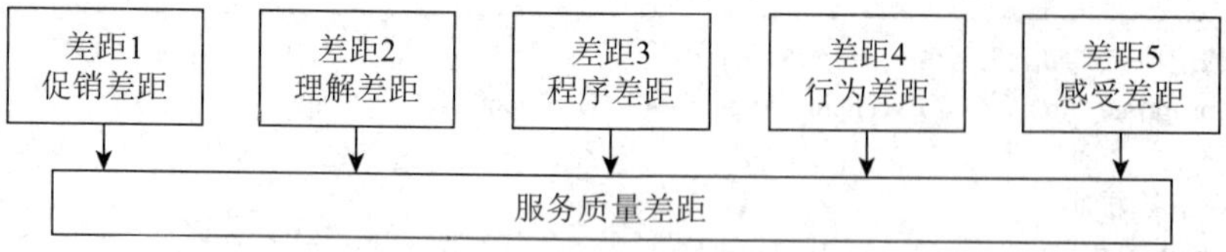

图 7–5 酒店服务质量差距分析模式

服务质量差距分析模式表明，酒店提供的服务可能存在五个方面的差距：

（一）促销差距

促销差距即酒店广告宣传与实际服务提供之间的差异。顾客的期望值常常受企业广告和营销人员宣传的影响。如酒店营销人员在与客人接触时，向顾客承诺可免费使用酒店某些设施，但是顾客入住后发现并非如此，因而感到失望。这就是外部沟通造成了顾客期望值的提高。

酒店需要控制服务提供与外部沟通的差距。首先，要做好酒店的营销宣传，广告与营销人员的宣传要与实际相符。其次，要搞好酒店服务的有形展示，增加顾客的认知度，提升顾客感知中的服务质量。最后，要保证服务承诺的兑现，不惜代价维护酒店企业的信誉。

（二）理解差距

理解差距即酒店管理者对顾客期望的理解不准确而导致的服务差距。在现实生活中，酒店管理者常常不知道顾客的真正需求是什么。例如：酒店管理者很可能认为住店客人在进出楼面时希望看到服务人员的迎候，而许多商务客人恰恰更需要一种宽松的住宿环境。

酒店要控制顾客期望与管理者认知的差距。首先，要进行市场调查，收集与顾客有关的信息资料和数据，注重管理者与顾客的直接接触，了解顾客期望。其次，要鼓励员工与顾客直接接触，保持信息传达渠道的畅通。最后，酒店的组织结构应呈扁平化，以减少上下沟通的环节，提高信息沟通的效率。

（三）程序差距

程序差距即酒店没有把对顾客期望的理解转换到适当的服务程序中去。酒店管理者也许已正确认识到顾客的真正需求，但并不知道这一需求的标准是什么。例如：客房部经理感到顾客需要安全、便利的服务，但他无法确定怎样才能提供顾客真正需要的那种安全、便利的客房服务。

酒店要控制管理者的认知与服务质量标准的差距。首先，要分析顾客期望的可行性，在确定顾客需求重点的基础上，设定或修改服务质量标准。其次，要根据酒店企业特点制定服务质量标准，对重复性、非技术性的服务实施标准化管理。

（四）行为差距

行为差距即酒店员工提供的服务和酒店服务标准有所不同。由于训练不当、能力不强或其他诸多因素，酒店员工无法按酒店的质量标准提供顾客所需要的服务。

酒店要控制服务质量标准与实际提供服务的差距。第一，要加强员工培训，使酒店服务员工具备胜任服务工作的能力和合作精神。第二，要建立有效的服务质量监控体系，及时发现和处理服务过程中的质量问题。第三，为员工提供培训机会和必要的服务信息，避免员工与顾客之间产生角色矛盾。

（五）感受差距

感受差距即顾客的感知与酒店服务产品实际价值的不一致。由于顾客的需求和酒店的服务质量标准存在差异，客人并没有真正体验到酒店服务产品的价值，导致顾客过低评价服务质量。

酒店要控制实际提供服务与顾客感受的差距。首先，要注重顾客期望值的管理，调整好顾客的期望值。其次，要正确把握顾客的需求，使“好钢用在刀刃上”。最后，要注重酒店个性化服务的提供，能根据不同顾客在不同环境下的不同需求，提供针对性服务。

案例分析

客人为什么不满意？

一对热恋的情侣相聚酒店用餐，期望在一个安静舒适、没有外人干扰的环境下倾诉真情。可是餐厅服务员没有注意到这一点，而是根据热情周到的服务标准，不断地询问他们对饭菜是否满意，对服务还有什么要求等。结果，服务员这种过分热情的举动，反而招致这对情侣的不满。

三、体验时代酒店服务品质的塑造

在体验时代，随着消费需求的变化，酒店也必须从技术性质量和功能性质量两个方面，塑造酒店的服务品质。

（一）产品变革的浪潮

随着消费需求的变化，酒店的功能产品也经历了从床、淋浴室到大堂的三次变革浪潮。

（1）床。睡眠是客人对酒店的核心需求。“酒店的好坏”决定了旅途生活的品质，“床的好坏”直接决定了酒店的品位。威斯汀的“天梦之床”、香格里拉“一夜香甜”、卡尔顿的“梦见奢华”、喜来登的“甜梦之床”，掀起了酒店床的变革浪潮。

（2）淋浴室。沐浴体验，是影响客户满意度的关键因素之一。酒店在设计客房浴室时，会考虑智能化的水温控制、镜面电视、加热坐便器、定向喷头、水按摩功能、烘干机、电热毛巾架、舒适自然的照明等，以赢得更多的忠诚客户。

（3）大堂。大堂是酒店的灵魂，酒店大堂的最初功能是为客人提供办理入住手续的场所。随着科技革新和千禧一代对分享和体验的需求，酒店的大堂演绎为吃喝、娱乐、休闲、工作等住客共享的公共空间，成为社交活动的中心。源于顾客的需求和体验，为住客提供客房以外的第二空间，将成为未来酒店差异化竞争的“必争之地”。处于大堂的咖啡厅、酒吧等空间加强了酒店与住客之间的联系，大堂不再是住客匆匆路过的地方。酒店还将利用大堂的共享空间，换来顾客的停留时间。从此，酒店住宿不再仅仅等同于一个“歇脚的地方”，而将成为消费者在旅途中值得期待的惊喜。

阅读资料

“客听”亮相华住酒店大堂

2019年1月，一家名叫“客听”的零售品牌进驻全季酒店大堂，为住店客人、都市白领及周边社区居民提供精选好书、生活好物和轻食简餐。在酒店大堂内为都市人创造出一个全新的“第三空间”“公共客厅”。作为一家“旅途上的精神物质便利店”，“客听”所提供的好书、好饮、好物，带来的不仅是酒店大堂空间的变革，更增加了多元生活的可能性。

简单实用加好看，成为顾客的基本消费要素；基本功能之上的颜值诉求和仪式感，则成为酒店更具消费力群体的追逐目标。酒店B&B（床和早餐）的两大基本功能没有变，但需要在床的色彩氛围、灯光氛围上加以升级；在床边设施的便利性：智能化控制端口、充电设备、睡眠记录分析等附加值上作文章。

同时，不同领域两种及以上产品的跨界设计，往往可以给酒店带来全新的商业模式和一种前所未有的客户体验。

今天，我们已来到体验经济的时代。体验经济就是企业以服务为舞台，以商品为道具，以消费者为中心，创造能够使消费者参与的值得记忆的活动。其中的商品是有形的，服务是无形的，而创造出的体验是令人难忘的。

（二）服务品质的塑造

好的顾客体验，应是核心产品上适用，功能产品上可用，视觉和情感上爱用，客人用完了还想用，还愿意介绍给他人用。当今，酒店服务品质的塑造，尤为重视“文服务”的经典创造、“精服务”的理念推广和“云服务”的体系完善。

1.“文服务”的经典创造

中国文化博大精深。在酒店服务过程中，标准是底线，个性是高线，文化是无限。通过酒店服务的仪式感、主题文化氛围的营造，彰显中国文化的元素和魅力，对提升酒店服务的品质具有极大帮助。

（1）仪式感。仪式是文化的外在表现。所谓仪式感，就是在特定时间、特定场合中，依托仪式的外在表现形式，让人们获得心理上满足的一种情感体验。酒店是一个充满仪式感的行业，酒店服务程序与规范的仪式化创新，能增加客人对酒店服务的价值感知。

酒店个性化服务的设计，如表 7–4 所示。

表 7–4 酒店个性化服务的设计

情景	个性服务设计
独自出行	热牛奶 果盘 巧克力 艺术折巾
家庭出行	亲子房 艺术折巾 缝补衣服 果盘
朋友出行	小零食 菊花茶 果盘 苹果汁 小糕点
情侣出行	玫瑰花 艺术折巾 巧克力 酸奶 银耳羹 小糕点
儿童特色	儿童牙刷 故事书 小玩偶 果盘 酸奶 猜谜游戏
老人特色	小米粥 果盘 晚安饮品 足浴盆 艾叶泡脚 购机票
生日特色	蛋糕 艺术折巾 气球 贺卡 照片 生日祝福歌 开机画面
商务出行	礼貌拜访 茶具服务 邮寄快递 订购车票 果盘
女士出行	女士楼层 女士拖鞋 黄瓜面膜 纯牛奶 莲子羹
婚房特色	红色喜字 气球 红色床单被罩 面条 鸡蛋 果盘
季节特色	应时水果盘 冰红茶 绿豆汤 南瓜汁 百香果饮
高考特色	高考楼层 寓意水果 艺术折巾 文具袋 金榜题名
节日特色	节日由来 形象故事 历史故事 幸运转盘 康乃馨
	汤圆 鲜花预订 月饼 窗花 猜灯谜 贴对联 贺卡

（2）主题文化。主题酒店是市场竞争的产物，它赋予酒店某种主题来体现其建筑风格、装饰艺术、经营项目及服务特色，让客人获得富有个性的文化感受。地域特色、可识别性和美好体验是塑造酒店主题文化的基本要素，从而为酒店营造出一种竞争者无法模仿和复制的个性特征。

2.“精服务”的理念推广

“精服务”强调工匠精神，注重细节服务，重视亲情服务和心理服务的提供。一个能把小事做精的人至少是合格的员工；一个能把细节做到伟大的酒店，必定是一个杰出的企业。

（1）亲情服务。在对客服务中，热情不能少，真情更可贵。所谓亲情服务，就是要求每一个员工把客人当作自己的亲人看待，真心实意，发乎情、发乎心，在自然而然中体现出酒店的好客之道。营造“不是家胜似家”“不是亲人胜似亲人”的氛围，源于卓越企业文化的建设。亲情服务，体现的是东方的好客传统和文化内涵。

案例分析

只有想不到的，没有做不到的

有了创造性，超越顾客期望的机会将不仅仅局限于记住了他们的名字。让我们来思考一下麦克格博（Michael Gerber）在他的《重访E神话》一书中所展示的例子。看看个性化服务究竟能达到怎么样的境界。

出差回旧金山的路上，麦克决定在一家能够欣赏到太平洋景致的小酒店住一夜。走到总台时，一位穿着得体的女士迅速走出来，表示欢迎。仅三分钟后，他就被门童领进了客房。房间里铺着豪华地毯、法式的床单，设置有不加装饰的柏水墙壁和一个石砌壁炉。壁炉的格栅旁，橡木段、卷桶纸以及火柴，一应俱全。

梳洗完后，麦克便去了餐厅。入住登记时，接待员已为他在餐厅预订好了座位。没有预订的顾客还在等座位时，他却很快被领到了自己的座位上。那天晚上，当他再回到房间时，床已铺好，壁炉内炉火正旺，床头柜上放着一杯白兰地，旁边的一张卡片上写着："欢迎您第一次入住Venetia酒店，希望您愉快。无论是白天还是夜晚，您有什么需要，请打电话告知。"

早晨，麦克一醒来就闻到了咖啡的香味。走进洗手间，他看到了壶里沸腾着咖啡。壶边的卡片上写着："您喜欢的牌子，请慢用！"昨晚在餐厅时，有人曾问过他喜欢什么牌子的咖啡。而此刻，那种牌子的咖啡已热气腾腾地放在了他的房间。这时，传来了有礼貌的敲门声。当他打开门时，发现蹭鞋垫上放着《纽约时报》。入住登记时，服务员就曾问过他喜欢看什么报纸。此时，他喜欢的报纸已被送到了他面前。

（2）心理服务。心理服务是员工与顾客之间心与心的交流，但这种心灵的交流是通过行为来实现的。一方面，员工的行为必须具有很强的表现力，能强烈地表达出员工对顾客的热情和关切；另一方面，员工应随时关注顾客的行为，领悟其行为所蕴含的内心需求。表面上看，员工与顾客只是行为与行为的互动，而实际上顾客得到的却是一种心理上的深层次满足。

阅读资料

丽兹·卡尔顿酒店的优质服务三步骤

热情、真诚地问候客人，并尽可能称呼客人的名字；

预见并满足每一位客人的需求；

亲切道别，向客人热情地说再见，并尽可能称呼客人的名字。

3.“云服务”的体系完善

人类已实现时空统一，进入以计算机互联网为标志的变革时期。“快鱼吃慢鱼”，“互联网 +”将促进酒店行业不断提升科技含量，重视信息技术与“云酒店”服务模式。

互联网及智能手机的应用，使酒店可以与个体直接联系，高度适应不同客人的个性需求；这种沟通机制是双向互动的，使顾客更容易获得信息并进行信息反馈，酒店也可以更精准地把握顾客对产品和服务的需求。

阅读资料

丽兹·卡尔顿酒店的 24 万个秘密

三年前，韩国一家大集团副总裁到澳大利亚出差。当他住进丽兹·卡尔顿酒店（Raitz Canton Hotel，1992 年美国国家品质奖服务类奖得主）后，他打电话给该酒店客房服务部门，要求将浴室内放置的润肤乳液换成另一种婴儿牌的产品。服务人员很快满足了他的要求。

事情并没有结束。三周后，当这位副总裁住进美国新墨西哥州的丽兹·卡尔顿酒店，他发现浴室的架子上已经摆着他所熟悉的乳液，一种回家的感觉在他心中油然而生。

“凭借信息技术和多一点点的用心，丽兹·卡尔顿酒店使宾至如归不再是口号。”丽兹·卡尔顿酒店澳大利亚地区品质训练负责人琴·道顿女士道出了丽兹·卡尔顿酒店成功的秘密。

在丽兹·卡尔顿全球联网的电脑档案中，详细记载了超过 24 万个客户的个人资料。这是每一位顾客和卡尔顿员工共同拥有的秘密，使顾客满意在他乡。

在“互联网 +”方面，酒店向智慧化转型，打造智慧酒店。依托互联网、移动通信、云计算、大数据、人工智能等信息化技术，实施智慧营销、智慧管理、智慧服务。今天，信息互联网正走向物体互联网、价值互联网的新阶段。

人工智能正在打开酒店行业的无限可能。机器人技术正在酒店行业大规模应用，帮助酒店业把不可能变成可能。从创造个性化的客人体验到识别潜在的创收机会，AI 正在给现代酒店业带来一个个惊喜！

第三节　酒店服务质量管理的方法

现代酒店服务质量管理的方法，可以归结为流程分析与量化管理、过程控制与服务补救、定点超越与持续改进三大类别。

一、流程分析与量化管理

（一）流程分析

酒店企业要想提供较高水平的服务质量，必须理解影响顾客认知服务产品的各种因素，流程分析（又称蓝图技巧法）为酒店有效地分析和理解这些因素提供了便利。流程分析是指通过分解组织系统和架构，鉴别顾客同服务人员的接触点，并从这些接触点出发来控制企业服务质量的一种方法。

流程分析借助流程图来分析服务传递过程的各个方面，包括从前台服务到后台服务的全过程。它通常涉及以下四个步骤：

（1）把服务的各项内容用流程图（见图 7-6）的方式画出来，使得服务过程能够清楚、客观地展现出来。

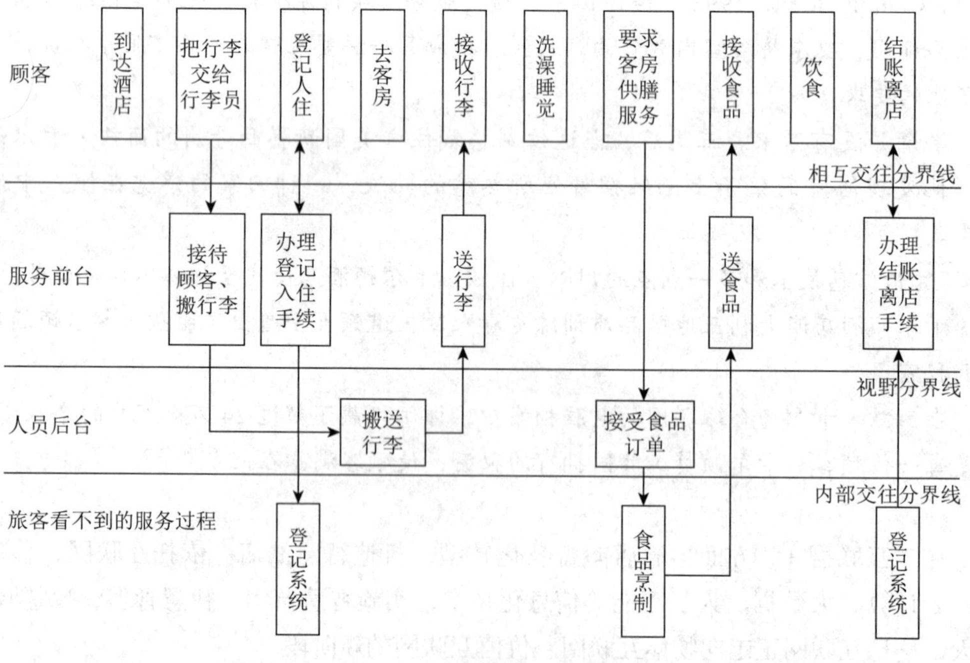

图 7-6　酒店服务流程图

（2）把那些容易导致服务失败的点找出来。

（3）确立执行标准和规范，这些标准和规范应体现酒店的服务质量标准。

（4）找出顾客能够看得见的服务展示，每一个展示都将被视为酒店与顾客的服务接触点。

在运用流程分析的过程中，识别和管理这些服务接触点具有重要意义，因为在每一个接触点，服务人员都要向顾客提供不同的技术性质量和功能性质量。而在这一点上，顾客对服务质量的感知情况将影响他们对酒店服务质量的整体印象。

案例分析

某酒店餐饮部西餐服务流程

1. 餐前准备

每餐正式开餐前，保证餐厅整洁干净。台型设计美观，台面摆放整齐，横竖成行；餐具布置完好，整洁大方。环境舒适，有利于客人就餐。

2. 客人订座

客人订餐、订座，服务热情，彬彬有礼迎接。问候、操作语言运用准确、熟练、规范。询问客人订餐、订座内容，要求用餐时间及复述客人订餐内容具体明确，记录清楚，事先做好安排。无差错发生。

3. 迎接客人

领位员熟知餐厅座位安排、经营风格、食品种类、服务程序与操作方法。客人来到餐厅门口，微笑相迎，主动问好，称呼先生、太太或小姐，常客、贵宾要称呼姓名或姓氏后加尊称。引导客人入座，先尊长后中青，先女士后男士，西餐座席以女主人（或主人）近侧为尊次，遵守礼仪顺序。订餐、订座客人按事先安排引导，座位安排适当。老人、儿童、伤残客人要照顾周到。让客人有舒适感。客人入座时，主动拉椅，交桌面服务员照顾。

4. 餐前服务

客人入座后，桌面服务员主动问好。递送餐巾、香巾及时。询问客人用何餐前鸡尾酒、饮料或冰水，服务操作主动热情，斟酒、送饮料服务规范，没有滴洒现象。双手递送菜单及时，侍候客人准备点菜。

5. 开单点菜

桌面服务员熟悉菜单，熟知产品种类、口味、价格、做法及营养价值，掌握服务技巧。能熟练运用英语提供桌面服务。客人审视菜单并示意点菜时，服务员立即上前，询问客人需求，核实或记录点菜内容，客人所需饮料上桌准确及时，注意客人所点菜肴与酒水匹配，善于主动推销，主动介绍产品风味、营养与做法。

6. 上菜服务

客人点菜后，按面包、黄油、冷菜、汤类、主菜、旁碟、甜点水果、咖啡、红茶顺序上菜。先上鸡尾酒或餐前饮料，20 分钟内送上第一道菜，90 分钟内菜点出齐。菜点需要增加制作时间时，告知客人大致等候时间。各餐桌按客人点菜先后次序上菜。上菜一律用托盘，热菜食品加保温盖。托盘走菜轻稳，姿态端正。菜点上桌介绍产品名称，摆放整齐，为客人斟第一杯饮料，示意客人就餐。上菜过程中，把好质量关，控制好上菜节奏、时间与顺序，无错上、漏上、过快、过慢现象发生。

7. 看台服务

客人用餐过程中，照顾好每一张台面的客人。客人每用完一道菜，撤下餐盘刀叉，清理好台面，摆好与下一道菜相匹配的盘碟刀叉。服务操作快速、细致，符合西餐服务要求。每上一道菜，为客人分菜、派菜主动、及时。分派操作熟练准确，斟酒及时，上客人需要用手食用的菜点时，同时上茶水和洗手盅。客人用餐过程中，随时注意台面整洁。及时撤换烟缸，烟缸内的烟头不超过 3 个。上甜点水果前，撤下西餐具，服务及时周到。

8. 结账清台

客人用餐结束示意结账，账单准备妥当，账目记录清楚，用账单夹呈放客人面前，收款、结账准确无误。客人结账后，表示感谢。客人离座，主动拉椅，微笑送客，征求意见，欢迎再次光临。客人离座后，清理台面快速轻稳，台布、口布、餐具按规定收好，重新铺台、摆放餐具，3 分钟内完成清台、摆台，准备迎接下一批客人。

（二）量化管理

所谓量化管理，即对事物进行定量处理，从中找出可供比较、衡量、验证的量化标准和尺度。标准和尺度的精确度越高，管理也就越有效。在酒店服务过程中，对每一个服务程序都尽可能地确定一个量化标准，是稳定服务质量、进行服务质量控制的有效方法。因为服务过程的量化管理，一方面确定了酒店的服务质量，使员工的服务行为有了标准，另一方面也为酒店的服务绩效考核提供了依据。如客房送餐服务过程控制，如图 7–7 所示。酒店量化管理的内容主要有：

1. 服务时间的量化

酒店的服务程序大部分都可以用时间标准来规定。一般而言，服务质量越高的酒店，对服务时间的量化标准越精确。世界上不少先进的酒店集团，都对服务过程中的各项服务规范有时间要求。例如：客房登记手续在 3 分钟以内完成；客人步入餐厅 1 分钟后，必须把菜单送到客人手里；电话总机接线员必须在铃响 3 秒钟内拎起电话答话；客人预订房内用餐服务后，30 分钟内饭菜送进客房等。

2. 服务空间的量化

在为顾客服务过程中，为方便顾客的饮食起居，增加服务环境的舒适感，还需对长度、宽度、高度、厚度、间距等服务空间尺寸予以量化。如餐饮铺台要求四角相等，餐具放于各人座位正中，各种就餐器皿等距离摆放；西餐的刀、叉间距 12 英寸摆放，西餐面包每片大约 1 厘米厚；前厅行李员引领客人到登记处办理住宿手续时，应站在客人身后 1.5 米处等候，等等。

当然，在酒店服务过程中，度量的概念除了“时间”“空间”以外，还包含“温度”“湿度”“频度”“角度”“速度”等许多内容。酒店的服务质量与这些内容同样息息相关。如客房内空调装置的温控标准，客房热水供应的水温标准，每天清扫整理客房的次数规定，员工进入客房时的敲门次数规定等。

案例分析

珠海度假村酒店的量化管理

量化管理在珠海度假村酒店落实到了各个部门，从营业部门到后勤部门，从前台服务到后台管理。

服务方面：(1) 客房服务的“369”：办理入住手续时限为3分钟，办理标准房退房手续为6分钟，别墅退房9分钟，超过这一时限，客人只按净房价付费。顾客账单在离店后才送达的消费情况（如电话费、房内饮料费等）均由责任部门承担。(2) 餐饮服务的“双15”：上第一道菜和店内送餐服务时限均为15分钟。

经营方面：规定康乐部每个季度举办两项赛事、两个培训班；餐饮部每个季节举办三个美食节，每月推出一个新菜式。

管理方面：采购必须货比三家，采购常规用品两天内到货，特殊用品四天内购回；会议记录在会后16小时内须发至相关部门，呈报文件36小时内必须答复。

二、过程控制与服务补救

（一）过程控制

所谓过程控制，就是将相关的服务和活动作为过程进行管理，以更高效地达到酒店期望的服务质量结果。过程控制的基本点是：

（1）识别和确定酒店服务质量管理体系所需的过程，实施过程的测量、监控、分析和改进；

（2）对酒店服务产品的实现过程进行策划和控制；

（3）对酒店服务的特殊过程进行识别和确认；

（4）对满足顾客要求的实现过程进行测量和监控，并对每一过程持续满足顾客需求的能力予以确认。

如果说服务规范强调了“做什么”与“怎么做”，那么服务过程控制主要检查“有没有做到”。酒店服务过程控制要达到的目标是：对酒店服务的关键活动进行识别与控制，明确与服务质量控制活动有关的责任，配备服务质量控制所需的设施，满足对人员的技能和配置要求。

某客房送餐服务过程控制，如图7-7所示。

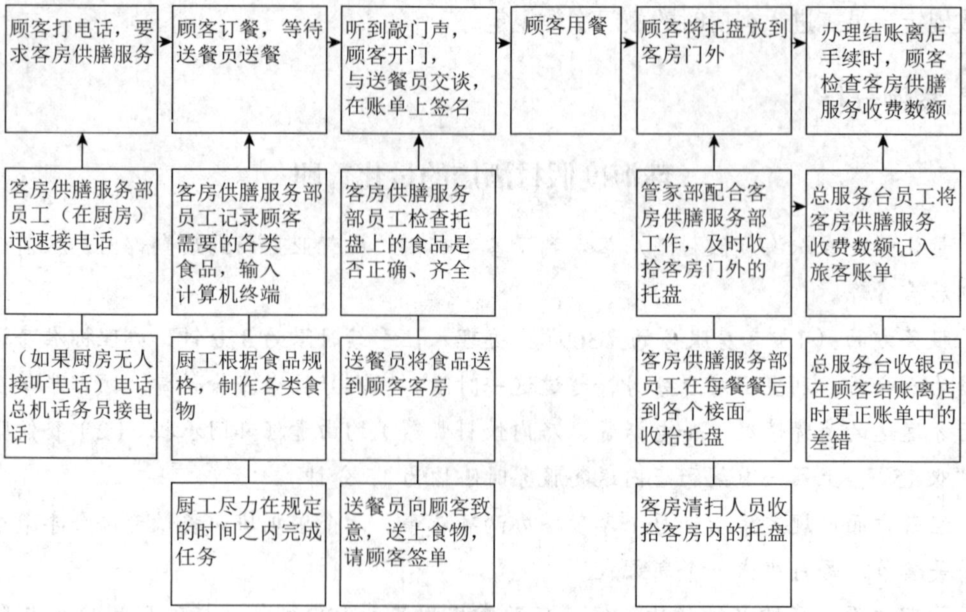

图 7-7　客房送餐服务过程控制

（二）服务补救

物质产品出现质量问题，可以通过售后服务解决，如退换、维修等。但酒店服务产品出现质量差错，则不能通过退换解决。顾客关注的服务质量属性中最重要的一点就是可靠性，但是酒店服务要做到百分之百的可靠是不现实的。当酒店服务传递系统出现故障时，服务补救（Service Recovery）就显得格外重要。

1. 服务补救的定义

服务补救是一种管理过程，它首先要发现服务失误，分析失误原因，然后在定量分析的基础上，对服务失误进行评估并采取恰当的管理措施予以解决。

服务补救与传统意义上的投诉处理不同，投诉处理关注的是内部效率，尽可能地以较低成本来解决顾客抱怨；服务补救则不同，它关注的是外部效率，着眼于与顾客建立长期的关系，而不是短期的成本节约。

2. 服务补救的好处

服务补救是酒店企业对服务失败或者顾客不满意所采取的应对行动，目的是希望顾客能重新评价服务质量，避免不好的宣传，留住顾客。服务补救是服务业中新的管理哲学，它把赢得顾客满意从成本层面转变为价值层面。

服务补救给酒店企业带来的好处是：

（1）提高顾客的满意度。顾客遭遇服务失败是一件非常扫兴的事情，它破坏了顾客美好的消费经历，降低了其对服务质量的评价。服务补救从另一个角度审视问题，可以把坏事变成好事，重新给顾客一个惊喜。

（2）再次与顾客建立良好关系。服务补救是酒店服务失败后与顾客的再一次沟通。

由于服务补救体现了对顾客的尊重，重新向顾客作出承诺，不但不会破坏与顾客的关系，反而因为酒店的诚心巩固了与顾客的关系。

（3）避免顾客对酒店的反面宣传。对酒店而言，公众的口碑宣传不仅是有效的营销途径，而且对树立企业的形象至关重要。对服务特别满意的顾客不仅会成为企业的忠实顾客，而且会进行义务宣传。对服务不满意的顾客也会向别人倾诉自己的遭遇，使企业的形象遭受打击。“1 = 10 = 100”这一酒店服务的著名法则就形象地说明了这一道理。

（4）有利于酒店服务的改进。酒店服务传递过程是一个非常复杂的系统，经常会因各种原因造成服务质量问题。服务补救过程有助于酒店寻找让顾客满意的方法。每一次的服务补救都是酒店服务改进的过程。

（5）激励员工提供卓越的服务。服务失败会影响员工的情绪，而且会干扰下一次的服务活动。采取恰当的服务补救措施，会激励员工努力提供更好的服务。在丽兹·卡尔顿酒店，当员工服务失败时，管理者的职责不是责备员工，而是帮助他们分析问题，找出解决问题的方法，尽力使顾客满意。

案例分析

丽兹·卡尔顿酒店的服务补救

4 名来自欧洲的 MBA 学员到位于美国亚利桑那州凤凰城的丽兹·卡尔顿酒店参加服务营销理论研讨会。他们想在即将离开酒店前往机场的那个晚上到酒店的游泳池里轻松地度过几个小时。但是，当他们下午来到游泳池时，却被礼貌地告知游泳池已经关闭了，原因是为了准备晚上的一个招待酒会。这些学员向招待员解释说，晚上他们即将回家，这是他们唯一可以利用的一点时间了。听完他们的解释后，这个招待员让他们稍微等候一下。过了一会儿，一个管理人员过来跟他们解释说，为了准备晚上的酒会，游泳池不得不关闭。但他接着又说，一辆豪华轿车正在大门外等待他们，他们的行李将被运到 Biltmore 酒店，那里的游泳池正在开放，他们可以到那里去游泳。至于轿车等费用，全部由丽兹·卡尔顿酒店承担。

这 4 名学员感到非常高兴。这家酒店给他们留下了非常深刻的印象，使他们乐于到处传诵这一段服务佳话。

3. 服务补救的方式

丽兹·卡尔顿酒店曾创造了“1 = 10 = 100”的服务补救法则，认为出现服务失误后，当场补救可能会使企业支出 1 美元，第二天去补救时的费用会是 10 美元，以后再去补救的费用会上升到 100 美元，这是对服务补救经济意义的最好诠释。因此，酒店企业必须借助不间断的服务监控系统发现服务失误，及时、有效地解决服务失误，并从服务质量问题和服务补救中吸取经验教训。表 7-5 表明了顾客所期望的服务补救的方式。

表 7-5 酒店服务补救的方式

顾客期望	服务补救方式
道歉	亲自道歉，即使服务失误不是由酒店造成的；但要注意，在很多情况下仅仅道歉是远远不够的
合理赔偿	由与顾客接触的员工当场对顾客作出合理的赔偿
善待顾客	真诚对待提出抱怨的顾客，主要是安抚遭遇不好服务体验的顾客情绪
超值补偿	把顾客认为有价值的东西送给顾客，有些情况下合理补偿即可起到这种作用
遵守诺言	与顾客接触的员工对服务补救中所作出的承诺都要保证兑现

三、定点超越与持续改进

（一）定点超越

酒店提高服务质量的最终目的是在市场上获得竞争优势，而获得竞争优势的简捷办法就是向自己的竞争对手学习。定点超越是指企业将自己的产品、服务和市场营销过程等同市场上的竞争对手尤其是最强的竞争对手的标准进行对比，在比较和检验的过程中逐步提高自身的水平。

尽管定点超越最初主要应用于生产型企业，但它在酒店行业中的作用也是显而易见的。酒店企业在运用这一方法时，可以从战略、经营和业务管理等方面着手。

1. 在战略方面

在战略方面，酒店应该将自身的市场战略同竞争对手成功的战略进行比较，寻找它们的相关关系。比如：竞争对手主要集中在哪些子市场？竞争对手追求的是低成本战略还是价值附加战略？竞争对手的投资水平如何以及投资是如何分配在产品、设备和市场开发等方面的？通过这一系列的比较和研究，酒店将会发现过去可能被忽略的成功的战略因素，从而制定出新的、符合市场条件和自身资源水平的战略。

2. 在经营方面

在经营方面，酒店主要集中于从降低竞争成本和增强竞争差异化的角度，了解竞争对手的做法，并制定自己的经营战略。

3. 在业务管理方面

在业务管理方面，酒店应该根据竞争对手的做法，重新评估那些支持性职能部门对整个企业的作用。比如：在一些酒店企业中，与顾客相脱离的后台部门，缺乏应有的灵活性，无法同前台的服务质量管理相适应。学习竞争对手的经验，让二者步调一致无疑是酒店提高服务质量的重要保证。

（二）持续改进

持续改进是酒店提高服务质量的一个永恒目标。酒店可通过“PDCA”服务质量管理循环方法，促进酒店服务质量的持续改进。

"PDCA"服务质量管理循环包括策划（Plan）、实施（Do）、检查（Check）和处理（Action）四个阶段八个步骤（见图 7-8）。

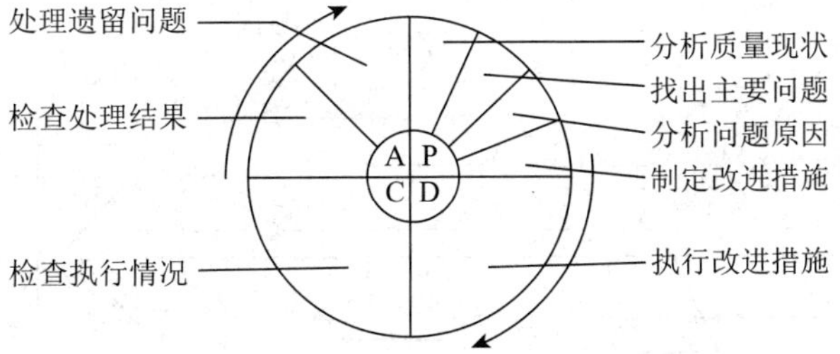

图 7-8 "PDCA"服务质量管理循环

1.P——策划阶段

（1）分析质量现状。酒店可以从目标顾客的需求与酒店服务实绩的比较中寻找存在的问题。

（2）找出主要问题。酒店可以通过制定服务质量问题统计表（见表 7-6）与绘制柏莱特曲线图（见图 7-9）的方法来寻找存在的主要问题。

表 7-6 服务质量问题统计表

质量问题	问题数量（个）	比重（%）	累计比重（%）
菜肴质量	235	67.1	67.1
服务态度	62	17.7	84.8
外语水平	29	8.3	93.1
娱乐设施	17	4.9	98.0
其　他	7	2.0	100.0
合　计	350	100.0	100.0

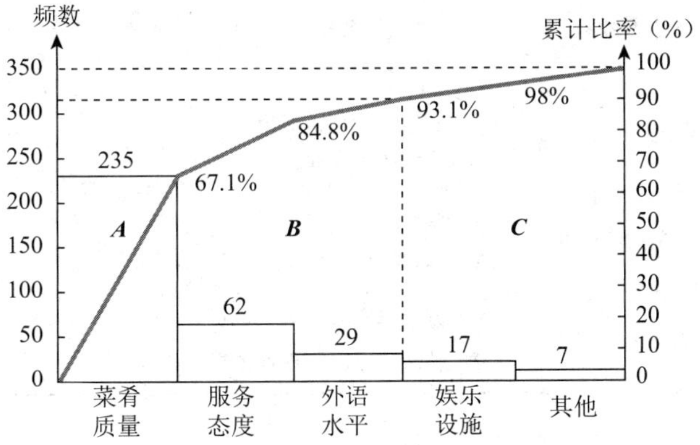

图 7-9 柏莱特曲线图（服务质量问题排列图）

（3）分析问题原因。酒店管理者可借助“鱼刺图”（见图 7–10）这一管理工具来寻找服务质量问题产生的原因。

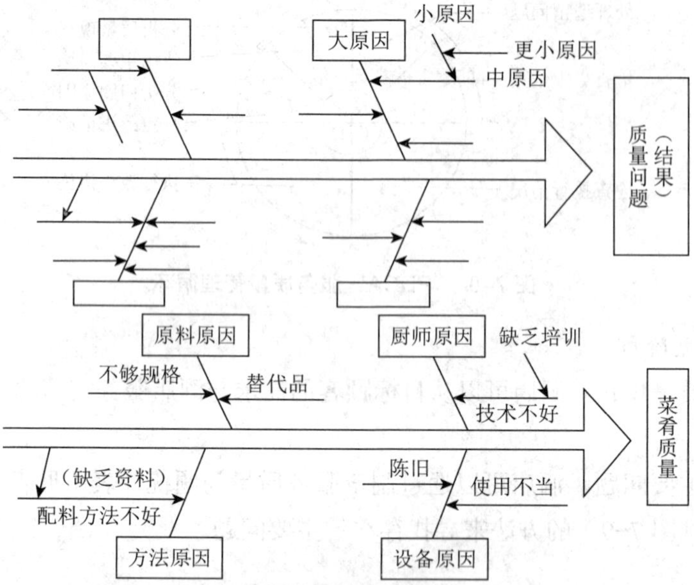

图 7–10 “鱼刺图”（菜肴质量问题的因果分析图）

（4）制定改进措施。酒店根据服务质量问题产生的原因，制定具体的、切实可行的改进措施。改进措施一般应包括 What（做什么）、Who（谁去做）、Where（在何处）、When（何时做）、How（如何做）五个基本要素，简称“4W1H”法。

2. D——实施阶段

实施阶段即执行改进措施。这一步骤的工作要求就是严格执行制定的改进措施。酒店可借助对策表（见表 7–7）这一改进服务质量的工具，来控制改进措施的实施过程。

表 7–7 提高菜肴质量对策表

序号	问题	现状	对策	负责人	进度				
					5	10	15	20	25
1	原料不符合规格	菜肴外形不美观	（1）制定采购规格标准 （2）严格原料入库手续	张 ××					
2	无标准菜谱	菜肴份额不均	（1）制定标准菜谱 （2）增设厨房配菜员	李 ××					
3	技术水平低	菜肴花色单调	（1）参加厨师等级培训考核 （2）聘请特级厨师现场指导	王 ××					

3. C——检查阶段

检查阶段即检查改进措施执行情况。在实施改进措施的过程中，要边实施边检查，注意做好各种原始记录，及时反馈改进措施执行过程中出现的各种情况。

4. A——处理阶段

（1）检查处理结果。

（2）处理遗留问题。根据遗留问题改进标准，转入下一循环。

本章小结

服务质量是酒店的生命，优质服务是现代酒店企业赢得顾客、取得持久竞争优势的保证。对酒店服务特性的研究和酒店服务质量构成要素的解析，是酒店开展服务质量管理的出发点。

顾客满意度测评有助于酒店全面、客观地了解服务质量的现状，把握酒店服务质量控制的正确方向。对服务质量差距成因进行分析，有助于酒店寻找改进服务质量的有效途径。

要提高现代酒店服务质量，就必须掌握酒店服务质量管理的科学方法，应用赢得顾客忠诚的有效手段。

同步练习

一、同步学习

1. 扫描本章二维码，进行网络课程的预习。
2. 找到书后习题，完成练习和自测。

二、问题思考

1. 什么是酒店服务？酒店服务具有哪些主要特征？
2. 酒店服务质量有哪些构成要素？
3. 如何测定酒店的服务质量？
4. 影响酒店服务质量的因素有哪些？
5. 什么是流程分析法？
6. 酒店为何要做好服务补救？

三、课堂交流

以 3~4 人的小组为研究单位，通过酒店实地调研，进行以下问题的研究，作出调研报告，编制 PPT 文件，在课堂上进行交流分享。

1. 携程网上的网络口碑评价指数及分析。
2. 选择若干家酒店，进行一次服务质量的实地调研。

实例参考

世界最佳酒店的十条标准

一、一流的服务员，一流的服务标准

最佳酒店一定要具有热情、认真、熟练和训练有素的服务员，他们能提供快速快捷、热情周到的服务。美国乔治亚·希尔顿酒店是这样来评定最佳酒店的："一所最佳酒店，绝不在于它的楼体设计、造型和陈设，也不在于它的客房、床具和餐厅食品，而是在于那些精心、细心使客人有一种舒适、安全和宾至如归感的服务员。这是成为一所最佳酒店的秘密。"目前，酒店有两类优质的服务表现：第一类是认真服务——服务员训练有素、热情周到，但多半出于例行公事，比较拘谨，有时比较被动；第二类是最佳服务——是服务员发自内心的感情服务，是一种自然的、富有感情的、热情周到和快速、高效的综合服务。这两类服务的不同之处就在于服务员热情程度的差别。

二、客房洁净、舒适，陈设高雅，环境怡人

这是最佳酒店的第二条标准。目前全球性的酒店客房服务已不再区分等级，而是在舒适、洁净、安全、怡人方面进行激烈的竞争。客房服务是促使客人回头再下榻酒店的关键因素。

三、客人有宾至如归感

宾至如归、客人至上不仅是酒店的经营信条，而且是酒店形象的整体象征。马耳他国际酒店协会是这样论述的："一所最佳酒店应该向宾客提供舒适、方便及一流标准的服务，同时酒店要有宜心的环境、暖人的房间，它留给客人的第一和最后印象都应该使客人有一种宾至如归感。"

四、设有多种服务项目

最佳酒店要包含所有酒店设施和服务项目，如各种等级的客房、套间，甚至豪华总统套房，中西餐厅、酒吧、咖啡厅、迪斯科舞厅、音乐茶座，独具一格的豪华餐厅、风味餐厅、康乐中心、健身房、公共服务部、商品部，快速服务的电脑设备等，向客人提供快速开房住宿、预订及办理结账离店手续。

五、具有独特的菜系和地方佳肴

餐饮是旅游者的最大需求之一，也是酒店的重点服务项目。作为最佳酒店，不仅要有当地的美味佳肴，而且要有独具一格的菜系和不同游客的家乡餐食和菜系。

六、地理位置选择要十分恰当

无论是商业酒店、度假型酒店还是会议型酒店，都要选择与自己酒店类型相符合的最好的地理位置。商业酒店应位于大中城市的繁华商业区，度假型酒店应位于景致秀丽的风景区。

七、陈设与内装修应具有民族风格和地方特色

酒店应采用一种特殊的装修、陈列来表明自己民族的特色和情调。我国大多数酒店在这方面都是十分突出的。有的酒店是西方式的建筑风格，但内装修和陈列却是典型的中国古典式陈列，既显豪华，又给人以高雅宜人的感觉；还有的餐厅以其独具特色的色、香、味、形荟萃的珍奇食品，独具一格。总之，融会东方色彩、西方风格的酒店更富有魅力。

八、注意微小的服务和装饰

最佳酒店不仅服务标准化、规范化，而且注意微小的服务和装饰。如显示各项服务的图示文字指南，这是很多酒店注意不到的。又如：宾客办完住店手续后不易找到电梯在哪里，宾客开房后要在客房内久等行李员送来行李，卫生间洗澡用的淋浴喷头不能挂起来，要自己拿着等，这些都是细微之处，但它真正体现了酒店的高质量服务。

九、有名人下榻和就餐

一流的酒店，特别是最佳酒店都把名人下榻作为酒店的象征。

十、应是举办历史上最重要宴会的场所

如北京长城喜来登酒店，美国前总统里根、布什、卡特都曾在此举行过记者招待会和答谢宴会，世界上一些知名人士也曾在此下榻过。邓小平还为此酒店签名留念。因此，北京长城喜来登酒店在国际上也有一定的知名度。

第八章

酒店人力资源管理

学习目标

知识目标

- 知晓酒店人力资源规划的内容
- 熟悉酒店劳动定额与人员编制的技术
- 掌握酒店员工激励的方法

能力目标

- 能应用酒店劳动定额和人员编制的技术
- 能制订员工培训计划
- 能说明员工职业生涯管理的步骤和意义

第一节　酒店人力资源的规划

人力资源管理是现代酒店管理的核心，是现代酒店经营成功的重要保证。与传统人事管理不同，酒店人力资源管理力图将企业的目标与员工个人的目标结合起来，注重员工的能动性和他们内在潜能的开发。

一、酒店人力资源管理的过程和任务

（一）酒店人力资源管理的过程

酒店人力资源管理是在企业特定环境中进行的一种以人为对象的、包括一系列活动步骤的专项或专业管理工作。其基本过程，如图 8-1 所示。

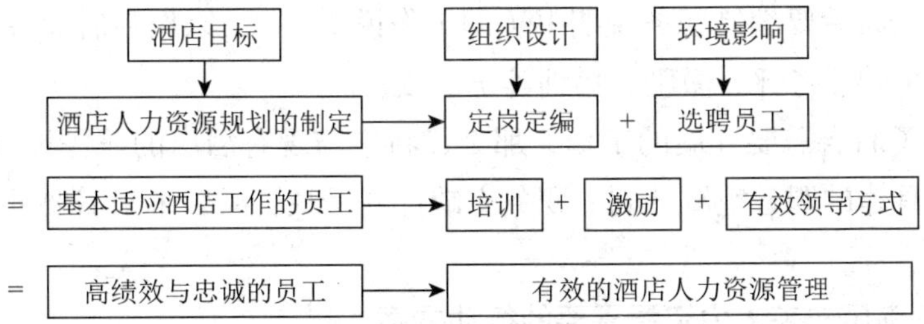

图 8-1　酒店人力资源管理过程

（二）酒店人力资源管理的任务

酒店人力资源管理的核心任务是提升员工的满意度，培育员工的忠诚度。具体体现在两个方面：一是激发员工的奉献精神，二是培养和发展员工的能力。第一方面解决员工愿不愿意去做事的问题，第二方面解决员工能不能做事的问题。在竞争日趋激烈的现代社会，对员工工作积极性和工作能力的要求比以往任何时候都更高，因而酒店人力资源管理的任务就更为突出。

二、酒店人力资源规划的内容

酒店人力资源规划与酒店整体的经营管理是紧密联系在一起的。通过制定人力资源规划，可以将酒店企业的目标和任务计划转换为需要哪些人员来实现这些目标和完成这些任务的人员配备计划。酒店人力资源规划一般包括以下四个步骤：

（一）通过任务分析，确定人力资源需求计划

预计企业未来需要什么样的人力资源，这是制定人力资源规划的第一个步骤。人力资源规划应当从着眼于同酒店总体经营计划相匹配的角度来制定，这是各项计划要具有"外部一致性"的要求。因为任何企业对人力资源的需要，从根本上说，都是由企业落实其未来发展目标和战略的需要决定的。人力资源需求计划应是对企业未来经营状况的一种反映。基于对酒店发展目标和经营规模的估计，酒店管理者就可以估算出为达到预定的目标和经营规模所需要相应配备的人力资源的规模和素质状况。

（二）通过职务分析，确定具体的职务空缺计划

职务分析又称职位分析、工作分析或岗位分析，旨在确定某项工作的任务和性质是什么，以及应寻找具备何种资格的人来承担这一工作。职务分析无论是由直线管理人员还是由人力资源管理专业人员来做，都必须着眼于了解和规定以下几方面的信息：

（1）这一职务包含的工作活动有哪些；

（2）工作中人的行为应该怎样；

（3）工作中使用什么机器、设备、工具及其他辅助用具；

（4）衡量工作的绩效标准是什么；

（5）这一职务工作的有效开展对人的素质条件有什么要求。

职务分析结束后要编制职务说明书（即工作说明书），以作为后面各阶段人力资源管理工作（如招聘、考评、激励、培训等）的依据。

一旦明确了酒店需要开展的工作，那么，将它与现有酒店的职务设计情况相比较，就可以制订出具体的职务空缺计划。职务空缺计划反映了酒店未来需要补充的人力资源的类别和结构。

（三）制订满足未来人力资源需要的行动方案

通过职务分析，确定了酒店各项工作的开展所需要的人员。然后，要分析酒店现有人力资源的供应情况，确定人力资源的供求差距。对于绝大多数企业来说，在计算机技术高度发达的年代，要形成一份准确、全面的人力资源调查报告不是一件困难的事。这份报告的数据来源于员工填写的调查表。调查表可开列姓名、最高学历、所受培训、就业经历、所会语种、能力和专长等栏目，分发给酒店中的每一位员工填写。此项调查能帮助酒店管理者评价酒店中现有的人才与技能状况。

对未来人员需求和酒店现有人力资源情况作了以上评估以后，在正式制定人力资源规划之前，酒店管理者还要进行两方面的人员供给预测：一是内部候选人供给预测，二是外部候选人供给预测。在预测基础上，酒店管理者可以测算出未来人力资源短缺的情况和酒店中可能出现超员配置的部门，然后寻找合适人员填补空缺职位的途径。

（四）制订有益于员工发展的职业管理计划

酒店人力资源规划的制订必须考虑员工职业生涯的发展阶段，并将两者结合起来统筹考虑，以帮助员工确认自己的职业兴趣并制订明智的职业发展计划。这是因为，任何个人都需要在相对稳定的职业生涯中发展自己的技能，并取得比较稳定的工作收入。

人力资源规划的制定不仅影响酒店的经营管理活动，而且直接关系到员工的前途命运。在越来越重视人力资源开发的现代企业中，采取措施帮助员工“成为他们能够成为的人”，促进员工在工作中不断成长与发展，这已经不单是一个口号或价值观认知，而日益成为可看得见的行动。

第二节　劳动定额与人员编制

确定劳动定额与人员编制，是酒店人力资源规划的基础工作，也为酒店人力资源的开发提供了依据。

一、劳动定额的确定

劳动定额是指在一定的物质技术设备和劳动组织下，在保证酒店服务质量和充分发挥员工积极性的基础上，制定出每个员工平均应达到的定额工作量标准。劳动定额的制定必须科学且符合实际，即从本酒店的实际出发，包括员工素质、经营效益、工作内外环境、设备设施、管理方法及运营机制等方面。它应来自酒店内部各部门、各岗位的工作实际，而不是管理人员“纸上谈兵”式地提出一些不符合实际的指标。

核定劳动定额是调动员工积极性和创造性，节约劳动成本，提高劳动效率的有力手段。采用劳动定额有利于员工明确任务，有利于酒店各部门的管理者对员工进行考核、评估、奖惩等工作，也有利于酒店的正常运营。劳动定额的编制方法依据各部门的具体情况有所不同，通常有以下几种：

（一）经验估工法

它是根据酒店员工的实际工作经验，综合分析影响劳动效果的各种有利和不利因素而制定劳动定额的方法，适用于酒店工作过程中随机性大的部门。它的特点是方法简便，易于掌握，能较好地反映员工的劳动效率，尤其适用于难以进行具体量化测定的工种和部门，如公关部、市场营销部等。

（二）统计分析法

它是利用酒店经营多年的统计资料，在分析各类因素的基础上制定劳动定额的方法。这种方法适用于业务量变化不大的部门和工种，如客房部、商务部等。其计算公式为：

$$劳动定额=\frac{综合平均数+最优完成数}{2}$$

（三）技术测定法

它是通过对生产技术、生产组织和劳动组织的劳动条件分析，在总结成功经验、挖掘生产潜力及实际操作合理化的基础上，采用观察测定和分析计算制定劳动定额的方法。这种方法的优点是有充分的科技数据，制定的劳动定额质量较高，定额水平易于达到平衡，比较适合于客房部清洁工作（见表 8-1）的定额和餐饮部工作定额的确定。其计算公式为：

$$劳动定额=\frac{规定时间-（准备作业+结束时间）}{（基本作业+随机服务时间）\times（1+休息系数）}$$

表 8-1　酒店客房单项操作时间测定例表

工作项目	项目序号	基本时间（分钟）	间歇许可（%）	意外耽搁（%）	标准时间（分钟）
整理一张床	1	1.80	22.0	10	2.38
重铺一张床	2	3.90	22.5	10	5.17
清洁一个脸盆	3	1.20	13.0	10	1.48
清洁一个浴缸	4	1.92	14.5	10	2.40
清洁一套淋浴器	5	1.00	13.0	10	1.23
清洁一个座厕	6	0.94	16.0	10	1.18

续表

工作项目	项目序号	基本时间（分钟）	间歇许可（%）	意外耽搁（%）	标准时间（分钟）
擦净一张梳妆台	7	0.43	11.0	10	0.52
一张梳妆台的打蜡	8	0.85	13.0	10	1.05
清洁一个废纸桶	9	0.72	11.0	10	0.87
硬地吸尘 $10m^2$	10	0.80	12.5	10	2.22
地毯吸尘 $10m^2$	11	4.30	16.0	10	5.42
硬地推尘 $10m^2$	12	1.20	13.5	10	1.48
硬地湿拖 $10m^2$	13	2.40	16.0	10	3.02
人工洗地 $10m^2$	14	3.70	22.0	10	4.88
机器洗地 $10m^2$	15	2.30	13.0	10	2.83
机器抛光 $10m^2$	16	2.10	11.0	10	2.84
擦玻璃 $1m^2$	17	0.65	13.5	10	0.80

（四）比较类推法

它是以过去达到的指标水平为基础，参照同类酒店同类工种先进的管理经验，结合本酒店实际，估算工时消耗（见表 8-2），从而制定劳动定额的一种方法。该方法简单易行，有较强的实用性，尤其有利于国内外同行的交流与学习，但资料必须准确可靠。

表 8-2 国外酒店主要劳动生产率参照表

岗位	标准	工时
客房服务员	16 间客房	8 小时
行李员	25 个服务次数	8 小时
咖啡厅服务员	30~40 客数	4 小时
餐厅服务员	20~25 客数	4 小时
厨师	90~100 客数	8 小时
洗碗工	150~200 客数	8 小时
酒吧服务员	500 美元	8 小时
楼层领班	90~100 间公用客房	8 小时
楼层应接员	100 应接次数	8 小时

二、人员编制的确定

（一）人员编制的确定方法

定员工作直接关系到劳动力的使用和效率的提高，是人力资源管理的重要内容。由于酒店各部门、各环节的各类人员工作性质及特点各不相同，因此定员的具体方法也不相同。酒店通常确定人员编制的方法主要有以下几种：

1. 劳动效率定员法

它是以劳动效率为基础，根据员工的工作量和出勤率来计算定员。凡是实行劳动定额管理并以手工操作为主的工种都可采用这种定员方法，如客房楼层班组和餐厅定员。该方法的计算公式为：

$$定员人数=\frac{每一轮应完成的工作量\times 每日轮班次数}{服务员的劳动效率\times 出勤率}$$

例如：某酒店有500间客房，预期出租率为80%，日班清扫服务员的工作定额为10间，晚班清扫服务员的工作定额为40间，每周实行5天工作制（暂不考虑其他节假日），则客房部所需服务员人数可做如下计算：

$$客房部所需清扫服务员=\frac{工作量预测}{工作定额\times 出勤率}$$

$$=白班清扫服务员（56人）+晚班清扫服务员（14人）=70（人）$$

其中，

$$日班清扫服务员=\frac{500\times 80\%}{10\times 5/7}=56（人）$$

$$晚班清扫服务员=\frac{500\times 80\%}{40\times 5/7}=14（人）$$

2. 设施定员法

它是以设备数量和实际工作量为基础进行定员的方法，主要适合于工程技术人员。其计算公式如下：

$$定员人数=\frac{发挥功能的设施数量\times 设施开动班次}{员工看管定额\times 出勤率}$$

3. 比例定员法

它是依据酒店的统一标准，根据酒店内部各类人员在数量上存在的一定比例关系进行人员编制。这种比例关系由酒店规模、星级、区位和生产率等因素确定（见表8-3和表8-4）。

表 8–3　酒店员工与客房比例参照表

典型比例	员工：客房	典型比例	员工：客房
现代豪华胜地酒店	2.0 ：1	胜地酒店（中等标准）	0.6 ：1
会议型酒店（高级）	1.0 ：1	服务内容极少的酒店和汽车酒店	（0.1~0.25）：1
大城市中心酒店	0.8 ：1	公寓和共管公寓单元（根据所提供的服务内容）	（0.05~0.1）：1

表 8–4　我国 1000 间客房酒店人员分配参考表

部门	人数	工号	比例
总经理办公室	9	00××	3.8%
销售部	8	02××	
人事部	21	03××	
行政部	26	05××	
康乐部	25	08××	1.5%
保卫部	60	10××	3.6%
工程部	100	2×××	6.4%
总服务台	48	30×× 31××	28.6%
行李部	41	33××	
商务中心	8	35××	
电话总机	12	36××	
洗衣部	66	27××	
管家部	300	4×××	
厨房	224	6×××	48.6%
餐饮管理部	6	80××	
宴会部	93	81××	
中餐厅	34	82××	
法餐厅	24	83××	
英餐厅	26	83××	
咖啡厅	126	84×× 85××	
客房送餐	45	854×	

续表

部门	人数	工号	比例
酒吧	118	86×× 87××	48.6%
管事部	114	88×× 86××	
财务部	125	9×××	7.5%
总计	1665		100%

4. 岗位定员法

它是根据酒店内部机构设置和各种服务设施、岗位职责与要求，再考虑各个岗位的工作量、工作班次和出勤率等因素来确定人员编制的方法。这种方法适合于酒店管理人员及门迎、行李员和综合服务设施服务人员的定员（见表 8-5）。

表 8-5　酒店客房部员工岗位定员参考表

房间数 / 员工数（人） / 岗位	200 间	400 间	600 间	800 间
房务主任	1	1	1	1
助理	1	1	2	2
秘书	0	1	1	1
夜班主任	0	1	1	1
布件间主管	1	1	1	1
客房服务员主管	0	1	1	1
公共区域主管	1	1	2	2
布件间 / 制服间服务员	2	3	4	4
缝纫房服务员	1	1	2	2
钥匙员	2	3	3	4
楼层主管——日班	3	6	8	11
楼层主管——晚班	1	3	4	5
客房服务员——日班	20	40	60	80

续表

岗位 \ 员工数（人） \ 房间数	200 间	400 间	600 间	800 间
客房服务员——晚班	6	11	17	22
楼层服务员	3	6	9	12
大厦服务员	5	8	9	12
服务员助手	1	1	2	2
总计	48	89	127	163
员工与客房比例	0.24	0.22	0.21	0.20

（二）影响人员编制的因素及对策

1. 影响人员编制的因素

在酒店制定人员编制时，影响酒店按上述科学方法配备员工的因素主要表现在以下三方面：

（1）员工的病假与事假；

（2）员工的即时流动；

（3）市场需求变化与相应工作量的波动。

2. 解决干扰因素的对策

参照国际酒店业的经验，酒店解决这些干扰因素的对策有：

（1）适当安排员工的工作时间和休假时间。如全年带薪假期可安排在淡季或实习生进店顶岗的时候，适当安排上班时间，可根据工作需要采取灵活的上班时间制和分段工作时间制。

（2）对专业相近岗位的员工进行交叉培训。通过相近岗位员工的交叉培训，使他们在忙闲不均时能互相照应。这种互相照应既可以表现在正常工作时间内，又可以表现在业余时间做超额工作。如日本大阪皇家酒店，在零点餐厅忙时，安排宴会厅员工去帮忙，在宴会厅忙时，安排客房部的员工去帮忙。

（3）建立一支临时工与后备员工队伍。建立一支来去灵活的后备员工队伍，既可以解决临时缺员的紧急问题，又可以适应不断补充正式员工的需要。酒店除了有一支季节性的临时工队伍外，还可与旅游学校的实习生建立良好的关系，为酒店建立一支稳定的后备员工队伍。

第三节　酒店员工培训与激励

一、酒店员工的培训

开展员工培训是开发酒店人力资源、提高员工素质的重要手段。只有重视智力投资，加强员工培训，才能不断提高酒店企业的劳动生产率，从而为企业带来较高的经济效益。

（一）员工培训的类型

根据实施培训的不同时间阶段，酒店员工培训可分为职前培训、在职培训和职外培训三种类型。

1. 职前培训

职前培训也称就业培训，即酒店员工上岗前的训练，对酒店服务质量的提高和业务的发展起着至关重要的作用。职前培训目标是为酒店提供一支专业知识、业务技能与工作态度均符合要求的员工队伍。

职前培训因训练内容侧重不同，又可分为一般性职前培训与专业性职前培训。一般性职前培训是指对新员工就酒店行业知识、工作性质与特点、工作人员素质要求与职业道德、酒店情况介绍等常识性内容进行灌输，以增进新员工对酒店工作的了解与信心；专业性职前培训侧重对新员工分部门、分工种进行专业针对性训练，要求员工在上岗前切实了解处理所在部门业务的原则、规范、程序、技术与方法，以便培训后能适应并胜任所分配的工作。

2. 在职培训

在职培训是指酒店员工在工作场所、在完成工作任务过程中所接受的培训。员工的在职培训是职前培训的继续，是从培训的初级阶段迈向培训的中级阶段。职前培训是为酒店员工做就业的准备，是每一个员工加入酒店行业的必由之路；而在职培训是职前培训的深化，它持续的时间远比职前培训要长。对一个注重培训的酒店企业来讲，在职培训会始终贯穿每一个员工就业的全过程。

酒店业的在职培训旨在不断提高员工队伍的素质水平，它将直接影响酒店的经营水准与服务质量。在酒店日常经营中会产生各种矛盾或问题，在职培训就是解决各种经营问题的有效手段之一；酒店在发展过程中要不断采用各种新技术、新设备，要使员工掌握这些，也必须靠在职培训来实现；不同形式的在职培训有助于改进酒店的服务方式，克服服务中的缺点，改善酒店的盈利状况。

3. 职外培训

因酒店经营业务发展需要或员工因工种变更、职位提升等，需要接受某种专门训练，这种培训要求受训员工暂时或部分时间脱离岗位参加学习或进修，即称职外培训。

根据受训时间安排和受训员工脱产时间长短，职外培训可分为全日式培训、间日式培训与兼时式培训。受训员工以全天时间脱产参加培训为全日式培训；培训需数天以上的时间，但为避免影响工作，可采用间日式培训；兼时式培训为在职培训与职外培训均可采用的方式，为避免影响工作或培训安排需要，受训员工每天仅接受若干小时的训练，其余时间仍返回工作岗位，继续工作。

（二）员工培训的内容

酒店员工培训的内容可以分为三个方面：职业态度（Attitude）、职业技术（Skill）和职业知识（Knowledge），简称"A、S、K"培训。职业态度是每一位员工都必须拥有的，职业技术与职业知识对不同的员工则有不同的要求。对员工和领班来说，关键是要掌握有关作业的知识与技术；对主管和部门经理来说，关键是要掌握有关本部门组织督导的知识与技术；对总经理和董事长来说，关键是要掌握经营管理的知识与技术。

处在酒店不同岗位层次的员工，所需掌握和使用的知识与技术的比率也是各不相同的。职业技术培训的主要对象是基层操作人员，职业知识培训的主要对象是管理人员（见图 8-2）。

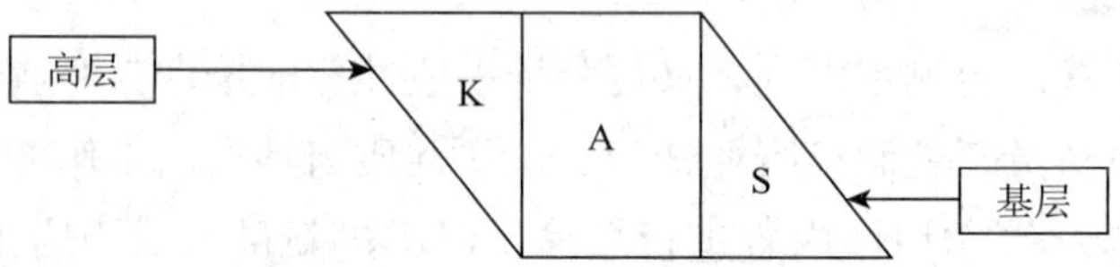

图 8-2　培训内容与培训对象

（三）员工培训的实施

酒店员工的培训工作，可以按以下顺序进行：

1. 发现培训需求

发现培训需求既是酒店培训工作的开始，又是衡量培训工作效果的主要依据，即培训是否满足了需求。培训需求的产生主要有三个方面：

一是由于酒店经营环境（包括内部环境和外部环境）的变化，导致员工缺乏应具备的知识和技术而产生培训需求；二是由于酒店各部门工作中产生问题而产生培训需求；三是由于酒店员工流动而产生培训需求。

2. 制订培训计划

参照国际著名酒店管理的经验，制订培训计划的方法是：

（1）先由酒店培训部发给各部门一份有关本部门业务的培训大纲。大纲包括三部分内容：第一部分是本部门培训大纲简介；第二部分是本部门培训的内容、要求达到的标准、培训的方法、培训的计划和每一项目培训的实际时间，学员及培训员的名单（签字）和日期与考试题；第三部分是对培训方法与手段的简单介绍。

（2）培训部每年发两次“半年培训计划表”，请各部门进行填写。

（3）各部门经理与各部门主管（培训协调员）要填写一份“每月培训计划表”。培训部接到此表后，要安排好培训场所、所需设备和用具，并帮助培训协调员研究培训活动的步骤、方法与考试内容等。

（4）在每次培训活动结束后，要填写一份“培训活动报告表”。

3. 准备培训材料

培训材料应准备齐全，印刷要求整齐、清晰。在材料的编排上，尽可能考虑趣味性，深入浅出，易懂易记。应充分利用现代化的培训工具，采用视听材料，以增加感性认识，激发员工认真练习的动力。特别是要准备好工作分析表，它是详细、系统说明某一岗位的工作具体做什么、如何做，要注意的问题及所使用的工具与资料等的实用培训教材，我们可以运用工作分析表来对员工进行实战性培训。

4. 具体实施培训

酒店培训的方法一般可以简单地概括为“T、S、F、C”四步培训法。第一步是传授（Tell you），告诉员工如何去做；第二步是示范（Show you），演示给员工看；第三步是练习（Follow me），让员工跟着练；第四步是纠正（Check you），对员工所做的进行检查与纠正。

知识与技术的熟练掌握与运用，是以记忆为基础的。据调查，人通过不同器官实现记忆的有效率如下：通过阅读可记住 10%，通过听课可记住 20%，又看又听可记住 50%，自己复述一遍可记住 80%，一面复述一面动手做可记住 90%。因此，我们应该尽量采取视听、研讨和角色扮演这些身临其境的培训方法，以增强培训效果。

5. 评估培训成效

培训成效评估包含两层意义：一是对培训工作本身的评价，二是对受训员工通过培训后所表现的行为是否反映出培训效果的评价。评估培训成效，可以使培训工作不断得到改善。

二、酒店员工的激励

激励是指由于需要、愿望、兴趣、感情等内外刺激的作用，使企业员工始终处于一种持续的兴奋状态中，即通常所说的调动人的积极性。员工的潜能是否能得到充分发挥，不仅取决于人力资源配置的客观情况是否合理，而且受员工积极性高低的影响。

调动酒店员工积极性的因素有很多，归纳起来大体有两类：一类是物质因素，一类是精神因素。这两类因素能够激励员工的行为，是与人具有自然属性和社会属性分不开的。现代心理学和行为科学的研究表明，人的劳动行为是有原因的，这种原因称为行为动机。行为动机的产生是为了满足人的某种需要。人的需要包括自然需要和社会需要两方面。自然需要是指人的衣、食、住、行等方面的需要，是维持人的生命存在和生理健康的自然性要求。社会需要是指人对友谊、交流、受尊重、自我实现（事业心）等方面的需要，是保持人的心理健康的社会性要求。

人的自然需要只能靠外在的物质生活资料去满足；人的社会需要则要通过与他人的交往，通过社会或他人对自己的评价和从工作成就中获得满足。因此，通过适当的物质激励和精神激励，可以激发员工的劳动积极性，促使员工通过劳动来满足其各方面的需要。

（一）物质激励的主要形式

目前，酒店企业常用的物质激励形式主要是工资、奖金和福利等。

酒店企业工资的表现形式多种多样，其实质仍然基于计时与计件两种工资形式。

1. 计时工资

计时工资的优点，一是考核和计量简便，二是适用范围比较广泛。其具体形式包括小时工资制、日工资制和月工资制。计时工资的缺点是不能将员工的工作表现准确地与工资激励结合起来，因此，一些酒店在计时工资的基础上注入了新的形式，如结构工资、提成工资、全浮动工资等。其中，结构工资一般由四部分组成，包括基础工资、年终工资、职务或岗位工资和浮动工资等内容。

2. 计件工资

计件工资是根据员工完成一定的工作量，以劳动定额为依据，按预先规定的计件单价来计算劳动报酬的工资形式，具有较大的激励作用。其具体形式有直接无限计件、超额计件、包工计件等。但无论何种形式，都要首先确定计件单价。计件工资有以下优点：（1）能够把员工的劳动报酬同他们的实际劳动贡献紧密联系起来，激励其工作积极性；（2）有利于员工的全面发展；（3）有利于促进企业劳动定额等基础管理工作。其局限性主要是只适用于能实行准确劳动定额的工作场合，如酒店客房打扫等。

工资是员工定额劳动的报酬，奖金是员工超额劳动的报酬。这两部分对于员工工作行为的激励作用都不可忽视。从能力的角度看，取得工资说明员工具备担任目前工作或职务的能力，取得奖金意味着员工具有超过担任目前工作或职务的能力。由于它们都影响员工对自己能力的评价，因此它们又在一定程度上可以满足员工的精神需要。一般情况下，奖金比工资更具有灵活性、适应性，便于及时直接激励员工的劳动积极性。

除了工资和奖金，福利也是酒店企业中一项较重要的物质激励内容。福利问题解决不好，往往会直接给员工带来后顾之忧，导致员工不能安心工作，妨碍员工工作后的休息。员工福利搞得好，就会对酒店的经营和发展起到重要的激励作用。

（二）精神激励的主要形式

酒店管理者在调动员工积极性过程中所采用的精神激励形式主要有：

1. 目标激励

心理学家的研究表明：激发人的动机要有一个激励的目标。酒店管理者要把酒店企业的目标与员工个人的目标结合起来，形成目标链，从而对员工产生激励的作用。

实施目标激励，首先酒店企业的目标应是能鼓舞和振奋人心、引导员工奋发向上的，但又必须是切实可行的。而且要把酒店企业的总目标分解为各部门和每个人的具体目标，从而形成一个目标链，使每个员工都清楚自己在目标链中所处的位置，意识到自己的责任，鼓励员工发挥各自的积极性。

2. 情感激励

情感激励是针对人的行为最直接的激励方式。酒店管理者要用自己真诚的感情去打动和征服员工的感情，真正地尊重、信任和关心员工，从感情上赢得员工的信赖。

酒店管理者与被管理者之间在感情上的融洽能产生难以估量的激励力量，使员工保持高昂的工作积极性。

酒店管理者对员工进行情感激励要注意两点。首先，应真诚对待每一个被管理者，切忌因人而亲疏；管理者不仅要在工作上关心和鼓励员工，而且要关心员工的生活和事业发展，从而在员工心中营造一种和谐的心理气氛。其次，管理者对属下员工的关心和帮助应表现为同志和朋友之间的友好感情，决不能是一种居高临下式的恩赐或怜悯。

3. “参与”激励

“参与”激励就是创造和提供各种机会和途径，使员工主动关心酒店企业的发展，参与酒店各个层次上的经营管理活动，激发员工当家做主的热情。

在酒店管理层面上，应通过职工大会的形式，实行民主管理，广泛地听取、收集员工对酒店经营管理和发展的建议；酒店各部门和班组管理者在日常管理中，遇事多和员工商量，多采纳员工的意见和建议。这样，既增强了上下级之间的沟通，又调动了员工“参与”的积极性。承认员工的价值，可进一步激发员工的工作热情。

4. 榜样激励

榜样的力量是巨大的。在酒店中树立起实在的、生动的、让人信服的个人或集体榜样，给人以鼓舞和鞭策，激发起他人学习和追赶的愿望。

榜样激励也是一种竞争激励。对榜样者本身来说，得到了他人的承认，荣誉感、成就感等自尊的需要得到了满足。为了维护这个荣誉，他必须做出更大的努力。对其他员工，尤其是对荣誉追求有较强欲望的年轻员工来说，在不甘落后于他人的心理支配下，必然想赶超榜样而努力工作，这就是榜样能产生的激励作用。

美国哈佛大学教授威廉·詹姆斯（William James）曾经指出，绝大部分的员工为了应付企业指派给他的全部工作，一般只需要付出自己能力的20%~30%，也就是说，员工为了“保住饭碗”，在工作中所发挥的效能只是其本身能力的很小部分。如果员工受到有效的激励，则将付出他们全部能力的80%~90%。由此可知，激励对员工潜在的工作表现和工作能力有相当大的推动力。酒店管理者必须了解各种不同激励方式的内涵，在管理过程中针对不同的对象灵活掌握和运用，有效地激发起每个员工的工作热情，从而达到调动员工工作积极性的目的。

三、员工职业生涯规划

做好员工职业生涯规划，是调动员工积极性、激发员工创造性、提升员工忠诚度的极其重要的工作。

（一）员工职业生涯阶段的划分

研究表明，一个人的一生总是要经历若干职业生涯阶段而最终退出其职业生活。酒店管理者要有针对性地开展人力资源管理工作，就必须了解员工的职业发展阶段，并制定合理的人力资源规划和政策。一般来说，一个人的职业生涯可划分为以下几个典型阶段：

1. 探索阶段

此阶段大约发生在一个人开始进入社会的早期，即青春期。在这一阶段，个人开始认真地探索各种可能的职业。他们最初可能会做出一些带有试验性质的较为宽泛的职业选择，然后根据对自己兴趣和能力的认识情况不断予以修正和重新界定。探索阶段的重要任务就是个人对自己的能力和天资形成一种现实性的评价。企业管理者在这一阶段的工作，主要是通过提供有关工作和企业的正面信息，帮助员工个人形成对职业工作的一种正确预期。

2. 确立阶段

此阶段大约发生在一个人的青年及中年时期。通常个人会在这一时期找到合适自己的职业并全身心地投入到有助于自己在此职业中取得永久发展的各种活动中去。这一阶段可以分为尝试、稳定和职业中期危机几个分阶段。尝试阶段，个人确定当前所选择的职业是否适合自己，如果不合适，他会准备换一个职业。稳定阶段，个人已经给自己确立了较为坚定的职业目标，并制定较为明确的职业计划来确定自己晋升的潜力、工作调换的必要性和所需的教育培训等。有些人到了40岁左右，可能会进入职业中期危机阶段。此时，他可能根据自己最初的理想和目标，对自己的职业选择做一次重新评价，如果发现不能朝着自己梦想的目标靠近，或者当初所梦想的并不是自己真正想要的东西，这时他可能会开始一个新的职业选择，或者重新思考工作和职业到底在自己的全部生活中占有多重要的地位，据此调整今后努力的方向。

3. 维持阶段

这是职业生涯的后期阶段。个人已经趋向于安心接受现有的工作，并为自己在工作领域中创下的一席之地感到愉悦。这一时期的人们会将主要精力放在保持现有的位置上，而不再表现出先前的闯劲。故管理者工作的重点应集中于充分调动和利用这类人员的已有资源上。

4. 衰退阶段

这是临近退休前的人们通常不得不面临的艰难时期。对处于这一时期的员工，管理者需要帮助他们学会接受权力交接和责任减少的现实，学会接受使自己成为年轻人良师益友的新角色。

（二）员工职业生涯规划的编制

酒店可以采取以下方式帮助员工编制职业生涯规划。

1. 工作研讨会

酒店可以给所有员工提供系列的工作研讨会，以帮助员工加深对自己的了解，并了解企业需要的技能。可在研讨会的前两周，给与会者一封资格确认函和做一些在研讨会召开以前必须完成的工作，包括技能清单、人生价值观、人生目标清单和一份职业选择表。通常，研讨会的目的在于帮助员工在企业内获得职业发展。在研讨会上，每个人首先进行自我评估以明确自己的价值观、技能、职业动机和兴趣，然后进行环境评估，之后确定特定的职业目标，最后制定与企业需要相吻合的职业生涯规划。

2. 一对一辅导

这种辅导主要是帮助员工进行自我分析和做出决策，一般由人力资源开发部门主管负责。在辅导中，员工与主管人员就职业生涯规划展开讨论，力求达成共识。讨论结束后，主管人员要提出一整套的行动计划方案。

3. 自我评估和发展手册

发展手册旨在帮助员工更好地了解自己、评估自己，并作出切合实际的职业生涯规划。内容包括用于自我评估的测验和问题，描述个人目标及考虑因素、个人优点、发展空间、可能出现的绊脚石、职业发展计划、下一个恰当的工作和时间，以及将自我评估转换成行动方案的方法。

4. 工作机会的信息传递

通过职位空缺公告、电子平台、出版物等形式，提供专门信息让员工了解目前企业内的职位空缺情况及争取该职位的申请手续。

（三）员工职业生涯管理的步骤

企业对员工的职业生涯管理，是指企业通过考察分析员工个人的特点，了解员工成长和发展的方向及兴趣，分析决定个人职业生涯的企业因素和社会因素，制定协调个人职业发展目标与企业发展目标、促进企业和个人共同发展的战略设想与计划安排。职业生涯管理是一个相当复杂的过程，主要包括以下几个步骤：

1. 员工自我评估

员工自我评估是指员工为了确定合理的职业生涯发展路线和职业生涯目标，对自己的兴趣、能力、气质、性格以及职业发展方面要求和目标等进行分析和评估（见表8-6）。

员工自我评估需要个人所具备的能力和从企业处所能够获得的支持。员工的自我评估是否准确合理，受员工个人的知识水平、道德观念以及所了解信息的制约。可能自我评估过低，也可能自我评估过高，但不管什么情况，企业都应当为员工提供必要的帮助。例如：企业可以为员工提供关于如何进行自我评估的材料，还可以为员工制定一些针对员工具体情况的评价方法，以协助员工做好自我评估工作，等等。

表 8-6　员工自我评估法

自我评估法	含义
撰写自传	了解员工的个人背景，包括接触过的人、居住的地方和生活中发生的事情、已经进行过的工作转换以及未来的计划等
志趣考察	包括员工愿意从事的职业、喜欢的课程、喜欢的人的类型，将员工的志趣与成功者的志趣进行比较，得出员工的志趣形象
价值观研究	根据员工选择出自己认为最有价值的事物来了解员工在理论、经济、审美、社会、政治和宗教信仰方面的价值观
24 小时日记	要求员工记录一个工作日和一个非工作日的活动，以侧面了解员工
与两个"重要人物"面谈	员工与自己的朋友、配偶、同事或亲戚谈自己的想法，并将谈话录音
生活方式描写	员工用语言、照片等方式向他人描述自己的生活方式

2. 企业对员工的评估

在员工职业生涯管理的过程中，企业需要对员工的能力和潜力作出客观、公正的评估。企业评估是职业生涯管理的关键步骤。企业评估员工有多种方法可以选择，评价中心是一种很好的方法。它是由受过训练的观察者以被评估者在专门选定练习中的绩效为基础，对被评估者的各种性格特征进行的一种评估。

评价中心的一个关键因素是：确定成功员工的性格特征，即确定正在被评估的特定工作要有良好绩效，员工应当具备的性格特征。当在某项特定工作中成功员工的性格特征被确定以后，评估者就可以依据这些性格特征，在被评估者参与评价中心设计的某一活动时评估他们的表现。最经常采用的方法是绩效评估方法，还可以运用心理、体能测验等对员工职业素质进行评估。总之，企业要采用多种方法，尽可能获得关于员工的多种信息，通过比较、鉴别、核对和分析来客观准确地评估员工。

一般说来，企业对员工的评估应由人力资源部门与员工的直接管理者共同实施，员工的直接管理者担任辅助者。

3. 职业信息的传递

企业要及时为员工提供有关企业发展变化和员工个人方面的信息，包括职位升迁机会与条件限制、工作绩效评估结果、工作轮换及培训机会等，以增进员工对企业的了解，帮助员工建立自己的职业发展道路。

对企业所有空缺职位"公开、公正、公平"的做法，能够确保企业内部候选人的职业发展计划与企业内部的各种晋升机会的匹配。企业在传递职业信息时，必须注意公开、公正、公平地将有关员工职业发展的方向、途径，以及有关职位候选人在技能、知识等方面的要求及时地利用企业内部报刊、局域网或以公告等形式传递给广大员工，促进员工之间的公平竞争。

4. 职业发展通道引导

职业发展通道引导是指在企业内从一种职位发展到另一种职位的具体途径，即员工要获得另一种职位所具备的能力而必须进行的一系列开发活动，包括工作体验、正式与非正式教育和培训等。职业发展通道引导的基本步骤如下：

（1）确定或再次确认目标职位所必需的能力及最终行为。这项工作要随着时间的变化而变化。

（2）经常检查核实员工的兴趣、技能、经验和职业目标等背景资料的准确性与完整性。

（3）和员工一起分析员工个人情况及目标职位，确定员工与其目标职位是否匹配。

（4）将员工的职业期望、发展需要及目标职位要求与企业的职位管理协调起来。

（5）明确员工获得目标职位需要哪些工作、教育及培训经历。

（6）制定包含行动时间表的职业道路行动规划。

5. 职业咨询

职业咨询是指企业进行职业生涯管理的各项工作中，由管理者、人力资源管理人员提供的一系列指导、建议和帮助活动。

职业咨询的主要形式有：为员工提供必要的信息，帮助员工进行实事求是的客观分析，指导其依据自己的实际情况、工作分析资料和企业需要，确定职业目标；直接管理者与员工进行讨论沟通，充分交换意见，就职业计划和有关职业发展的活动达成共识；请人力资源管理专家、职业顾问和心理学家就员工的职业选择和职业发展问题，给予有效的指导、咨询与帮助；举办专题讨论会，向员工公布企业职业规划方案及其实施办法，介绍可能的职务机会与发展途径。

职业咨询人员需要学习掌握一些人际关系方面的知识，积累一些咨询的经验和技巧。例如：要保守员工的秘密；要从员工的角度看问题，尽力与员工进行心灵沟通；学会做一名真诚的倾听者；帮助员工扩展思维，考虑多种选择等。

（四）员工职业生涯管理的意义

员工个人的职业生涯是与企业的发展紧密相连的。一个优秀员工的职业生涯规划如不能在本企业内实现，那么他迟早会选择离开。重视员工职业生涯规划，对酒店人力资源的管理具有积极的作用。

1. 有利于提高工作满意度

能否做好员工职业生涯规划，不仅会影响员工个人的精神状态，而且会影响其生产率水平。实践表明，员工的精神状态与生产率具有正相关的关系。一个快乐的员工，他会倾向于表现出更高的生产率。

2. 有利于提高工作投入度

工作投入度是指员工认可自己的工作，主动参与工作的程度，并认为工作好坏对实现个人价值至关重要。工作投入度对生产率的影响要比工作满意度更为直接，且强度更大。

3. 有利于增强对企业的忠诚度

企业忠诚度是指员工对企业的忠诚、认可、关注及参与的程度。做好员工职业生涯规划，会使员工将企业当作自己的“家”，始终如一、不计较得失地为企业奉献自己的智慧和能力。

本章小结

人力资源管理是现代酒店管理的核心，是现代酒店经营成功的重要保证。与传统人事管理不同，酒店人力资源管理力图将企业的目标与员工个人的目标结合起来，注重员工的能动性和他们内在潜能的开发。提升员工满意度、培育员工忠诚度是现代酒店人力资源管理的核心。

通过制定人力资源规划，可以将酒店企业的目标和任务计划转换为需要哪些人员来实现这些目标和完成这些任务的人员配备计划。确定劳动定额和人员编制，是人力资源规划的一项基础性工作。

通过有效的员工激励，以及员工职业生涯规划和管理，有助于企业塑造一支能长期保持高绩效并具有高忠诚度的员工队伍，它也是现代酒店人力资源管理的目标。

同步练习

一、同步学习

1. 扫描本章二维码，进行网络课程的预习。

2. 找到书后习题，完成练习和自测。

二、问题思考

1. 酒店人力资源规划包括哪些主要内容？

2. 确定劳动定额和人员编制的方法有哪几种？

3. 酒店员工培训的内容和步骤有哪些？

4. 酒店员工精神激励的形式有哪几种？

5. 为何要做好员工的职业生涯规划？

三、课堂交流

以 3~4 人的小组为研究单位，通过互联网或实地考察酒店查找资料，进行以下问题的研究，作出调研报告，编制 PPT 文件，在课堂上进行交流分享。

1. 调研一家酒店，了解管理者对员工职业能力的要求。

2. 编制一份酒店员工的培训计划。

实例参考

建立以人为本的企业文化

——丽兹·卡尔顿酒店的文化管理法

无论是什么企业，都要在企业管理中充分体现以人为本的企业文化，这是因为人是决定一切的主要因素，失去了作为服务主体的人，企业就无法立足。

丽兹·卡尔顿酒店从18世纪仅有20张床的小酒店起家，到如今已成为全球酒店中极少数的顶级品牌之一，这与企业文化建设有着直接的关系。21世纪的企业管理，将从制度约束和绩效考核所形成的对员工的手脚管理，逐步转向手脚管理与头脑管理并重的文化管理，其以人为本的企业文化应该是酒店管理在新世纪学习的楷模。

酒店总经理的工作是努力使每位员工心情愉快，这是总经理最主要的工作，也是最值得去做的事。

员工就职后的导向性培训，必须由总经理主持。若总经理没有时间，宁可延后，这是雷打不动的原则。它体现了总经理对培训工作的重视和对员工的尊重。培训中，总经理一定要与员工共进一次午餐。

招聘员工由各部门最基层负责人进行，逐级面试，最后选中的员工再由人力资源部面试，最后由总经理面试。总经理绝对尊重下属的决定，从不越俎代庖去作出“YES”或“NO”的决定，充其量只是提出把员工具体放在哪个岗位上更为合适的建议。

从不惩罚员工，也没必要惩罚员工。丽兹·卡尔顿酒店是以企业价值观和服务理念作为凝聚员工的纽带。如果价值观不合，员工可以辞职，酒店也可以辞退，完全没有必要争执；若理念一致，但工作出现差错，则让他们自己反思，找原因，反复多次，总能找出原因和改进的办法，没有必要由总经理去训斥他们。酒店基层员工自身能控制的错误在15%之内，而85%的错误出自管理系统。从管理上找服务差错的原因是不变的金科玉律。

第九章

酒店绩效评价系统

学习目标

知识目标

- 知晓酒店绩效评价系统的要素和设计要求
- 熟悉酒店绩效评价的指标体系
- 了解酒店绩效评价指标的含义

能力目标

- 能说明平衡计分卡的四个基本问题
- 能解读酒店偿债能力、营运能力和获利能力三大指标的概念

第一节　酒店绩效评价系统的建立

绩效评价（Performance Appraisal）是指根据确定的目的来测定对象系统的属性，并将这种属性变为客观定量的计值或者主观效用的行为。绩效评价是现代酒店经营管理的一项重要内容。开展酒店绩效评价，首先要确立绩效评价系统，确定绩效评价指标体系的要素，选择合适的绩效评价方法。

一、酒店绩效评价系统的要素

绩效评价系统作为酒店管理控制系统中一个相对独立的子系统，由以下几个基本要素构成：

（一）评价目标

酒店绩效评价系统的目标是整个系统运行的指南和目的，它服从和服务于企业目

标。绩效评价系统要处理好评价系统目标和企业目标之间的依存关系。企业目标的实现需要各方面的努力：建立合适的组织结构，建立管理控制系统，制定预算，设计绩效评价系统和激励系统等。

（二）评价对象

绩效评价系统有两个评价对象，一是企业，二是企业管理者，两者既有联系又有区别。评价对象的确定非常重要。评价的结果对绩效评价对象必然会产生影响，关系到评价对象今后的命运问题。对企业的评价关系到企业是扩张、维持、重组、收缩、转向或退出，对企业管理者的评价关系其奖惩、职位升降等问题。

（三）评价指标

绩效评价系统关心的是评价对象与企业目标的相关方面，即所谓的关键成功因素（Key Success Factors，KSFs）。这些关键成功因素具体表现在评价指标上。关键成功因素有财务方面的，如投资报酬率、销售利润率、每股税后利润等；也有非财务方面的，如售后服务水平、产品质量、创新速度和能力等。因此，作为用来衡量绩效的指标也分为财务指标和非财务指标。如何将关键成功因素准确地体现在各具体指标上，是绩效评价系统设计的重要问题。

（四）评价标准

绩效评价标准是指判断评价对象绩效优劣的基准。选择什么标准作为评价的基准取决于评价的目的。在酒店绩效评价系统中，常用的三类标准分别为年度预算标准、资本预算标准及竞争对手标准。为了全面发挥绩效评价系统的功能，同一个系统中应同时使用这三类不同的标准。在具体选用标准时，应与评价对象密切联系。一般来讲，评价对象为企业管理者时，采用年度预算标准较恰当；而评价对象为企业时，最好采用资本预算标准和竞争对手标准。

（五）分析报告

绩效评价分析报告是绩效评价系统的输出信息，也是绩效评价系统的结论性文件。绩效评价人员以评价对象为单位，通过会计信息系统及其他信息系统，获取与评价对象有关的信息，经过加工整理后得出评价对象的评价指标数值或状况，将该评价对象的评价指标数值或状况与预先确定的评价标准进行对比，通过差异分析，找出产生差异的原因、责任及影响，得出评价对象绩效优劣的结论，形成绩效评价分析报告。

上述五个要素共同组成一个完整的绩效评价系统，它们之间相互联系、相互影响。不同的评价目标决定了不同评价对象、评价指标和评价标准的选择，其分析报告的形式也不同。评价目标是绩效评价系统的中枢，没有明确的评价目标，整个绩效评价系统将处于混乱状态。

在酒店管理体系中，由于酒店是一个层级结构，绩效评价系统也具有明显的层次结构。但无论这种层次有多少，无外乎两个基本层次：一是酒店外部出资所有者对酒店及其管理者的评价，二是酒店内部管理者对下属部门和下属人员的评价。

二、酒店绩效评价系统的设计要求

乔伊·米勒在《国际会计》中指出:"一个设计得很好的绩效评价系统可以使高层管理者判断现有经营活动的获利性;发现尚未控制的领域;有效地配置企业有限的资源;评价管理业绩。"绩效评价系统应使企业管理者能够评价他们经营的经济实绩,(即对企业经营实绩的评价);评价企业管理者的业绩;追踪并监督企业目标(包括战略目标)的实现进程;帮助实现有效的资源配置。

一个绩效评价系统的设计,必须满足下述六个方面的要求。

(一)准确、及时和客观

若要确认实际绩效是否符合预期绩效,关于绩效的信息必须是准确的。所以,在一个有效的绩效评价系统中,计量什么以及如何计量,必须是十分清楚的。

信息只有及时获得才是有用的。迟到的信息可能导致不适当的反应或压根儿没有反应。因此,何时计量以及以多快的速度将计量结果予以报告,就成了一个有效的绩效评价系统的关键。

信息必须尽可能的客观,而不是限于个人意见。个人意见可能是片面的,确保客观是有困难的。这是因为,感性的偏见很可能会影响即使看起来是客观的绩效计量。

(二)可接受与可理解

一个绩效评价系统,只有当人去使用它时才会有作用。如果一个绩效评价系统不能为组织成员所接受,那么,他们会无视它的存在,或是不甚情愿地遵守它。这样,提供的信息很可能是不准确、不及时和不客观的。因此,一个好的绩效评价系统,必须尽可能地按使用者的需要设计。

信息只有当它是可理解的和能被用户恰当地解释时才是有用的,难以理解的信息会导致错误的行动。确保所提供信息的清晰,是设计有效的绩效评价系统的一个重要方面。

(三)反映企业特性和成本效益

一个有效的绩效评价系统的设计,必须反映企业的特征。任何绩效评价系统的一个重要目的,就是评价组织成员的业绩。从控制的观点出发,绩效评价系统的焦点通常集中于评价企业或下属机构经理的业绩,以确定该企业是否实现了预期的目标。

一个良好的绩效评价系统应能提供较其实施和维护成本更大的利益,这种利益包括基于绩效评价系统所提供的信息和所作的管理决策的改善。

(四)目标一致性

有效的绩效评价系统,其评价指标应是战略目标计划的分解,评价指标的完成能保证战略目标计划的完成。

(五)可控性和激励性

对管理者的评价必须将评价范围限制在他所能控制的范围内,他才能接受,才会感到公平。即使某评价指标与战略目标非常相关，只要管理者无法对其实施控制，他就无法对该指标的完成情况负责，用该指标来评价管理者的业绩会引起抵触。非可控指标应尽量避免出现。此外，指标水平应是平均先进水平，这对管理者的工作具有一定的挑战性，可以激发其工作潜能。

（六）良好的应变性

良好的绩效评价系统应对企业战略变化及内外部变化非常敏感，并且系统本身能较快作出反应，进行相应调整，以适应变化的要求。

三、酒店绩效评价的方法

酒店绩效评价一般采用综合评价的方法。综合评价（Comprehensive Evaluation，CE）是指对以多属性体系结构描述的对象系统作出全局性、整体性的评价，即对评价对象的全体，根据所给的条件，采用一定的方法给每个评价对象赋予一个评价值（又称评价指数），再据以择优或排序。

目前，国内外常用的综合评价方法可分为经济分析法、专家评价法和多目标决策法等。

（一）经济分析法

这是一种以事先议定好的某个综合经济指标来评价不同对象的综合评价方法，常用的有：直接给出综合经济指标的计算公式或模型的方法、费用效益分析（Cost Benefit Analysis）法等。该方法含义明确，便于不同对象的对比；不足之处是计算公式或模型不易建立，而且对于涉及较多因素的评价对象来说，往往很难给出一个统一的量化公式。

（二）专家评价法

这是一种以专家的主观判断为基础，通常以“分数”“指数”“序数”“评语”等作为评价的标准，对评价对象作出总体评价的方法。常用的有：评分法、分等法、加权评分法及优序法等。该方法简单方便，易于使用，但主观性强。

（三）多目标决策法

多目标决策（Multi-Objective Decision Making，MODM）法本身有很多种方法：一是化多为少法，即通过多种汇总的方法将多目标化成一个综合目标来评价，最常用的有加权和方法、加权平方和方法、乘除法及目标规划法；二是分层序列法，即将所有目标按重要性依次排列，重要的先考虑；三是直接求所有非劣解的方法；四是重排次序法；五是对话法。该方法较严谨，要求对评价对象的描述清楚，评价者能明确表达自己的偏好，这给某些涉及模糊因素、评价者难以确切表达自己的偏好和判断的评价问题的求解带来了一定困难。

第二节 酒店绩效评价的指标体系

所谓经营绩效，也称经营成果，是指经济实体在一定时期内利用其有限资源从事经营活动所取得的成果，一般表现为效果和效率两个方面。酒店经营绩效的表现形式是多方面的，如总产值、净产值、销售收入、净收益、产量、投资报酬率、销售利润率等。出资人投资于企业的目的就在于取得令人满意的利润，因而，出资人评价企业经营绩效侧重于收入成果，同时，还有一些为取得收入成果必备的条件。一般，可从财务指标与非财务指标两方面来评价。

美国著名会计学家、哈佛大学商学院卡普兰教授和美国复兴全球公司总裁诺顿在20世纪90年代设计了平衡计分卡，从财务维度、顾客维度、内部业务流程维度、学习和成长维度四个方面全面评价企业的经营绩效。我国的酒店业也可运用平衡计分卡来构建绩效评价的指标体系（见图9-1）。

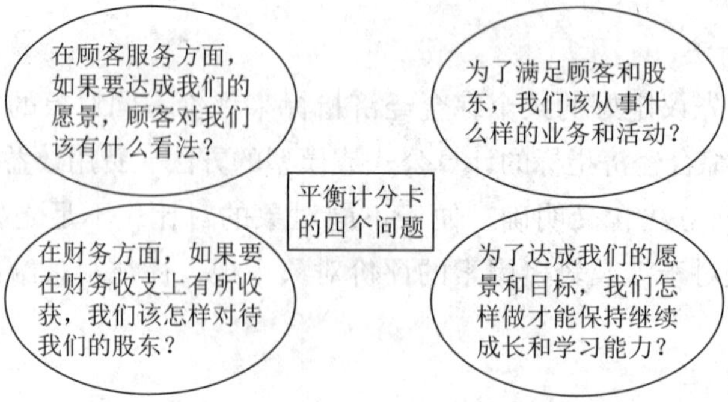

图9-1 平衡计分卡的四个基本问题

一、财务评价指标体系

（一）净收益

净收益就是企业的净利润。在其他条件不变的情况下，酒店净收益越多，所做的贡献越大，成就也越显著，这正是企业的根本目的所在。从表面上看，它受收入和成本的影响。实际上，它还反映酒店产品产量及质量、品种结构、市场营销等方面的工作质量，因而在一定程度上反映了酒店的经营管理水平。

（二）投资报酬率

投资报酬率（ROI）是收益与投入资本之比，反映投资的有效性，是一个效率指标。投资报酬率把一个酒店赚得的收益和所使用的资产联系起来，评价酒店资产使用的效率水平，并且把与维持企业经营必要的资本密切联系的成本考虑在内。因此，投资报酬率是监控资产管理和经营策略有效性的有用工具。

当投资报酬率被用于计量一个酒店的绩效时，所用的净资产反映的是产生现金流量和收益的企业的历史成本。酒店投资基础可以是全部资产、使用的净资产（负债、递延项目及权益）或权益。如果保持一贯的使用，那么，按每个基础计算的比率对酒店的决策者来说都是有用的。

（三）剩余收益

剩余收益的计算公式为：

剩余收益 = 净收益 - 投资额 × 投资成本率

剩余收益是净收益之外的另一个可选用的指标，它确认资本成本，用货币数量代替投资收益率。从观念上看，投资报酬率最大化告诉企业最大限度地提高投资报酬率，而剩余收益最大化告诉企业最大限度地提高收益额，使之超过最低报酬额。

以剩余收益作为评价酒店经营绩效的尺度的基本要求是：只要投资收益大于投资成本，该项投资便是可行的。因而，它避免了投资报酬率的缺陷，使酒店能够选择既有利于其自身又有利于总公司的投资机会。

（四）营业现金流量

以上评价指标的会计基础均是权责发生制，在商业信用使用极为频繁的情形下，会计记录的收益与企业的实际现金收入相差极大。为此，也可采用营业现金流量来评价酒店的经营绩效。

营业现金流量是指酒店正常经营活动所发生的现金流入与现金流出之间的净额，它可以用来评价酒店经营绩效，也可以用来评价酒店支付债务利息、支付股息的能力及偿付债务的能力，还可用于现金管理业绩的计量。由于同净收益相比较，营业现金流量受会计估算和分摊的影响较小，因此，它有助于理解一个酒店的经营、投资及财务活动的动态。

（五）市场价值

理论上，一个企业潜在未来收益的综合计量结果，是由市场所决定的该企业的价值。财务理论家们假设，在一个有序、有效的股票市场中，所有者的预期未来现金流量的变化是受企业的股票市场价格变化影响的，如果所有者来自股息和存货增值预期的未来利润是建立在企业真实价值或现金生产能力的基础上，那么市场价格的变化也许是企业经营绩效的一个恰当的指示器。

市场价值比率指标主要有市盈率、净资产倍率等。

（六）经济增加值

在经济术语中，企业经营绩效的主要计量方法是经济增加值。经济增加值是指从一个时期到另一时期对企业所有者产生的预期未来现金流量的现值减去所有者的净投资后的差额。

贴现是预计未来现金流量所得到的现值，常被用于评价企业经营活动，评价购置资产备选方案，确定资本投资决策。出于计量酒店企业经营绩效的目的，经济增加值是指在绩效计量期内，由于培训管理人员提高工作频率而使酒店增加的价值。

二、顾客评价指标体系

绩效评价系统中的顾客评价指标，使酒店企业能够把自己的核心顾客结果评价标准——满意、忠诚、回头率和获利能力，同其所选中的顾客群体和市场部分相衔接。顾客评价指标体系的一般评价指标有：

（一）市场份额的评价

在确定顾客群体或市场领域之后，就可直截了当地评价市场份额。酒店协会、贸易协会和政府的统计数字以及其他公众组织，通常可对市场的总体规模进行估计。

（二）获得顾客的评价

酒店若想扩大自己的市场份额，就应制订一项在市场中扩大顾客来源的计划。争取顾客的工作既可通过新顾客的数量来评价，也可通过统计向这些新顾客销售的产品总额来评价。

（三）顾客满意度的评价

评价顾客的满意程度可以为酒店经营绩效提供反馈。无论多么重视顾客的满意程度都不过分。研究表明，只有在顾客购买产品时完全满意或极为满意的情况下，酒店才能指望他们反复购买自己的产品。

（四）留住顾客的评价

显然，若想通过特定的顾客群体保持或增加市场份额，一种可取的方式是保持现有的顾客。除了留住顾客之外，许多酒店都希望通过评价同现有顾客进行的交易量来评价这些顾客的忠诚度。

（五）从顾客处获取利润的评价

酒店不仅要评价同顾客达成的交易量，而且要评价这种交易是否有利可图，特别是在特定的顾客群体中。能否长期获利应成为决定保留或排除顾客的关键。尽管目前在某些新顾客身上无利可图，但这些顾客仍然很重要，因为他们能给酒店带来业绩增长潜力。但是，同酒店保持多年关系的老顾客，酒店仍无利可图就应放弃这类顾客。

通过对市场份额和能否从顾客处获取利润的评价，经营者可以得到有关其酒店市场战略效果的反馈信息。

三、内部业务流程评价指标体系

在酒店内部运作过程中，有三个主题推动着内部绩效的改进：收入的增长和混合，降低成本和提高生产率，资产利用和投资战略。收入的增长和混合是指增加产品和服务的提供、获得新的市场和顾客、调整产品和服务的构成以实现增值，以及重新确定产品和服务的价格。降低成本和提高生产率是指努力降低产品和服务的直接成本和间接成本，以及与其他经营单位分享共同的资源。对资产利用和投资战略主题来说，管理者要努力降低支撑业务的特定数量和构成所要求的运营资本水平；管理者通过在新的业务中利用目前未加以利用的生产能力、提高资源的利用效率和清除市场价值盈利不足的资产，竭力提高对固定资产基础的利用。

（一）收入的增长和混合

对处于成长阶段和收获阶段的经营单位来说，最常用的收入增长评价方法是销售额增长率和市场份额。

1. 新产品

处于成长阶段的酒店通常注重扩大现有的产品种类或者提供全新的产品和服务。关于这一目标，常用的评价方法是计算一个具体期间（如 2~3 年）所推出的新产品和服务创造的收入所占的百分比。

2. 新的顾客和市场

诸如新的顾客、市场份额和地区的创收率这样的评价方法将注重对增加收入的来源进行调查。一家酒店在目标市场上所占的份额是一项常用的计量方法。这种方法使酒店能够估计其市场份额的增大是来源于富有竞争力的供应改善，还是来源于市场总规模的扩大。销售额增加，但在市场上所占份额遭受损失，可能表明酒店的战略或者其产品和服务的吸引力存在问题。

3. 新产品和服务的构成

酒店可以选择通过改变其产品和服务的构成来增加收入。

4. 新的定价战略

利润增长计划，特别是那些成熟的或处在收获期的酒店企业的利润增长计划，可能是通过提高产品和服务的价格来实现的。一些酒店已经发现，可以提高一些特殊产品或是根据顾客特殊要求定做的产品的价格，或取消价格优惠，以便在现有的无利可图的产品和顾客身上收回成本。产品的利润率或无利可图的产品和顾客的百分比，可提供反映过去实行的定价战略成功与否的指数。对于同类产品和服务项目来说，一个简单的定价公式，如每间客房的收入等，都可反映出酒店企业的定价战略。

（二）降低成本和提高生产率

除了建立有关收入的增加和混合等目标外，酒店企业还可能要改善自己在成本费用和生产率方面的业绩。

1. 提高生产率

处于成长阶段的经营单位，其重点不大可能是降低成本费用。其生产率目标应当注重增加收入，如员工人均收入等，以促进向附加值较高的产品和服务转移，提高企业的实物竞争力和人力资源管理能力。

2. 降低单位成本

对处于维持阶段的企业来说，实现有竞争力的成本水平、提高经营利润、监测间接和辅助性开支水平，将有助于提高获利能力和投资回报率。对产出比较单一的企业来说，降低单位成本的简单目标就足够了。

3. 改善交易渠道

降低成本费用的重要方法就是把顾客和供应商从由人力来处理的高成本渠道转移到低成本的电子渠道。一个经营单位若采用这一降低成本战略，就能够评价不同渠道交易所占的百分比。

4. 降低营业成本

许多酒店目前正积极致力于降低销售开支、一般性开支和管理开支。这一工作是否成功可通过这些开支的绝对数量，或这些开支在总成本或利润总额中所占的百分比来评价。削减开支和费用的计划应与酒店绩效评价体系的其他手段综合使用，如顾客的反应、产品质量和工作表现等，这样，削减开支才不会影响重要的顾客计划和内部经营目标的成功实施。酒店应对间接开支和后勤开支所产生的价值进行评估，而不应局限于削减这些开支和减少后勤支持，更应着眼于提高这些开支和后勤支持的效率，如发展更多的顾客、增加销售额、增加交易额、提供更多的新产品、改进服务技术等。同时，应提高后勤支持部门的工作效率，增加这些部门的投入和产出比例。以经营活动为基础的成本分析可以看出间接开支、后勤开支和管理开支同这些开支产生的经营活动和成果之间的联系。

（三）资产利用和投资战略

酒店可利用资本回报率、投资回报率和经济附加值等目标提供对内部运作绩效的总体评价。

四、学习和成长评价指标体系

现代企业绩效评价制度强调对未来进行投资的重要性。要实现长期的财务目标，企业必须对其基础设施——员工、信息系统和经营过程进行投资。酒店企业的学习和成长评价一般包括三大内容：员工能力，信息系统能力，积极性和创造能力。

（一）员工能力

酒店企业要想超越现有的财务和顾客业绩，提高员工能力相当重要。

1. 对员工满意度的评价

员工感到满意是提高劳动生产率、反应速度和服务质量的一个必要前提。对本职工作最满意的员工同时能使酒店的顾客最满意。所以，酒店要想使顾客感到高度满意，就应该使员工对本职工作感到满意，应每年对顾客的满意度进行一次调查，或每月对员工的满意度进行一次抽查。员工感到满意的因素一般有：

（1）参与决策；

（2）认为本职工作不错；

（3）在做好本职工作时得到肯定；

（4）主观能动性得到鼓励；

（5）后勤部门提供积极支持；

（6）对企业整体上感到满意。

员工可以通过参考上述标准对酒店的满意度打分，非常满意可打最高分，不满意打最低分。这样，可列出员工满意度的综合指数。

2. 对员工保留率的评价

员工保留是指企业保留那些在他们身上能获得长期利益的员工。酒店对员工进行长期投资，这些员工的不辞而别将给酒店造成知识资本的损失。长期聘用的、忠实的员工代表着企业的价值观念。

3. 对员工劳动生产率的评价

评价员工的劳动生产率是对员工的总体培训效果进行评价，这种总体培训包括加强员工技能、改善工作态度、改进经营程序并使顾客感到满意，培训目的是使员工的劳动生产率同投入的员工数量成正比。

评价员工劳动生产率最简单的标准是每位员工给酒店带来的收入。因为企业和员工都注重向顾客提供高附加值的产品和服务，每位员工给酒店带来的收入应有所增加。

（二）信息系统能力

要想使员工在竞争环境中有效地发挥作用，就必须使他们获得足够的信息，即有关顾客、过程程序及财务决策的后果等方面的信息。

一线员工需要及时、准确、全面地了解每一位顾客同酒店的关系，这些信息可能包括成本分析和每位顾客可能给酒店带来的利润。一线员工必须得到的信息还包括在多大程度上满足现有顾客的现有需要，并且满足顾客未来的需要。一线员工需要及时、准确地得到所生产的产品和所提供的服务的信息反馈，只有得到这些信息反馈，他们才能贯彻改进计划，有系统地消除弊端，并且在服务过程中减少多余的成本、时间和浪费现象。

良好的信息系统可以帮助员工不断地改进生产和服务过程。一些企业已制定了信息覆盖比率，用于评价现有的信息系统满足员工需要的能力。对信息系统的灵敏程度进行评估的标准可能包括反应时间、周期、成本反馈，以及直接面对顾客的员工接触信息系统的途径等。

（三）积极性和创造能力

如果不激发员工的积极性，使他们以最好的方式为企业服务，不给他们以决策和采取行动的自由，那么向技术熟练的员工提供完美的信息途径也不能保证酒店获得成功。所以，酒店内部的学习和成长评价的第三大内容是营造企业内部环境，激发员工的积极性和创造能力。

1. 测定被采纳建议的数量并对改进结果进行评价

可通过多种手段评价酒店是否已激发员工的积极性并向员工授予一定权力。一种被广泛采取的简单方法是，测定每个员工提出建议的数量。这一手段可评价员工对改善酒店绩效的参与程度。酒店还可采取其他措施对这一手段进行补充，包括测定被采纳或执行建议的数量，这一附加手段可评价员工提出建议的质量高低，同时，可向其他员工表明，员工的建议受到酒店重视和认真考虑。对建议进行反馈并执行其中一些建议的做法会鼓励员工提出更多的建议。

2. 对个人及部门之间的协作进行评价

个人及部门之间能否实现联合，取决于个人、各部门和企业的目标是否有联系。在部门的较低层单位实行绩效评价制度有两个目的:（1）使个人及部门的目标、报酬和认知程度同实现企业目标息息相关;（2）对工作表现进行集体评估。

3. 对团队的表现进行评价

酒店越来越多地依赖团队合作来实现重要的经营程序——产品开发、对顾客提供服务及进行经营活动等。酒店需要一些目标和评估手段来鼓励团队建设，并评估团队所取得的业绩。

第三节　酒店绩效评价指标的分析

对酒店绩效评价指标进行分析有两大用途：一是确定企业的偿债能力，二是评价企业的经营业绩。通过对酒店绩效评价指标的分析，将反映过去的经营成果和财务状况的企业财务报表数据信息，转变为预计企业未来的有用信息，以体现传统酒店会计报表数据信息的真正价值。

一、酒店偿债能力分析

酒店偿债能力是指酒店偿还各种到期债务的能力。偿债能力分析包括短期偿债能力分析和长期偿债能力分析两个方面。

（一）短期偿债能力分析

短期偿债能力是指酒店以流动资产偿还流动负债的能力。通过分析流动资产与流动负债的关系，即酒店资产的流动状况，可判断酒店短期偿债能力。这类比率指标主要包括流动比率、速动比率、现金比率等。

1. 流动比率

流动比率是指流动资产总额与流动负债总额之比，表示每元流动负债可由多少流动资产来偿还。其计算公式是：

流动比率 = 流动资产 / 流动负债

上述公式中，流动资产是指货币资金、应收账款净额、应收票据、存货、预付货款、短期投资以及其他应收款和待摊费用。流动负债是指短期借款、应付账款、应付票据、应收货款、应付工资福利费、应付利润、应交税费等各种未交款、其他应付款、预提费用以及一年内到期的长期负债等。

流动比率反映了酒店的短期偿债能力。比率越高，偿债能力越强；反之，越弱。一般而言，流动比率能达到 2 ∶ 1 的水平，就表明该企业的财务状况是稳妥可靠的。因为此时企业的营运资金（流动资产减流动负债后的余额）等于流动负债，一方面使债权人的债务偿还有保证，另一方面又不至于使大量资金滞留在流动资产上。从另一个角度来看，在扣除了约占流动资产一半、变现能力最差的存货金额之后，剩下的一半流动性较大的流动资产至少要等于流动负债，企业的短期偿债能力才有保证。

但这个比率并非越大越好，因为流动比率大，可能是存货积压或滞销的结果，也可能是拥有过多的货币资金，未能很好地在经营中加以运用的缘故。所以，在评价流动比率时应注意：对债权人来说，流动比率越大越好，但对企业来说应该有个上限。

2. 速动比率

速动比率是指企业的速动资产与流动负债的比率。速动资产是那些可按其本身市值即时转换为现金、偿付流动负债的流动资产，它是流动资产中最具流动性的一部分。速动资产主要包括货币资金、应收账款、应收票据（扣除坏账准备）和可替代现金的短期投资以及其他应收款。速动资产不包括存货，这是因为：存货变现速度慢，要通过市场销售、应收账款才能转换为现金，并且其转换为现金的时间和数额都不好确定；部分存货可能已损失、报废或抵押出去而未做处理；由于计价方法的影响，存货的估价存在成本与市价的差距。

速动比率比流动比率更足以表明企业的短期偿债能力。流动比率只能表明企业的流动资产总额与流动负债总额之间的关系，如果流动比率较高，而流动资产的流动性很低，其偿债能力仍然是不强的。因此，在不希望酒店用变现存货的办法来还债，而又想了解酒店当前的变现能力，可计算速动比率，因为它抛开了变现力较差的存货。

速动比率的计算公式为：

$$速动比率=\frac{速动资产}{流动负债}$$

速动资产的计算方法有二：一是用减法，即流动资产减存货，或流动资产减存货、待摊费用和预付费用；二是用加法，从流动资产中去掉其他一些可能与当期现金流量无关的项目，即用现金、可上市短期有价证券、应收账款净额三项作为速动资产。用第二种方法计算的速动资产与流动负债的比率称为保守速动比率或超速动比率，这是因为：预付款只能减少未来的现金支出，不能转换为现金，不属于速动资产；待摊费用因缺乏市场价值而无变现价值可言，也不属于速动资产。

假定企业面临财务危机或办理清算时，在存货、待摊费用、预付费用等无法立即变现的情况下，速动比率反映了企业以速动资产支付流动负债的能力，即企业应付财务危机的能力。速动比率越大，其短期偿债能力就越高，一般认为速动比率以 1 ∶ 1 为宜。当然，这个比率也不是绝对不变的，应视每个酒店企业速动资产的构成等因素而定。如果速动资产过多，又可能使企业丧失良好的投资获利机会。

3. 现金比率

现金比率把现金和可上市短期有价证券之和与流动负债进行对比。其计算公式为：

$$现金比率 = \frac{现金 + 可上市短期有价证券}{流动负债}$$

这是衡量酒店短期偿债能力的一个最保守的指标，反映酒店的即刻变现能力。它表明酒店在财务状况最坏的情况下随时可以还债的短期偿债能力。

在企业把应收账款和存货都抵押出去或者已有证据可以肯定应收账款和存货的变现能力存在严重问题的情况下，可用现金比率分析企业的短期偿债能力。

过高的现金比率说明企业的资金闲置或尚未充分利用现金资源，应投入经营赚取更多利润；过低的现金比率则可能反映企业当前付款存在困难。

（二）长期偿债能力分析

对酒店长期偿债能力的分析主要是为了确定该酒店偿还债务本金与支付债务利息的能力。这种分析可从资产负债表反映的资本结构的合理性和利润表反映的偿还借款本息的能力两方面进行。前者用资产负债率表示，后者用利息保障倍数反映。这两个指标也称资本结构比率或杠杆比率。其用途一是提供偿债能力指标，二是提供所有者所负风险程度的指数。这些指标可以分析权益与资产的关系、权益之间的关系和权益与收益之间的关系，从而最终评定企业资本结构的合理性，评价企业的长期偿债能力。

杠杆比率是衡量一个企业在与债权人提供的贷款相比之下的由所有者供给的资金。其含义在于：

第一，债权人提供贷款的安全程度，将由所有者提供的资金来保证。如果所有者提供的资金在资本总额中只占很小的比例，企业的风险将主要由债权人承担。

第二，通过举债筹资，所有者可以得到用有限的投资保持企业的控制权的利益。

第三，如果企业所获得的利润多于所支付的借款利息，所有者的利润就随之扩大。

1. 资产负债率

它是企业负债总额与资产总额（权益总额）之比，反映在总资产中有多大的比例是通过举债筹资的，也表明债权人债权的保障程度。其计算公式是：

$$资产负债率 = \frac{负债总额}{资产总额}$$

酒店的负债控制在什么水平比较有利，主要取决于酒店的投资收益率与借款利率的比较：当投资收益率高于借款利率时，资产负债率越高，企业的利润越多，对企业越有利，股东所得利润也相应增加；当投资收益率低于借款利率时，资产负债率越高，企业的利润越少，对企业越不利，股东所得利润也相应减少。如果企业的经营收益少于应付的利息，则企业将发生亏损，甚至因此面临破产的危险。

从股东的立场来看，企业的借入资本与股本在经营中发挥的作用是相同的。股东所关心的是借入资本的计价，当企业所得的投资收益率超过借款利率时，归股东所得的利润将随之扩大。这样，股东的好处一方面是获得较高的投资收益，另一方面是参与甚至控制企业的管理。

因此，当经济衰退时，资产负债率低的企业风险较小，但其预期的利润也较少；当经济繁荣时，资产负债率高的企业风险较大，但有赚取较多利润的机会。所以，资产负债率反映了一个企业理财决策的效果和举债经营的能力。

从债权人的立场来看，债权人权益比率（负债比率）反映了债权人提供的资本占全部资本的比率，这个比率的大小反映了债权人提供贷款的安全程度。如果这个比率很大，则说明企业的风险将主要由债权人承担，这当然不是债权人所希望的。

但从经营者的角度来看，这个比率又反映了企业的魄力和能力。举债经营手法是所冒风险和所获利润的较量，实质是权益上的衡量。

如果酒店发生清理的话，与债权人相比，所有者则可能由于要扩大利润或筹措新的资金而放弃某种程度的企业控制权，去寻求更高的杠杆。如果负债比率过高，可能会产生鼓励所有者对企业经营不负责任的危险动作，因为他们对企业只承担以其股本额为限的经济责任。他们可能铤而走险从事投机活动，成功了，他们会获得巨额利润；失败了，他们的损失却很少，因为他们投入的很少。

下面是资产负债率反映资本结构的衍生指标：

（1）产权比率，也称股东权益比率或净资产比率，是指股东投入的资金与资产总额的比率。它反映了属于股东投入资本在全部资本中所占的比重，即股东权益在权益中所占的比重。它与债权人权益比率是一个相配合的比率，两者相加之和应为100%。其计算公式是：

$$产权比率=\frac{股东权益}{资产总额}$$

（2）负债与股东权益比率，是指负债总额与股东权益的比率，表示债权人提供的资金与股东提供资金的相对关系，表明企业财务结构的强弱以及债权人的资本受到股东权益的保障程度。其计算公式是：

$$负债与股东权益比率=\frac{负债总额}{股东权益}$$

（3）负债与有形净值比率。有形净值是指股东权益减去无形资产，即账面上股东具有所有权的有形资产的价值。负债与有形净值比率是更为保守和谨慎地衡量企业长期偿债能力的指标，也反映了企业清算时保护债权人利益的程度，且比率越低越好。

由于无形资产不一定能用来还债，出于谨慎考虑，在净资产（股东权益）中将其扣除之后再行计算。负债与有形净值比率的计算公式为：

$$负债与有形净值比率 = \frac{负债总额}{股东权益 - 无形资产}$$

2. 利息保障倍数

反映企业长期偿债能力的另一个指标是利息保障倍数，即从债务中获得的收益是所需支付的债务利息的多少倍。只要收益赚取倍数足够大，酒店无力偿债的可能性就很小，如果酒店在支付利息方面不存在困难，通常也将有能力再借款用于归还到期的债务本金。当然，关键是酒店的信誉。

举债的目的是获得必要的经营资本，但前提是所付利息必须少于借款所赚取的利润，即所谓举债经营。利率越高，借入资本的盈利少于利息的风险就越大，衡量这种风险的程度可用利息保障倍数指标。其计算公式是：

$$利息保障倍数 = \frac{息税前利润}{利息费用}$$

其中，息税前利润 = 税后净利润 + 利息费用 + 所得税 = 利润总额 + 利息费用

之所以用息税前利润，是因为所得税和利息费用也是以借款赚取的，且本身不影响利息的支付。利息资本化导致把那些本该按费用支付出去的利息加到了固定资产价值上去，这部分利息也应该包括在上述公式中的利息费用中。

由于企业支付的利息计入当前费用后直接影响当前利润，所以，在其他因素不变的前提下，利息负担越重，利润越低；反之，就越高。因此，利息保障倍数高，表示负债尚未形成企业负担，债务的安全性就大，企业的长期偿债能力也就强；如果利息保障倍数接近 1，表示该企业的利息负担过重，债务的安全性就差。

从长远来看，一个酒店的利息保障倍数至少要大于 1，否则就不能举债经营。但短期内，酒店可能在利息保障倍数低于 1 的情况下，仍有能力支付利息，这是因为有些减少利润的费用项目不需要当前支付现金，如折旧、摊销等。一般来说，债权人和所有者都希望利息保障倍数越高越好。

二、酒店营运能力分析

反映酒店资金周转营运能力的比率指标，主要包括应收账款周转率、存货周转率、营业周期、客房收益、营运资金周转率、总资产周转率。

（一）应收账款周转率

它是指酒店商品销售收入与应收账款平均余额之比，表现为以下三个指标：

$$应收账款周转次数 = \frac{商品销售收入}{应收账款平均余额}$$

$$收回应收账款平均天数=\frac{365}{应收账款周转次数}$$

$$应收账款周转天数=\frac{应收账款平均余额}{商品销售收入}\times365$$

计算这些指标时，应收账款应是扣除坏账损失后的净额，且包括应收票据。应收账款平均余额的计算公式是：

$$应收账款平均余额=\frac{期初余额+期末余额}{2}$$

在上述应收账款周转率的三个指标中，应收账款周转次数是计算期内酒店应收账款转换为现金的平均次数；应收账款周转天数则是酒店从取得应收账款的权利到收回款项转换为现金所需要的时间，即应收账款周转一次所需的天数。周转次数越多，周转天数越少（平均收款期越短），则应收账款周转率越高，说明酒店应收账款的收回越快，可以减少坏账损失，增强企业资产的流动性和短期偿债能力，避免营运资金过多地长时间滞留在应收账款上，一定程度上可以弥补流动比率低的不利影响。酒店收回应收账款平均天数则是越少越好，所以选择资质良好的销售渠道至关重要。如果酒店应收账款周转率过高，则可能是付款条件过于苛刻的严格信用政策所致，这可能会影响销售量的扩大而制约盈利水平；如果企业的应收账款周转率过低，说明企业的收账效率太低，信用政策太宽松而影响资金的周转和利用。

（二）存货周转率

存货周转率是指商品销售成本与存货平均余额之比，说明企业的存货量是否适当及销售能力的强弱，表现为以下两个指标：

$$存货周转次数=\frac{商品销售成本}{存货平均余额}$$

$$存货周转天数=\frac{存货平均余额}{商品销售成本}\times365=\frac{365}{存货周转次数}$$

存货周转次数表示计算期内存货转换为现金或应收账款的次数；存货周转天数表示存货转换为现金或应收账款一次所需的天数，即存货额相当于多少天的销售额（成本）。存货周转次数越多，周转天数越少，存货周转率越高，则说明存货的流动性越好，在利润率不变的条件下，利润就越多，或利润额不变，存货资金占用量就越少。因此，存货周转率是衡量酒店销售能力强弱和存货过量或短缺的指标，它与酒店的获利能力有着直接的联系。

当然，也不能绝对地认为存货周转率越高，效率就高。库存少，存货周转率肯定高，但订货次数多会使订货成本增加且不能享受数量折扣，还会带来不能按时交货的风险。因此，必须寻求最佳存货批量。另外，企业经营方针的调整、存货计价方法的变更等都会影响存货周转率。

（三）营业周期

营业周期是指从取得存货开始到销售存货并收回现金为止的这段时间。其计算公式是：

营业周期 = 应收账款周转天数 + 存货周转天数

营业周期表示的是需要多长时间才能把期末存货全部转换为现金。营业周期的长短说明资金周转速度的快慢。

（四）营运资金周转率

营运资金周转率是指商品销售收入与营运资金平均余额之比。其计算公式是：

$$营运资金周转率 = \frac{商品销售收入}{营运资金平均余额}$$

营运资金周转率表明酒店所拥有的平均每元营运资金能实现多少商品销售收入。

（五）总资产周转率

总资产周转率又称总资产利用率，是指销售收入净额与平均资产总额之比。其计算公式是：

$$总资产周转率 = \frac{销售收入净额}{平均资产总额}$$

其中，

$$平均资产总额 = \frac{期初资产总额 + 期末资产总额}{2}$$

该比率反映酒店全部资产的使用效率，衡量酒店运用全部资产创造销售收入的能力。它的高低会影响企业的获利能力，应采取措施提高销售收入和降低资产占用。

三、酒店获利能力分析

酒店资本增值获利能力是指酒店企业以成本赚取利润、以资本获得增值的能力，它是酒店企业生存和发展的根本。

资本增值获利能力是资金周转营运能力的结果，是资金流动偿债能力的基础，具有综合性和核心性。

表示酒店资本增值获利能力的指标较多，主要有销售利润率、客房收益率、资产收益率、资本保值增值率和市场价值率五个方面。

（一）销售利润率

销售利润率是利润与销售收入净额之比，主要有毛利率和净利率两个指标。

1. 毛利率

毛利率表示每元销售收入有多少可以用于各项期间费用和形成税前利润。其计算公式是：

$$毛利率=\frac{毛利润}{销售收入}$$

其中，毛利润仅指销售收入扣除销售成本（包括流转税）后的余额。

毛利率的作用在于：（1）揭示企业销售产品的主营业务的获利能力；（2）反映占企业费用支出最主要部分的销售成本对企业当前利润的直接影响；（3）可以看出售价、流转税对企业获利能力的影响；（4）估计企业承担销售费用、管理费用、财务费用等期间费用的能力。

2. 净利率

净利率反映每元销售收入带来多少税后净利润。其计算公式是：

$$净利率=\frac{净利润}{销售收入}$$

其中，净利润是指扣除所得税后的利润。

净利率受行业特点影响较大。竞争方式、经济条件、筹资方法、资本结构及营业特点等因素，都会使不同企业的净利率不一致。

（二）客房收益率

客房收益率是反映酒店客房经营成果的指标，是酒店实际实现的销售收入与潜在的销售收入的比值。其计算公式为：

$$客房收益率=\frac{实际客房销售收入}{潜在客房销售收入}\times 100\%$$

$$=\frac{实际租出客房数}{客房总数}\times\frac{日平均实际房价}{日平均潜在房价}=客房出租率\times 房价实现率$$

其中，

实际客房销售收入 = 实际租出客房数 × 日平均实际房价

潜在客房销售收入 = 客房总数 × 日平均潜在房价

$$日平均实际房价=\frac{客房总销售额}{客房总销售数}$$

$$房价实现率=\frac{日平均实际房价}{日平均潜在房价}\times 100\%$$

客房收益率指标兼顾了客房出租率与房价两大要素，为了解酒店企业的客房获利能力提供了一种全面、客观的评估手段。

（三）资产收益率

资产收益率包括总资产收益率和净资产收益率。

1. 总资产收益率

总资产收益率是指酒店税后净利润加利息支出与平均资产总额的比率关系。总资产收益率用于衡量酒店运用全部资产（投资总额）产生利润的能力，反映酒店全部资产使用的综合效果和全面经营效率。其计算公式为：

$$总资产收益率=\frac{税后净利润+利息支出}{平均资产总额}$$

其中，

$$平均资产总额=\frac{期初资产总额+期末资产总额}{2}$$

总资产收益率一方面反映了所有者和债权人提供资本的获利能力（即投入产出能力），另一方面反映了酒店管理资产、利用资源的效率。这个指标的高低与酒店的资产存量、资产结构、资产增量密切相关，综合体现了酒店的经营管理水平。

2. 净资产收益率

净资产收益率也称所有者权益报酬率，是指净利润与所有者权益之比，是所有者投资的投资利润率。其计算公式为：

$$净资产收益率=\frac{净利润}{平均所有者权益}$$

其中，平均所有者权益是指资产总额减负债总额后的净资产期初、期末平均数。净资产收益率反映了所有者投资的收益水平。

（四）资本保值增值率

资本保值增值率是在不考虑货币时间价值和物价变动因素影响的情况下，期末所有者权益与期初所有者权益的比率。其计算公式为：

$$资本保值增值率=\frac{期末所有者权益}{期初所有者权益}$$

资本保值增值率指标反映了酒店的资本保值和资本增值，等于1为保值，大于1为增值。

（五）市场价值率

市场价值率是反映上市公司财务状况、股票价格和盈利能力的重要指标。上市公司是指股票经过批准已公开挂牌上市交易的股份有限公司。市场价值率主要包括每股收益率、市盈率、净资产倍率和股利支付率。

1. 每股收益率

每股收益率的计算公式为：

$$每股收益率=\frac{净利润-优先股股利}{流通在外的普通股股数}$$

2. 市盈率

市盈率是指每股市价与每股净利润之比。其计算公式为：

$$市盈率=\frac{每股市价}{每股净利润}$$

该指标表示投资者对每赚一元税后利润所愿支付的股票价格。该指标的倒数是以股票市价计算的股东投资报酬率。因此，市盈率越高，表示股东所要求的投资报酬率越低。股东如果愿意接受目前较低的投资报酬率，可能是公司预期股票会增值或税后利润会增加，而愿冒此投资风险。

一般认为市盈率以 10~20 为正常。市盈率小说明股价低，风险小；市盈率大说明股价高，风险大。发展前景较好的企业通常都有较高的市盈率，发展前景不佳的企业市盈率也较低。

3. 净资产倍率

净资产倍率是指普通股每股市场价格与每股账面价值的比率。其计算公式是：

$$净资产倍率=\frac{每股市场价格}{每股账面价值}$$

$$每股账面价值=\frac{所有者权益总额-优先股权益}{流通在外的普通股股数}$$

净资产倍率反映了普通股票本身价值的大小，净资产倍率越大，股票的价值越高。因此，该指标反映了企业潜在的发展能力。

4. 股利支付率

股利支付率是每股股利与每股收益的比率，也可以表示为分配的现金股利总额与税后净利润总额的比率，即当前净利润中有多少用于支付股利。其计算公式为：

$$股利支付率=\frac{每股股利}{每股收益}\times 100\%$$

$$=\frac{分配的现金股利总额}{税后净利润总额}\times 100\%$$

其中，

$$每股股利=\frac{分配的现金股利总额}{流通在外的普通股股数}$$

股利支付率表示属于普通股东的收益中，已经以现金支付部分所占的比例，其高低只取决于企业的股利政策。即在实现的净利润中，留归企业发展和向股东发放股利的分配关系。这种股利政策往往会影响股市价格。股东有时以每股股利除以每股市价来衡量其投资报酬率的大小，以取得股利收入为主要目标的长线投资股东，尤其重视这一现金报酬率或股息率。

本章小结

效益是根本，现代酒店开展经营管理活动的主要目的，就是取得良好的经营绩效。酒店经营绩效的分析与评价，为酒店经营者了解经营现状，分析经营中产生问题的原因，以及改进经营绩效的决策活动，提供了有益的帮助。

绩效评价是指根据确定的目的来测定对象系统的属性，并将这种属性变为客观定量的计值或者主观效用的行为。酒店绩效评价可从财务指标与非财务指标两方面进行，采用国际流行的平衡计分卡方法，从财务维度、顾客维度、内部业务流程维度、学习和成长维度四个方面，构建酒店绩效评价的指标体系。

酒店绩效评价指标的分析，主要针对偿债能力、营运能力和获利能力三个方面。通过上述分析，确定酒店企业的偿债能力和经营业绩，将反映过去的经营成果和财务状况的企业财务报表数据信息转变成预计企业未来的有用信息。

同步练习

一、同步学习

1. 扫描本章二维码，进行网络课程的预习。

2. 找到书后习题，完成练习和自测。

二、问题思考

1. 酒店绩效评价系统由哪些要素构成？

2. 什么叫平衡计分卡？它的核心思想是什么？

3. 酒店偿债能力分析的指标有哪些？

4. 从哪些方面可以了解酒店的营运能力？

5. 反映酒店获利能力的指标有哪些？

三、讨论交流

以 3~4 人的小组为研究单位，通过互联网查找资料，进行以下问题的研究，作出调研报告，编制 PPT 文件，在课堂上进行交流分享。

1. 中国酒店运营能力指标的解析。

2.《2020 年中国酒店业绩回顾与展望》报告的分析。

实例参考

《2020 年中国酒店业绩回顾与展望》

由浩华管理顾问公司与中国旅游饭店业协会合作、至今已连续十九年出版的《中国饭店业务统计》，成为中国迄今为止最详尽、最全面的酒店业统计刊物。2021 中国饭店业务统计覆盖了全国 214 个城市，共收到来自 66 家管理公司、176 个品牌，共计 1415 份问卷。

一、休闲散客带动市场回温

（一）全国酒店市场业绩表现总览

2020年第一季度新冠疫情的爆发对全国酒店市场造成的致命性打击、后疫情时期零散的地区性影响，及其对国际市场持续性影响，使得2020年整体四星级及五星级酒店市场的全年平均入住率仅为44%，即使是三星级及有限服务类别的酒店也仅有52%的入住率。在整体需求疲软的情况下，三个层级市场的平均房价也有大约12%的下滑。受到平均入住率与平均房价双重下滑的影响，三个市场在2020年的平均每间房收益直线下滑至自2002年有中国饭店业务统计记录以来的最低值，跌幅达到38%。

值得注意的是，这与2003年非典疫情及2008年至2009年的全球金融危机对中国高星级酒店业绩的打击不同。由于此次的黑天鹅事件覆盖面更为广泛且持续性更强，不仅五星级酒店的业绩表现反应强烈，三四星级酒店的业绩下滑程度也十分显著。

鉴于平均房价与平均入住率的双重下跌，整体市场的经营毛利率呈现明显下降的趋势。2020年全国五星级酒店的平均经营毛利率仅为20%。若以平均房价划分区间，则平均房价在700元至1000元这一区间的酒店，经营毛利率下滑程度最为明显；平均房价在400元至700这一区间的酒店次之。事实上，这两个平均房价区间内集中了大量标准商务会议型酒店，这类酒店在大型会议会展受限、商务活动减弱的大环境下，全年平均每间房收益这一指标的降幅最为显著，达到34%。在严峻的市场环境下，即使及时采取压缩成本等手段，这类酒店的运营利润仍大打折扣，因此才呈现出年均10%左右的下降幅度。

（二）旅游目的地实现唯一业绩正增长

从各城市层级的五星级酒店业绩表现来看，一线城市受损相对严重，平均房价及平均入住率均应声下降。一方面，一线城市对国际市场依赖度较高；另一方面，一线城市中，北京受到6月二次疫情暴发以及冬季多次北方疫情反复的影响，全年入住率受损严重。这也直接导致整体一线市场的平均每间房收益降幅高至52%。

相较之下，二线市场则是“内循环”政策的核心受益者。随着国内商务及旅游需求在5月份后开始逐步复苏，整体市场业绩回暖，二线城市五星级酒店平均每间房收益约下降三成。三线城市五星级酒店的平均每间房收益则持续在低位徘徊，平均每间收益约下降32%。值得关注的是，旅游目的地是唯一呈现出业绩上涨的市场。虽然旅游目的地的平均每间房收益的提升仅为1%，但却是四类城市层级中唯一呈现出业绩上涨的市场。

众所周知，全球疫情肆虐导致国门封闭，海南几乎成了国人唯一的海岛度假目的地选择。因此，自四月份国内全面解封以来，该市场酒店业绩提升迅速，并在2023年7月与8月暑期达到首个需求顶峰，且在北方进入冬季之后，其需求量也只增不减。回看全年，在五星级整体市场平均每间房收益降低38%，经营毛利降低58%的情景下，海南酒店市场的平均每间房收益实现了约6%的增长，每间房经营毛利增长达18%。可谓是，海南一省引领了整个旅游目的地的复苏。

过去一年，三亚市场以 60% 的平均入住率与 1145 元的平均房价为市场留出了充足的利润空间，且该市场的经营毛利率也达到 36%。与四个一线城市对比来看，三亚酒店市场平均每间房 12 万元的经营利润大约是受疫情影响最严重的北京的 5.6 倍。

当聚焦除海南之外的远郊目的地酒店与近郊目的地酒店并进行对比时，坐拥得天独厚自然资源的远郊目的地，因受到鲜明的季节性、较弱的交通通达性，以及偶发的地区性疫情等影响，全年平均每间房收益不及五星级酒店的平均水平。就近郊目的地酒店而言，在“内循环”政策的带动下，因其靠近城市客源市场的地理位置，近郊度假目的地的获客能力相对更好，业绩表现更为稳定。

针对各类度假产品的表现进行回顾总结时，可以发现主题明确的度假产品系列更受欢迎。在 2022 年差旅减缓致会议及团队客人受限，同时休闲散客带动整体市场复苏这一背景下，广大无法出国的高支付能力散客便将目光投向中国当下的新型度假产品，诸如深度线路游、一站式度假目的地、生活方式度假酒店等主题明确的度假产品皆受到了休闲散客的普遍欢迎。此外，具有独特产品亮点的度假酒店也在竞争中脱颖而出。

（三）城市产品休闲化正成为未来趋势

从核心城市的业绩分布来看，全年五星级酒店业绩受到地理分布的影响显著。由于 2022 年北方多次受到疫情反复的影响，北方城市的平均入住率普遍偏低，特别是以北京、大连、天津为代表的华北、东北地区，全年入住率仅约为 35%。

相较之下，南方城市的平均入住率和平均房价皆好于北方城市。区域二线城市的平均入住率均在 50% 左右，除了南京与武汉两个传统流量型市场以外，其他核心二线城市的平均房价相对坚挺。

武汉和长沙是需要着重关注的两个城市。武汉作为新冠疫情的风暴中心，虽然在平均房价上略显疲软，但入住率却高于市场预期。如此前的数据分享显示，2020 年武汉的需求曲线与其他城市呈相反的趋势。归纳其原因，首先是 2 月与 3 月都因医疗工作队的驻扎使得该酒店市场的平均入住率保持在 60% 以上；随后，经过三个月的沉寂，在暑期到来之际受到国家刺激政策的积极影响，需求逐渐回暖；加之第四季度需求旺季，整体入住率略微高于其他二线核心市场。

反观长沙这一新晋网红城市，其依靠“超级文和友”“茶颜悦色”等受年轻人追捧的 IP 以及城市本身所具备的夜游与娱乐属性，在 2023 年吸引了大量高支付力的旅游散客。这种热度在去年暑期与十一期间达到了顶峰，带动了原本规模较小的高端市场业绩直线上升。

休闲散客推动整体市场复苏的趋势在二线城市同样有效。值得一提的是，平均房价与平均入住率均处于二线城市平均值以上的城市，均是带有明显休闲气息的城市，例如，杭州、成都、厦门等城市。总览二线城市的业绩表现可知，二线城市中，商务休闲城市的业绩表现明显优于商务城市，其平均每间房收益高出后者约 25%。

有趣的是，这股休闲风潮同样刮入了城市酒店。通过对比 2019 年与 2020 年城市各档次酒店的周季节性变化可以发现，在疲软的高端商务会议需求与城中度假兴起的情况下，超高端及奢华酒店的周季节性一反常态，呈现出明显的周末走高趋势，这一趋势在奢华层级更为明显。

也正是在城中度假 / 宅度假休闲这一需求的支撑下，奢华产品平均每间房收益的降幅在三个层级市场中最小，不到 30%。这反映了在消费分级的大背景下，中国高端消费人群的度假需求依然旺盛，这类人群对地理位置优异且本身具有休闲感的奢华酒店存在向往、通常接受周末旅行、价格敏感度较低且常将酒店直接作为目的地。而常被定义为城市商务型酒店的高端酒店以及超高端酒店，由于其产品缺乏辨识度，所以对高端休闲散客缺乏吸引力，无法获得溢价，转型为城中度假较为困难。虽然城中度假 / 宅度假的需求被疫情激化，但不可否认的是，城市产品休闲化的趋势将在未来继续发展。

（四）线上运营应收获更多关注

过去一年的疫情带来的不仅是休闲散客地位的全面提升，还是线上渠道地位的全面提升。回望疫情初期，因为出行受限，酒店只能或主动或被动地寻求各类线上营销，引导流量，鼓励未来消费。但事实上，对线上渠道的依赖早在疫情之前就已加剧。随着智能手机的普及以及 Z 世代的入场，线上预订渠道的重要性正在不断增强，而疫情更是加速了这一改变。

从数据可知，线上渠道的占比已从 2015 年的 29% 上升至 2020 年的 41%，可谓增长迅速。尽管线下预订渠道目前以及在未来很长的一段时间内依然处于主导地位，但意识到线上渠道对酒店营销的影响并制定相应的营销策略也尤为重要。

与线上渠道占比相对应的则是一般散客占比在过去五年的明显上升，以及商务协议客户占比的下降。这一趋势在五星级酒店中更加显著。对于这些不确定性较强但价格弹性大的客人，酒店可以通过加强自身收益管理的能力实现良好的盈利水平。

二、酒店餐饮危机与转机并现

（一）餐厅阶段性开业以降低运营成本

纵观酒店餐饮的市场表现，过去一年酒店餐饮受到的重创相较于客房，算是有过之而无不及。大多数酒店为了降低成本，皆选择短暂关闭旗下的餐厅。从图表中可以看出，除全日餐厅与客房送餐平均停业 1 个月以外，中餐厅、宴会及大堂吧基本停业 2 个月左右。而西餐 / 特色餐厅则开业时间最晚，平均停业 4 个月左右。由此可见，在店客人的减少对于酒店餐厅的影响显著。

为降低运营成本，酒店也对其餐厅的配套设施进行了进一步精简。除了短暂关闭一些餐厅外，不少酒店也直接关停或外租了一些经营状况不理想的餐厅。整体五星级酒店的平均每房均摊餐位数进一步下滑至 1.7。

即使酒店暂时关闭或主动关停部分餐饮，住店客人的减少与商务宴请及大型宴会的蒸发使得餐饮利润进一步承压。2020 年整体五星级酒店餐饮部的经营毛利率仅有 26%。虽然 2020 年五星级酒店的餐饮收入占比由 2019 年的 41% 小幅上涨到 42%，但由于餐饮部门利润不佳，这一微小的结构性变化并不能提升酒店整体的经营毛利。

（二）三亚是唯一呈现业绩提升的核心市场

从核心城市的餐饮收入情况来看，三亚是唯一呈现业绩提升的核心市场。虽然仍不及一线城市平均水平，但随着客房收入的增长，其平均每天每座位餐饮收入也增长了 8%。

根据数据显示，三亚高端酒店除全日餐厅以外的餐厅，其每日实际入住客房平均上座数与人均消费相较 2019 年均有小幅提升。这不仅与具有酒店用餐习惯的高端客源回流相关，也与三亚酒店餐饮的品质提升有关。

三亚作为中国度假市场的制高点，市场竞争已经进入白热化阶段。酒店餐饮，曾经只是作为在店客人用餐配套，却在 2020 年发生了巨大变化。细观大众点评榜单可以发现，酒店餐饮的身影，伴随着多样的双人和四人的团购套餐以及完善且十分有特色的宣传资料，开始频频出现。纵使价格不菲，但其获得的点评数也在 1000 至 2000 之间，评分稳定在 4 分以上。这都反映出酒店开始积极主动地宣传餐饮，在拉近餐厅与客人的距离的同时开始有效引流。

除了大众点评，小红书也是各家争夺的核心战线。但相比大众点评可控的页面展示，小红书上的酒店餐厅宣传因为时尚达人的参与而具备更多的发挥空间。这些时尚达人的场景化图片相较于酒店自身的宣传照片，更具代入感与说服力，将酒店餐厅塑造成人们争相前往的“打卡地”。

三、市场发展趋势总结与展望

2020 年这一场史无前例的黑天鹅事件，给酒店行业业绩带来了严重打击之外，也揭示了未来市场发展的趋势。通过对市场业绩数据的回顾与分析，对于未来的投资启示，酒店需主要关注以下四方面：首先，以需求为导向进行产品设计，贴合细分市场实际需求且主题明确的产品更容易获得青睐；其次，为产品且尤其是度假产品打造独特的差异化标签，在选择丰富的当下努力打破同质化；再次，在移动办公和城市休闲的普及下，积极关注“Blesuire”的发展趋势；最后，拥抱线上运营，积极开发出契合自身需要的线上渠道，并通过灵活的线上策略实现收益的最大化。

同时，对于酒店餐饮的运营启示有二：其一是深度挖掘本地需求潜力；其二是目的地餐饮仍具有较大的上升空间。

综合考量，在未来的酒店运营中，酒店需要从产品、运营与线上策略三个方面入手。

首先是产品至上。好的产品需要经得起周期性的考验，酒店行业需要明确自身的产品特质，明晰自己在卖怎样的产品。而纵观卖点，第一是地理位置，其需要与产品相互适配。第二则是体验感，当地理位置相似时，酒店需要打造独特的入住和用餐体验，才会吸引客人的再次光临。好的产品需要针对细分人群和目标市场进行调整且具备独特性和前瞻性。

其次是灵活运营。随着人们生活节奏的加快，各类市场黑天鹅事件频发，市场动态瞬息万变，仿佛“变”才是未来唯一不变的真理。快速转换的市场环境要求酒店时刻保持运营的灵活性，并在面临诸如“当不能以硬件设施吃十年老本的时候，应该如何用其他软实力吸引客源？”“当国际客源恢复无期时，如何用当下的资源吸引一线城市 / 本地的高消费人群？”“当住店客人明显减少时，如何吸引本地客源来维持餐饮收入？”等问题时，快速且精准地调整策略。

最后就是线上制胜。数字化转型是目前市场的行业热词之一，尤其受到黑天鹅事件的影响，线上宣传、线上预约和线上购买成为大势所趋。酒店需要明确线上策略的大方向，打通线上运营和线下体验的通道，深耕数字化营销，挖掘和维持酒店的私域流量，进而从线上空间提升营收。

第十章

酒店数字化发展趋势

学习目标

知识目标

- 了解酒店数字化的主要发展历程及关键事件
- 熟悉数字化对酒店产业产生的影响
- 掌握数字技术在酒店业应用的主要体现

能力目标

- 能对酒店数字化发展提出自己的见解
- 能就酒店数字化发展的现状及特点进行归纳分析
- 能说明酒店数字化发展对行业的意义

第一节　中国酒店数字化发展历程

石基信息发布了《2022年中国酒店业数字化转型趋势报告》，报告通过对我国酒店业数字化发展历程、转型路径等进行梳理，分析当前酒店业数字化转型趋势。报告提出从我国产业数字化进程来看，2020年，我国服务业数字经济渗透率为40.7%，渗透率正不断加深，酒店业作为传统服务行业，数字化水平远未成熟，但是发展趋势不可逆转。

显然，中国酒店业数字化的推进是一个逐渐深入的过程。1998年，携程旅行网成立，开启了中国酒店业电子商务的发展之路，酒店业也成为最早开始拥抱互联网的行业之一。之后，随着酒店营销渠道多样化程度加剧、移动互联网技术的成熟以及短视频等模式的落地，酒店行业数字化发展的内涵和外延也变得越来越丰富。整体来看，中国酒店业数字化的发展经历了两个大的时代，即信息化时代（Information Technology）和数字化（Data Technology）时代。

一、信息化与数字化

信息技术和数字技术在过去二十多年的时间里经历了蓬勃的发展，也形成了较为成熟的模式。当前行业及社会普遍认可数字化是信息化的高级阶段，数字技术（Data Technology）是信息技术发展的必然产物，数字技术是对数据进行存储、清洗、加工、分析、挖掘，从数据中发掘规律的技术。在信息时代早期，数字技术泛指信息处理能力，但随着大数据、云计算技术的普及，数字技术不仅是信息系统，还包括数据进行处理和对数据进行应用。

2011 年，Gartner 公司对数字化提出了明确的定义：数字化是开发数字技术和支持功能以创建强大的新数字业务模型的过程。简言之，数字化会带来颠覆性的创新，数字技术让人类能够借助计算机的信息处理能力认知这个世界，在提升人类认知的同时，影响人类的思考、帮助人类决策。

那么，关于信息化和数字化的关系可以通过表 10-1 体现。

表 10-1　信息化和数字化差异分析

区别	信息化	数字化
理念不同	管理信息化提供参考	数字化提供决策
方法不同	IT 系统出发点是流程 着眼于提升流程效率	数据直接驱动经营和管理运营
应用范围	信息化通常是 IT 部门的作业，极少有跨部门的融合，其价值主要在于工作效率提升	数字化是跨部门系统融合，强调数据为业务赋能，为营销管理和运营决策精准洞悉
效果不同	信息化提升企业效率，但是没有改变业务模式	数字化改变企业商业模式，改变企业挣钱的方法

案例阅读

某酒店历史数据显示，在过去 5 年酒店每年 6 月份出租率平均值为 83%，而今年 5 月份，酒店的智能分析系统依据现有客房预订数据以及 OTA 平台等的浏览量等预测 6 月份酒店出租率只有 60%，酒店管理层在收到这一信息后及时调整策略，加大促销力度，最终实现了良好的业绩。

在这一案例中，信息系统本身并不智能，但依靠历史数据积累、现有数据分析这些“数据技术”，实现了“低出租率预警”的功能，这种“辅助商业决策的制定”的功能体现了数字技术的能力。除了大量数据积累、强大的数据分析能力外，数字技术能力的发挥，还需要统一的数据标准。比如，不同酒店出租率的计算方法、统计口径应立一致，数字化技术的发展，不仅需要科技公司的努力，更需要酒店企业持续的推进。

二、酒店行业数字化发展阶段

目前，中国酒店业信息化数字化发展已经历经二十多年，在整个发展历程上，许多时间节点和大事件值得我们关注，这也是中国酒店业数字化发展史上比较重要的几个里程碑，对酒店业发展影响深远。

为便于大家更清晰地了解，我们将酒店行业数字化发展分为三个阶段。

第一阶段　信息化发展（1999–2017 年）

1999–2015 年，在互联网大浪潮的席卷下，酒店业营销开始大量从传统的线下转移到线上。在这个阶段，以携程网为代表的 OTA 等电子商务企业大行其道，是酒店获得散客的主要渠道。因而，网上预订已成为酒店最基本的信息化步骤和渠道发展策略。

从 2015 年开始，酒店信息技术发展迈入关键时期，行业的数据意识开始崛起。线上化、移动化、无线技术和大数据是这一发展阶段的主要呈现。在这个时期内，酒店业信息化建设基本完成，但数据效能还未被激发，行业对数字化转型认知也不够充分。

这阶段中的标志性事件如下：

1998 年，携程旅行网成立，开启了中国酒店业电子商务的发展之路。

2006 年，以携程为代表的 OTA 收购或注资 PMS 厂商，抢占数据入口。

2013 年，PMS 厂商纷纷开启云转型。

2015 年，微信开始发力酒店行业、飞猪推出信用住。

2017 年，酒店自助机和酒店服务机器人开始面向行业推广。

第二阶段　数据化及平台化阶段（2018–2020 年）

2018 年，整个酒店行业迎来了技术应用的爆发期。同年，石基集团首次提出了“酒店业数字化转型”的概念。在以服务自助机、区块链、物联网、机器人等为代表的技术赋能下，中国酒店业数字化转型进入加速期。

2018 年，由阿里巴巴集团打造的全国首家未来酒店菲住布渴开门迎客，成为行业内里程碑式的大事件。通过物联网与智能技术的应用，该酒店实现了 AI 智能服务与全场景身份识别。“去前台化”的概念也在酒店行业开始逐渐深入。

在这一发展阶段内，行业的营销环境发生了剧变，经历了交易类电商、内容类电商到短视频电商的迭代。酒店也在积极布局新零售场景，打造差异化竞争优势。与此同时由于受外部环境及疫情影响，这个阶段酒店业在数字化变革上更为积极和开放。从直播带货营销，到拥抱“无接触服务”，传统意义上的酒店形象开始逐渐被“颠覆”，其中“无接触服务”概念更是在疫情期间备受关注。

这阶段中的标志性事件如下：

2018 年，阿里“无人酒店”菲住布渴开业、百度发布 DuerOS 行业解决方案。

2019 年，石基联手中旅集团，落地行业首个高星级酒店管理集团企业数据平台。

第三阶段　数智化阶段（2021–2026 年及以后）

2021 年，万达推出了自研的微信小程序订房平台、微信商城、积分商城和其他营销工具，并为集团市场营销部门单独配备了 IT 开发人员以支持酒店板块业务的营销系统运维和迭代，仅 1 年的时间就实现了微信直销平台预订收入达 2 亿元人元民币。

2021 年，携程首个官方品牌“星球号”正式开通，聚合品牌产品、内容和活动；抖音正式加入文旅产业，重点发力酒旅市场；航旅纵横也新增添酒店预订业务……可以说，品牌化建设和营销成为酒旅行业新的发展趋势。可以说，在这个阶段，整个酒旅行业的营销数字化进一步提升，线上产品内容进一步多样化。在未来 5–10 年，酒店线上渗透率预计将进一步提升至 70%–80%。

与此同时，随着各大连锁酒店集团数字化转型战略的进一步渗透，数据价值在酒店营销、管理、服务中的优势也进一步凸显，将在未来更多赋能酒店服务和管理，提升行业整体发展水平。

第二节　数字化对酒店业的影响

数字化赋能已经成为传统酒店发展的重要驱动力，酒店通过数字化转型，将数字技术运用于酒店运营管理和服务的各个环节，可以让酒店的成本控制更有效，服务更精细，服务流程更顺畅，整体收益更加可持续，从而让酒店行业实现高质量发展。

一、酒店数字化转型

从横向看，酒店数字化转型需要从用户、运营、产品、组织和战略五大层面进行，最终实现酒店在用户、运营、产品、组织和战略这五个方面都实现效能提升，优化酒店经营决策。

（1）用户方面：酒店需要了解客户的需求、偏好、行为和反馈，这些都可以利用信息技术和数字技术更便捷地获取和实现，从而帮助酒店提供个性化、便捷化、智能化和安全化的服务体验，提升客户满意度和忠诚度。

（2）运营方面：酒店需要利用数据、连接和智能等技术手段，实现对客房设备、服务流程、员工行为等方面的可视化管理和优化，降低运营成本，提高服务质量，增强管理水平。

（3）产品方面：酒店需要利用数字技术打造更多差异化和创新性的产品和服务，满足客户多元化和个性化的需求，提升产品价值和竞争力。

（4）组织方面：酒店需要调整组织结构、流程、文化和人才等方面，适应数字化转型带来的变革，提升组织效率和协同能力。

（5）战略方面：酒店需要利用数据分析和智能决策，发现市场机会和潜在风险，制定更合理和有效的战略规划，提升酒店的竞争力和盈利能力。

二、数字化对酒店行业的影响

数字化对酒店行业产生的影响主要体现在营销数字化、服务数字化和运营数字化三个方面。

（一）酒店营销数字化

我国酒店业在经历了传统营销时期、互联网营销时期等阶段后进入当前的数字化营销时期，很多连锁酒店倾向于使用各种来自不同技术服务商的系统来进行营销和获客，如 CRM（客户管理系统）、网站管理、SEO（搜索引擎优化）、SEM（搜索引擎营销）等。这些数字技术在提升酒店营销效率上起到了至关重要的作用。

尽管传统 OTA（在线旅游）平台仍然是消费者预订的主要渠道之一，但是微信、支付宝、抖音、小红书等平台已逐渐被消费者所接受和喜爱，成为当前移动互联网时代帮助酒店获客和构建私域流量的最重要的平台。

根据《2021 年度中国高星级酒店数字化营销创新发展趋势报告》显示，2021 年中国酒店数字化产品和数字化渠道服务会员均实现了两位数增长。此外，随着酒店数字化营销水平的提升，2021 年高星级酒店消费客单价达到 1023 元，是自 2016 年以来的最高值。从高星级酒店消费者分层数据来看，每年消费金额 1000 元以下的会员在减少，每年消费 1000 元以上的会员在增加，其中，每年消费超过 1 万元的高消费者增幅最大。

酒店通过深化与线上渠道及社交媒体的合作，开拓直销渠道，打通线上线下会员体系，提供更多的差异化会员权益，激励客人持续使用酒店的服务和产品，利用数字化技术进行内容营销，提升客户留存和客单价。

（二）酒店服务数字化

数字化服务也可以使酒店更好地了解客人的需求和习惯，提供更个性化、专业化的服务。如前所述，酒店倾向于使用各种来自不同技术服务商的系统来进行营销和获客，如 CRM（客户管理系统）、网站管理、SEO（搜索引擎优化）、SEM（搜索引擎营销）等。这些数字技术不仅提升了酒店营销效率，更大程度上也为酒店服务质量提升和顾客满意度提升提供了技术支撑。酒店通过整合这些营销系统的数据，了解过往的最有价值的客户其最近一次消费、消费频率和消费金额，明确他们的个人偏好、入住和预订行为，酒店可以通过洞察这些数据及数据分析实现个性化精细服务。

在服务流程中，酒店服务数字化主要体现在顾客便捷预定、酒店智能前台对客服务和智慧客房提升入住体验这三个高频场景。

（1）便捷预定

顾客通过移动应用程序、智能终端、人工智能等技术手段，更加方便、快捷地进行酒店预订及获取当地旅游信息等。

（2）智能前台

酒店通过无人化前台，实现客户入住、退房、发卡、开发票等全程自助服务功能，优化客户入住流程，节约客户入住办理时间，提升客户满意度。

（3）智慧客房

酒店通过智能设备和手机小程序，实现客房的温度、灯光、娱乐等方面的智能控制和个性化定制，提升客户住宿体验和忠诚度。

（三）酒店运营数字化

酒店利用数字技术手段，实现对客房设备、服务流程、员工行为等方面的可视化管理和优化，大大降低酒店运营成本，增强管理水平。

在运营数字化方面，酒店主要通过设备管理平台和 PMS 等数字管理系统进行。

（1）设备管理平台：酒店通过设备管理平台，实现酒店客房设备的可视化管理，并提供实时监测和预检修服务，降低设备故障率和运维成本，提高设备利用率和安全性。

（2）数据管理平台：通过数据管理平台，实现酒店用户数据、成本数据等的收集、分析和展示，帮助酒店进行用户行为分析、能耗管理、用工管理等方面的精细化和高效运营。

第三节 数字技术在酒店业的应用

数字技术在酒店业的应用根据应用场景、呈现类型主要体现为：数字化设施设备、数字化营销推广及智慧酒店。

一、数字化的设施设备

酒店数字化设施设备主要体现在智慧客房和酒店数字化支付及发票系统。

客房作为酒店设施设备最主要的产品和设备的载体，在酒店数字技术应用过程中自然成为酒店企业和顾客关注的重点。

（一）酒店智慧客房

智慧客房是酒店设施设备数字化的典型呈现，其智慧化程度也是和顾客满意度直接关联。它通过将先进的物联网技术与传统酒店服务相结合，为客人提供了一种全新的住宿体验。智慧客房不仅具备了传统客房的基本功能，如床铺、卫生间等，还拥有一系列智能化的服务设施，如智能门锁、语音助手、空气净化管理系统、灯光能源管理、机器人服务等。这些设施的出现，使得客人在入住期间能够享受到更为便捷、舒适的服务。其中智慧门锁是当前酒店智慧客房的典型设施，也是顾客感受智慧客房的起点。

20 世纪 90 年代初，中国极少数几家五星级酒店使用进口的磁卡门锁。2000 年后，酒店陆续开始使用电子门锁系统（Electronic locking system），这是一种基于计算机加密技术在传统机械门锁的基础上加装电子模块的门锁系统，解决了传统门锁的缺陷，不仅可以通过后台数据查询门锁的操作数据，可以设置多种房卡类型（见表10-2），便于酒店统一管理，其优越性得到了酒店的公认。

表10-2 电子门锁系统常见房卡类型

房卡类型	主要功能	主要使用人	使用场景
普通卡	控制一把门锁的开启	入住顾客	日常入住使用
楼层卡	控制一批门锁的开启	楼层服务员	日常工作使用
经理卡	控制所有门锁的开启，不可开启反锁房	客房经理	日常管理使用
总控卡	控制所有门锁的开启，可开启反锁房，无法开启没电的门锁	管理人妥善保管	用于应急事件。如顾客醉酒、伤亡等
机械钥匙	控制所有门锁的开启，可开启反锁房，可开启没电的门锁	管理人妥善保管	用于应急事件。如顾客醉酒、伤亡等，开启没电门锁
数据卡	可读取门锁的操作数据	妥善存于前厅部	特殊卡，读取数据

随着移动互联网技术的发展，酒店电子门锁出现创新形式—智慧门锁，如智能手机开锁（见图10-1）、微信小程序开锁、智能手表开锁和人脸识别开锁的方式。这些智慧门锁的创新方式解决了酒店电子锁门卡磁条消磁、住客遗忘或者丢失房卡的尴尬，是酒店设施设备智慧化数字化的典型呈现方式。

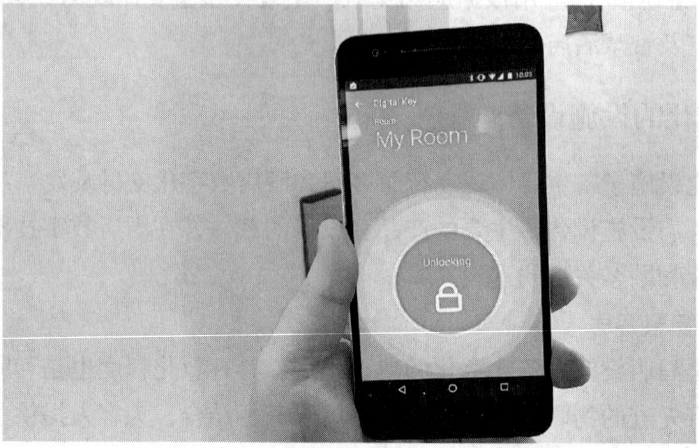

图10-1 希尔顿 Digtal Key 智能手机开锁

（二）酒店数字化支付及发票系统

1. 数字化支付系统

（1）二维码支付

酒店使用二维码支付，给顾客提供了很大的方便，但对酒店而言，其管理和控制难度加大。但是将酒店管理系统和支付系统整合，可以大幅度提高收银和财务管控效率。

二维码支付常用的有两种方式：顾客扫描酒店二维码支付和酒店用扫码枪和扫码盒扫描顾客二维码进行收款，这两种方式都使得酒店收款效率大幅提高。

（2）聚合营销支付体系

在移动支付逐渐普及后，企业将支付系统与营销整合在一起，被称为聚合营销或聚合支付营销，是在支付的基础上融合会员卡、优惠券、积分、储值等功能，在便捷支付的同时提升酒店营销效率。

2. 酒店数字化发票系统

酒店数字化发票系统不仅是能优化财务管理，提升用户体验，是酒店驱动经营最为重要的数据源头之一。主要体现为电子发票和二维码发票辅助系统。

（1）电子发票

电子发票是信息时代的产物，同普通发票一样，采用税务局统一发放的样式给商家使用，发票号码全国统一编码，采用统一防伪技术，分配给商家，在电子发票上附有电子税务局的签名机制。

（2）二维码发票辅助系统

发票开具非常重要，但输入发票信息费时费力、出错率高，尤其是为客户第一次开具发票时，所有信息都需要输入，开具发票时间经常超过办理结账退房的时间，是一种烦琐和耗时的重复劳动。

为了简化发票开具流程，2021 年后酒店开始陆续使用扫码开票辅助系统，如微信发票助手、支付宝发票管家等。使用方法是顾客扫描二维码，将开票信息传送给酒店发票系统，酒店可以实现发票“秒开”（见图 10-2）。这种方式运用网络传输信息代替语言传输，效率和准确性大幅提升。

图 10-2　酒店扫码开票系统提升效率

阅读链接

华住集团开出酒店行业第一张电子专票

2021年1月18日，华住集团旗下的杭州汉庭四季青门店成功开出了行业首张电子专票，充分体现了华住作为一家技术驱动的酒店管理公司在产业互联网或数字化转型当中所充当的引领示范作用。

电子发票作为新时代的大基建，不仅是能优化财务管理，提升用户体验，其票面要素包括众多“鲜活”的信息，本身就是酒店用户画像、驱动经营最为重要的数据源头之一。为了让数字化管理完成全链路闭环，华住集团选择了百望云的数字化解决方案，以发票数字化的杠杆，贯彻自身数字化管理系统的深化。

华住集团成立于2005年，经过18年的发展，旗下已拥有20多个酒店品牌。截至2023年6月30日，华住在18个国家经营8750家酒店，拥有844417间在营客房。根据2023年美国《HOTELS》杂志公布的“全球酒店集团325强”（HOTELS 325）的最新排名，华住集团位列第6，并在酒店管理公司Top 10榜单上名列榜首。作为酒店行业龙头企业，坚持为行业树立标杆是华住集团的隐形责任之一，积极响应国家政策自然也是一种当仁不让的选择。

回顾2020年，我国发票的电子化改革进入了深水区。尤其在下半年，从9月1日宁波设立试点开具出了首张电子专票，到国家税务总局公告2020年第22号文件规定，电子专票试点范围由天津、上海等11个新增地区扩展至北京、大连等25个新增地区，只用了不到4个月的时间。政策的规范与引导是所有企业财税数字化的敲门砖，而数字化运营的战略实施则是另一重推动华住集团的推力。以数据驱动业务增长，华住集团特别注重利用创新技术来实现酒店高水平的运营。在场景落地、客户体验方面，华住集团有着切身的观察，而百望云是商业数字化领域的专家，双方选择联手优化华住集团的发票数字化管理流程。

百望云通过梳理华住集团的系统架构，从开具发票的入口开始，统筹规划进、销项管理，建立业财税数据统一处理模式，完成数据的自动化匹配，以及财务报销、财务审核的在线流程，健全了发票数字化的全生命周期管理。降本增效的同时，也减少了税务风险。进项管理层面实现了增值税专用发票的批量查验、集中认证和高效抵扣，以及海量报销票据的在线审验，整体提升了财务端的处理效率。在前端建立的一键开票、纸电一体化操作方式，解放了最多应用场景下的生产力，最为直接地提升了酒店客户的服务体验。

在销项管理层面，华住集团的业务系统和百望云的销项系统集中对接，实现了全集团销项数据的统一管控，各分店既可实现消费者自助申请，及时获票，集团总部也能实现对各网点开具数据的监控，降低涉税风险。发票数据实时上传，与业务数据、财务数据产生联动，形成更高纬度的数据分析，助力企业消除开具发票过程中可能存在的错开、漏开等问题。

通过对发票系统进行数字化的变革，华住集团联手百望云共建了一个完善的发票数字化生态，加强了对发票整个流程的控制，标准化、简洁的操作方式节省了大量的人力物力，降低了税务风险。（资料来源：人民资讯）

二、数字化营销推广

数字化赋能在酒店营销推广的应用上主要体现为建设数字化直销渠道和酒店新媒体推广两大模块。

（一）数字技术在直销渠道的应用

1. 直销渠道的新发展

对于酒店直销，销售的主体是酒店，既可以是单体酒店自身，也可以是酒店集团的统一销售行为。在互联网技术发展之前，直销是酒店最基本的销售方式，尤其是面向协议公司、团队、宴会销售时，是酒店发挥本地化优势的领域。只有在散客市场，酒店会借助旅行社、呼叫中心等方式拓展异地市场。当然，在特别重要的异地市场，酒店也会建立跨城市的区域办公室拓展业务。

互联网的出现进一步拓展了酒店直销的工具，最初是建立官方网站。1994 年，凯悦酒店集团建立了最早的酒店网站；1995 年，精选国际和假日酒店提供了最早的在线预订功能。

随着信息技术和移动互联网的发展，酒店直销渠道从官网拓展到移动端，如微信公众号和小程序、抖音直播平台、小红书等，也包括在京东、天猫、飞猪等平台上开办旗舰店，酒店直销与分销之间的界限越来越模糊。例如，酒店集团在飞猪、京东等电子商务平台开立集团旗舰店，或者运用微信公众号、抖音号、今日头条等土交媒体平台提供预订服务，如果账号的主体是酒店或酒店集团，尽管酒店需要向平台方支付费用或者佣金，但依然属于直销范畴。

是否为酒店直销的判断标准是：酒店是否对产品的价格、数量有最终控制权和自由定价权；酒店是否对客户的会员和预订等信息拥有所有权。

2. 酒店直销渠道和分销

由于分销商佣金太高，多年来酒店业直销一直热度不减，试图打造直销体系摆脱对分销的依赖。从历史角度来看，酒店行业直销和分销将在很长一段时间中继续共存。

首先，酒店直销历史悠久，网络分销商本来就是直销发展的结果，从全球看，最早的分销机构 SABER 是美国航空的直销平台，随着机构做大而独立运作。在国内，直销运营成功的酒店集团，如铂涛集团、华住集团、开元集团等，并不拒绝和分销机构合作，而是与分销机构合作共赢。

其次，各大酒店、连锁集团试图通过联盟、合作的形式对抗分销机构，从全球角度看并没有成功的先例。例如，2005 年，万豪、洲际、希尔顿、喜达屋、凯悦等行业巨头为对抗 Expedia 等预订网站，联合推出 Travelweb.com 并提供最低的客房价格，但最终依然难以抵挡 OTA 的竞争。2012 年，精品国际酒店、希尔顿酒店、凯悦酒店、洲际酒店、万豪酒店和温德姆酒店集团联手推出新的酒店垂直搜索工具 Room Key，但在 2020 年正式关停。在国内，2015 年六家酒店集团华天、城市名人、开元、纽宾凯、曙光和粤海成立酒店联盟体对抗分销机构，但这些机构最后都无疾而终。

在信息化飞速发展的今天，酒店业要正确看待网络分销商，利用好数字化赋能直销渠道的建设，实现直销、分销的平衡发展，才是符合行业发展趋势的长久之策。

案例阅读

A 酒店是一家位于海南三亚的知名五星级酒店，该酒店服务质量优异，顾客满意度极高，重复消费的顾客占绝大多数，住过酒店的顾客纷纷表示以后不但自己来，还要带家人来、推荐朋友来。

但该酒店的 OTA 分销占比很高，不但顾客第一次预订时使用分销渠道，在后续预订时依然选择分销渠道。据调查，顾客预订时有很大比重在某程小程序或者 APP 中直接进行，还有很大比重在百度上搜索“A 酒店”，并在搜索结果中的某些链接网站中进行预订。

经研究发现，这些搜索结果都是 OTA 分销机构的网站，还有两个搜索结果伪装成酒店的官方网站，而真正的酒店官方网站在搜索结果的第二页才能看到。所有这些都是导致 A 酒店直销比例低的重要原因。

（二）酒店新媒体推广

1. 新媒体推广的概念

新媒体推广是指企业运用新媒体进行宣传、推广以获取用户流量的行为，它包括品牌宣传（广告）、公关、促销等一系列的营销行为。

新媒体是并不是一个新名词，而是一个相对的词汇。传统媒体时代，广告传播主依靠报纸、期刊、广告、电视等，广告的定价依据是频道、频率、时间、版面等，媒体覆盖的广度就是广告传播效果的评价指标。新媒体是利用数字技术，通过计算机网络、无线通信网等媒介，依托计算机、手机、数字电视等终端设备，向用户提供信息和服务的传播形态。在新媒体时代，广告出现了很大的变化。新媒体的不断涌现为酒店提供了直接面向受众和消费者传播信息的新渠道，社交化传播效应又可以让新媒体推广的效应得以倍增。

在酒店业，新媒体推广是运用互联网，尤其是移动互联网技术，传播和推广酒店企业品牌、产品等信息，最终实现企业营销的利器。本质上看，新媒体推广只是一种获取流量的手段，并不属于直销或者分销。如果是酒店企业或者酒店集团使用新媒体获取流量并实现了转换，就属于直销；如果是分销机构使用新媒体获得流量，则归类为分销。

2. 新媒体推广的主要方式

新媒体推广当前最主要的呈现为搜索引擎和社交媒体推广。

（1）搜索引擎推广

搜索引擎是指根据一定的策略从互联网上采集信息，将检索的相关信息展示给用户的系统，如百度、谷歌、搜搜、必应等。酒店搜索引擎推广就是基于搜索引擎平台的网络推广，利用顾客对搜索引擎的依赖和使用习惯，在其检索信息的时候将酒店的客房等产品信息传递给目标顾客。

搜索引擎的本质是建立顾客想法（关键词）和网络信息（网址）之间的关联信息，其搜索结果对顾客影响很大，广告效果非常明显，是酒店、OTA 竞争流量的最主要的阵地之一。自 2000 年起的十多年时间里，搜索引擎一直是顾客搜索信息的主要手段，也是互联网世界里最重要的存在。而在众多搜索引擎类网站排名中，百度位列中国第一。2013 年，百度的收入超过中央电视台，成为中国最大广告收入最多的企业。

在当下移动互联网时代，App 和社交媒体成为最重要的应用场景，网站类搜索引擎推广的重要性和作用逐渐下降。自 2016 年起，百度的广告收入占比持续下降，搜索引擎的风头逐渐被大数据和人工智能推荐所取代。

（2）社交媒体推广

社交媒体也称为社会化媒体，指允许人们撰写、分享、评价、讨论、相互沟通的网站和技术。2005 年，在哈佛大学读书的马克·扎克伯格创建了 Facebook 网站，从中可以对其他用户进行点评，最初该网站只限于哈佛大学的学生加入，后来逐渐扩展到波士顿的学生也能使用脸书被看作社交媒体的发端。目前国外社交软件有 Facebook、Instagram、Twitter 等；中国社交媒体经过多年的发展，目前典型社交媒体是微博、微信、小红书等。

社交媒体推广的意义在于企业可以借助这些社交媒体，去倾听顾客的声音，宣传企业的产品，在潜移默化中影响顾客。与普通广告、搜索引擎等其他网络推广相比，社交媒体推广以信任为基础的传播机制以及用户的高主动参与性，更能影响用户的消费决策，并且为品牌提供了大量被传播的机会。

社交媒体推广的市场仍在不断扩大，成为一种全新的酒店营销模式。其用户黏性和稳定性高，定位明确，可以为酒店提供更细分的目标群体。目前酒店进行社交媒体推广的主要类型包括微博推广、微信推广、小红书推广、短视频推广和直播推广等。

三、智慧酒店

随着 90 后、00 后逐渐登上历史舞台，消费主体的代际更迭带来的是对住宿过程中各消费场景的科技体验的追求，这就对酒店管理和服务提出更高的要求。以互联网、大数据和人工智能等新兴技术为支撑的智慧酒店以其高效、智慧化的管理服务，满足了这个群体对高科技智能住宿的体验。可以说，智慧酒店是酒店数字化发展最终服务消费者的终端应用。

1. 智慧酒店的概念

智慧酒店主要指具备较为完善的智能系统，并且利用数字化技术完成酒店管理和服务信息化的酒店模式。智慧酒店管理模式主要依赖于数字化网络平台系统，开发相关的酒店管理系统，以实现酒店管理的高效化和信息化，是一种全新的酒店管理模式，不仅可以减少酒店管理的资金投入，减少人力投入，而且有利于开发客户群体，为客户提供更加优质、个性化的满意服务。

智慧酒店作以信息化为手段，以数字化、智能化生态系统的搭建为载体，以客户为中心，以效益为目标，是大数据时代酒店业的新兴业态。

2. 智慧酒店的特点

智慧酒店是迎合消费者和资本市场的双重利器，既是概念的产生，同时也能提升酒店行业整体发展水平的生力军，更贴合了《国务院关于进一步扩大和升级信息消费持续释放内需潜力的指导意见》的文件精神，具有以下三个方面的特点：

（1）智慧酒店的设施设备数字化

智慧酒店通过设施设备数字化，提升酒店管理服务和运营的效能。

设施设备数字化包括硬件设施数字化，如智能门锁、智能家居、智能传感器等来实现房间的灯光、窗帘和电视等的智能控制。

设施设备数字化也包括软件平台，如 PMS 系统，数字发票及支付系统，数字化预定系统、数字化客房管理系统等。如 PMS 系统不仅要完成客户的预约、入住、退房等常规的业务办理操作，还要和其他的酒店进行系统对接工作。

（2）智慧酒店的服务智能化

智慧酒店以顾客需求为中心，通过物联网、大数据等技术手段，实现酒店的服务智能化。从客房到前台，通过人脸识别、语音识别、机器人送房及自动感应等技术，提升服务效率，甚至可以实现无接触或者低接触服务来完成客人从入住到退房的全消费过程。如自主入住和退房系统能够识别和登记客户的身份信息，让客户自主的选择房间和配套服务，完成付款后会自动发放房卡。在退房时，该系统会给客户授予退房权限，当提交退房申请后，自动进行费用结算，客户可以自主进行发票的打印。

智慧酒店的智能化不仅体现在各个服务环节，智能化还体现在酒店可以利用大数据分析顾客的消费习惯等信息，实现对客人需求和行为的预测和推荐，实现对客人的个性化服务和推荐。例如酒店可以根据历史消费记录（数据信息）分析客人的喜好、消费习惯来预测需求和偏好等，提供定制化的房间布置、餐饮选择和娱乐活动等，增加客人的满意度和忠诚度。

（3）智慧酒店的管理智慧化

智慧酒店将信息技术与酒店管理系统相结合，使酒店管理变得更加智慧化。

智慧酒店还体现在管理系统的智慧化。智慧酒店的管理系统主要有企业资源管理ERP系统、物业管 理PMS系统、客户管理CRM系统以及智能客房控制系统等等。其中，ERP管理系统主要对人力、财力、物力等方面进行管理；CRM系统一方面要进行客户的满意程度调查、信息的获取和建立、投诉建议问题的处理等工作，同时要通过大数据、互联网技术来引导客户的消费，同时为客户提供个性化的在线预约服务。

酒店能耗作为酒店经营成本中的一项重要支出，其管理效率的高低对酒店经营利润有较大影响。智慧酒店在能耗管理方面有较大优势，酒店可以通过能耗监控和管理系统对酒店的能耗进行监测和控制，从而实现节能降耗的目的。通过智能系统实现客房的温度、灯光、能耗等智能控制，通过物联网技术实现房间的信息监控和房态管理，大大提升经营效能。

作为重庆率先打造的“无接触服务”的酒店，重庆两江假日丽呈华廷酒店于2021年对外推出了60间智慧客房。这些客房结合了人脸识别、语音控制、智能感应等全新技术，通过客房智能控制系统、无接触服务了解宾客的需求和偏好。顾客只需要在线上进行预订，从入住到退房的全过程均能实现“无接触”，在疫情期间尤其深受顾客好评和喜爱。

当下，大部分酒店数字化及智能化依然停留在体验层面，从深层次来看，其单模块体验不能形成酒店数字化发展的闭环，距离真正意义上的智慧酒店依然有一定的距离。在此背景下，酒店数字化发展最终的价值展现就要从客户端的单模块体验转化为酒店运营端多模块实用的综合价值，实现真正的智慧化。

本章小结

数字化时代，以云计算、大数据、人工智能、物联网等为主轴的新技术在酒店行业不断创新运用，给酒店发展带来了新的机遇与挑战。如何在数字化条件下不断创新发展酒店内涵和价值，更好地提升酒店服务品质，一直是业内值得探讨深思的话题。整体来看，中国酒店业数字化的发展是个逐渐深入的过程，其主要经历了两大时代，即信息化时代和数字化时代，并将酒店行业数字化发展细分为三个发展阶段。

数字化赋能已经成为传统酒店发展的重要驱动力，酒店通过数字化转型，将数字技术运用于酒店运营管理和服务的各个环节，可以让酒店的成本控制更有效，服务更精细，服务流程更顺畅，整体收益更加可持续。

数字技术在酒店业的应用主要体现为三个方面：数字化设施设备包括智慧客房及数字化支付及发票系统；以新媒体为主要载体的数字化营销推广及智慧酒店。

同步练习

一、同步学习

找到书后习题，完成练习和自测。

二、问题思考

1. 谈谈中国酒店数字化发展历程中的重要的事件及其影响。
2. 数字化对酒店产业的影响主要体现在哪些方面？
3. 数字技术在酒店业的应用主要体现在哪些方面？
4. 您认为酒店业数字化发展的未来趋势如何？

三、课堂交流

丽江某雪山酒店，位于云南省丽江市玉龙雪山景区内，是景区内唯一的奢华度假全套房酒店，拥有客房约 100 间。酒店于 2015 年 9 月 28 日开业，由中国的酒店管理公司隐奢逸境自行管理。在对酒店定位、客群进行调整后，酒店管理团队以市场营销为中心，充分运用社交媒体实施整合营销，包括微信、微博、小红书、短视频等，并通过 KOL、品牌跨界合作、事件营销等方式，使酒店知名度明显得到提升。

截至 2021 年年底，酒店运用新媒体推广实现了良好的效益，在酒店位置不变、服务不变的背景下，业绩连年攀升，营业收入增长超过 3 倍，经营利润增长约 5.5 倍，RGI 指数从 55.6 提高到 326，成为丽江业绩最好的酒店之一。

阅读以上案例并思考：

1. 该酒店主要采取了哪些营销手段？
2. 该酒店的市场营销策略效果如何？
3. 在数字时代，如何理解社交媒体推广的价值？

实例参考

希尔顿欢朋的数字化发展之路

希尔顿欢朋（Hampton）是希尔顿集团旗下规模最大的国际连锁酒店品牌，在 2023 年度全球最有价值的 10 个酒店品牌排名中，欢朋以 43 亿美元的品牌价值仅次于希尔顿（Hilton）和凯悦（Hyatt）位列全球第三。2014 年进入中国，目前已成为中国规模最大的中高端国际连锁酒店品牌之一。希尔顿欢朋酒店的团队成员将保证宾客的愉悦体验作为首要目标。2021 年 4 月，希尔顿欢朋酒店集团的智慧前台项目的顺利落地，也遵循了同样的逻辑，致力于用数字化运营提升宾客的入住体验。

自 4 月份落地智慧前台迄今，欢朋已经完成了旗下 90 多家门店的切换。未来，智慧前台系统也将成为希尔顿欢朋旗下新开业门店的标配。在智慧前台项目的加持下，欢朋酒店自助机订单处理率平均达到了 90%，每年为每家酒店平均减少了 15 万以上的人力成本。这主要得益于项目负责人对酒店运营流程痛点和需求的深入洞察。比如，起初自助机在酒店并没有得到充分的利用，观察和了解发现主要的原因在于客人使用自助机的过程中一旦出现问题，就会带着情绪找到前台的员工，这导致前台员工不愿意引导客人使用自助机。

发现了这一问题后，集团立刻着手对前台工作流程进行了调整。客人在使用自助机过程中最常见的问题，就是查找不到订单。为了能够让订单更为标准化，自助机使用体验更加顺畅，希尔顿欢朋打破了前台员工不论职位高低，都去做 check in/out 工作的模式和固定流程，对前台部门的员工职责进行了重新划分，对流程进行了重新梳理，将对客服务划分为住前、中、后三个阶段。

入住前业务由主管负责。主管沟通能力更强，他们需要在客人入住前致电客人，确认预订信息。一方面这确保了自助机订单及时同步和标准化，另一方面也提升了宾客体验。

入住中业务由前台普通员工负责，主要是客人的迎接招待。

住后的发票、夜审的业务则可以由主管和前台员工排班轮流完成。

经过这一系列调整，即便是新开业酒店，自助机使用率也能够在短短几个月之内实现快速提升，通过这一数字化设备的落地提升了顾客入住体验的同时，降低了酒店人工成本的支出。

参考文献

1. 朱承强 . 现代饭店管理［M］. 北京：高等教育出版社，2020.
2. 朱承强，杨瑜 . 酒店管理概论［M］. 北京：中国人民大学出版社，2020.
3. 尹基跃 . 可复制的私域流量［M］. 北京：机械工业出版社，2020.
4. 哈尔 .R. 范里安 . 微观经济学［M］. 上海：格致出版社，2020.
5. 保罗 R・蒂姆 . 如何成功打造顾客忠诚度［M］. 北京：机械工业出版社，2019.
6. 潘飞 . 管理会计［M］. 上海：中国财政大学出版社，2019.
7. 陈亮，郭庆，魏云豪 . 收益管理［M］. 北京：人民邮电出版社，2018.
8. 朱承强，曾琳 . 现代酒店营销实务［M］. 武汉：华中科技大学出版社，2016.
9. 托德 .A. 穆拉迪安 . 战略营销［M］. 上海：格致出版社，2014.
10. 朱承强 . 饭店管理实证研究［M］. 上海：上海交通大学出版社，2013.
11. 朱承强 . 饭店前厅与客房管理［M］. 天津：南开大学出版社，2010.
12. 逢爱梅 . 旅游企业人力资源管理［M］. 上海：华东理工大学出版社，2009.
13. 陶汉军，朱承强 . 旅游经济专业知识与实务［M］. 北京：团结出版社，2007.
14. 朱承强 . 旅游市场营销［M］. 北京：中国财政经济出版社，2006.
15. 克里斯廷・格罗鲁斯服 . 服务管理与营销［M］. 北京：电子工业出版社，2002.
16. 菲利普・科特勒 . 旅游市场营销［M］. 北京：旅游教育出版社，2002.
17. 「美」氏伦 . 现代饭店管理技巧［M］. 北京：旅游教育出版社，2002.
18.ACCA. 绩效管理［M］. 北京：中信出版社，2002.
19. 冉斌 . 目标与绩效管理［M］. 深圳：海天出版社，2002.
20. 邹统钎 . 饭店战略管理［M］. 广州：广东旅游出版社，2002.
21. 苏伟伦 . 成功企业如何赢得顾客忠诚［M］. 北京：经济日报出版社，2002.
22. 傅云新 . 服务营销实务［M］. 广州：广东经济出版社，2002.
23. 汪纯孝 . 智力型企业经营管理［M］. 广州：中山大学出版社，2001.
24. 谷慧敏 . 世界著名饭店集团管理精要［M］. 沈阳：辽宁科技出版社，2001.
25. 王恰然 . 现代饭店营销策划书与案例［M］. 沈阳：辽宁科技出版社，2001.

26. 唐晓芬 . 顾客满意度测评［M］. 上海：上海科技出版社，2001.
27. 张士泽 . 现代酒店经营管理学［M］. 广州：广东旅游出版社，2000.
28. 汪纯孝 . 服务型企业整体质量管理［M］. 广州：中山大学出版社，2000.
29. 苏炜等 . 酒店数字化运营概论［M］，湖北：华中科技大学出版社，2022.
30. 穆林 . 酒店数字化运营概论［M］. 北京：高等教育出版社，2022.

课后习题

第一章　导论

一、单项选择题

1. 以下关于商务型酒店表述错误的是（　　）

A. 多位于城市商业区

B. 以接待商务型客人为主

C. 客人停留时间较短，是现代酒店的主体构成

D. 商务型饭店都设有“行政楼层”

2. 大型酒店是指（　　）

A. 客房数量在 500 间或以上的酒店

B. 客房数量在 300 间或以上的酒店

C. 客房数量在 1000 间或以上的酒店

D. 客房数量在 100 间或以上的酒店

3. 酒店管理的基本职能是（　　）

A. 计划、组织、领导、控制　　B. 计划、组织、领导、创新

C. 计划、组织、领导、决策　　D. 计划、组织、创新、控制

4. 以下关于度假型饭店表述错误的是（　　）

A. 多位于滨海、山区、温泉等旅游胜地

B. 以接待休闲度假客人为主

C. 客人停留时间较短，是现代饭店的主体构成

D. 淡旺季非常明显

5. 以下关于 CI 和 CS 理念表述错误的是（　　）

A. CI 是企业围绕自身的“形象”和“识别”为导向运作的

B. CS 是企业围绕顾客的“服务”和“满意”为宗旨运作的

C. CI 体现了企业由生产导向转变为市场导向

D. CS 标志着企业由顾客导向转变为市场导向

6. 内部营销理论是以下哪种理念的典型体现？（　　）

A. CI 理念　　B. CS 理念　　C. CL 理念　　D. ES 理念

7. 以下对顾客忠诚度没有影响的是（　　）

A. 顾客购买挑选时间和次数

B. 顾客对价格的敏感程度及对竞争对手产品的态度

C. 顾客对产品质量问题的承受能力

D. 顾客的购买能力

二、判断题

1. 美式计价酒店（AP）是指酒店房价中包含一日三餐费用。（　　）

A. 正确　　B. 错误

2. 欧式计价酒店（EP）是指酒店房价中不包含食品等其他费用。（　　）

A. 正确　　B. 错误

3. 出于酒店经营，员工安排等需要，酒店一般要求客人在中午 12 时退房，这是最合理的。（　　）

A. 正确　　B. 错误

4. 商务型酒店一般都具有优越的地理位置，以接待商务客人为主，也接待其他旅游者。（　　）

A. 正确　　B. 错误

5. 凯萨・里兹作为商业饭店时期的代表人物，提出了“顾客永远是对的”著名服务理念。（　　）

A. 正确　　B. 错误

6. 商业饭店时期最具有代表性的人物是斯塔特勒，被称为“酒店标准化之父”。（　　）

A. 正确　　B. 错误

7. 现代酒店连锁经营的优势主要是管理和营销优势。（　　）

A. 正确　　B. 错误

8. 商务型酒店一般都具有优越的地理位置，以接待商务客人为主，上海典型的商务型酒店有浦东香格里拉大酒店，上海迪士尼玩具总动员酒店等。(　　)

A. 正确　　B. 错误

9. 顾客在选购商品时，往往会在价值与成本两方面进行比较，从中选择“让客价值”最低的商品作为优先选购的对象。(　　)

A. 正确　　B. 错误

10. “ES”理念注重企业文化建设和员工忠诚度的培育，把员工满意作为达到顾客满意这一企业目标的出发点。(　　)

A. 正确　　B. 错误

11. 酒店培育顾客忠诚有助于降低市场开发费用，提升盈利能力。(　　)

A. 正确　　B. 错误

12. 除了货币成本之外的其他成本，如精力成本和时间成本也是影响顾客价值的重要因素。(　　)

A. 正确　　B. 错误

第二章　酒店的投资决策

一、单项选择题

1. 酒店投资决策应该从哪些方面进行科学论证？（　　）

A. 地区经济状况、市场需求分析、项目建议及成本估算、收入费用预测

B. 地区经济状况、竞争者分析、项目成本估算、收入费用预测

C. 地区经济状况、市场供给分析、项目成本估算、收入费用预测

D. 以上都正确

2. 现代酒店的客房营业收入由什么决定？（　　）

A. 客房出租率与饭店平均房价的高低

B. 饭店平均房价的高低

C. 客房出租率的高低

D. 以上都不对

3. 某中型酒店有客房 300 间，公布房价 300 元，某日销售客房 200 间，房费收入 60000 元，则 Revpar 为（　　）

A. 300 元　　B. 250 元　　C. 200 元　　D.400 元

4. 酒店投资的总成本包括（　　）
A. 建筑物成本、非建筑物成本、软成本和土地成本
B. 建筑物成本、非建筑物成本、软成本
C. 建筑物成本、非建筑物成本和土地成本
D. 建筑物成本、非建筑物成本、软成本和人工成本

二、判断题

1. 酒店的筹资主要与流动资产状况相联系，如何筹资以融通流动资产是饭店筹资策略首要考虑的问题。（　　）
A. 正确　　　　B. 错误

2. 短期投资是指能够随时变现的短期性质的投资。（　　）
A. 正确　　　　B. 错误

3. 详细的酒店选址分析需要确定这块场地是否合适合建造某一类型的饭店，并详细分析影响场地优劣的各种因素。（　　）
A. 正确　　　　B. 错误

4. 在酒店筹建期间需要确定客房总数量，但是可以不用确定明细的客房类型。（　　）
A. 正确　　　　B. 错误

5. 酒店是典型的固定成本高，变动成本低的企业类型。（　　）
A. 正确　　　　B. 错误

6. 酒店投资的财务评价，就是借助财务评价的指标，对酒店投资活动所作的定量分析。这些指标主要包括返本法、净现值法和内部收益率法这三种。（　　）
A. 正确　　　　B. 错误

第三章　酒店的组织模式

一、单项选择题

1. 直线职能制组织结构适用于以下哪类酒店？（　　）
A. 大中型饭店　　　　B. 小型饭店和经济型饭店
C. 连锁饭店集团　　　　D. 民宿

2. 直线制组织结构适用于以下哪类酒店？（　　）
A. 大中型饭店　　　　B. 小型饭店和经济型饭店

C. 连锁饭店集团　　D. 民宿

3. 事业部制组织结构适用于以下哪类饭店？（　　）

A. 大中型饭店　　B. 小型饭店和经济型饭店

C. 连锁饭店集团　　D. 民宿

4.（　　）容易产生本位主义，影响合作，容易造成机构重叠，经营管理费用增高。

A. 事业部制　　B. 直线职能制　　C. 直线制　　D. 以上都是

二、判断题

1. 饭店的营业部门主要包括前厅部、客房部、餐饮部和工程部。（　　）

A. 正确　　B. 错误

2. 直线制组织结构又叫军队式结构，一般适用于大中型饭店。（　　）

A. 正确　　B. 错误

3. 决策管理层又称饭店的最高管理层，成员由饭店的总经理及其助手组成。（　　）

A. 正确　　B. 错误

4. 扁平化的饭店组织要求最大幅度地削减中间管理层，并对一线员工充分授权。（　　）

A. 正确　　B. 错误

5. 前厅部机构的设置应根据酒店规模大小和业务量多寡而定，基本的原则是保证前厅工作的效率和方便客人。小型酒店则往往不单设前厅部，而是将其业务交由客房部负责。（　　）

A. 正确　　B. 错误

第四章　酒店的战略管理

一、单项选择题

1. 下列哪种竞争战略是指酒店企业针对特定的目标市场比竞争对手提供更为有效或者更为优质的服务。（　　）

A. 成本领先战略　　B. 差异化战略

C. 聚焦战略　　D. 形象战略

2. 酒店实施差异化战略的优势主要有（　　）

A. 分解竞争对手价格压力，削弱顾客讨价还价能力

B. 能更快适应消费者需求变化，赢得更高的市场份额

C. 提高服务效率，降低企业经营成本

D. 以上都正确

3. 酒店实施专一化战略面临的风险不包括（　　）

A. 市场范围较为狭窄　　B. 有吸引力的细分市场不易确定

C. 目标市场的需求特性不明显　　D. 服务效率不确定

4. 发展型战略就是酒店企业对经营范围从广度和深度上进行全面渗透和扩大的一种战略模式，不包括（　　）

A. 市场渗透战略　　B. 产品发展战略

C. 市场开拓战略　　D. 多元化战略

二、判断题

1. SWOT 分析法被用来确定企业发展战略，当酒店内部具有优势，外部面临威胁时，通常采用紧缩型战略。（　　）

A. 正确　　B. 错误

2. 影响酒店经营环境的最重要的因素是产业内竞争，即要考虑现有酒店和新进入酒店对自身造成的影响。（　　）

A. 正确　　B. 错误

3. 有助于酒店经营活动顺利而有成效开展的内部因素，我们称之为经营的机会。（　　）

A. 正确　　B. 错误

4. 有利于酒店开拓市场、有效地开展经营活动的外部环境因素，我们称之为经营的优势。（　　）

A. 正确　　B. 错误

5. 基本战略是对酒店企业未来较长时期如何生存和发展通盘筹划的结果。（　　）

A. 正确　　B. 错误

第五章　酒店的市场营销

一、单项选择题

1. 以下关于传统营销组合理论的论述正确的是（　　）

A. 4P’s 营销组合，包括产品（Product）、价格（Price）、渠道（Place）和促销

（Promotion）

B. 4P’s 营销组合，包括产品（Product）、价格（Price）、人（People）和促销（Promotion）

C. 4P’s 营销组合，包括产品（Product）、价格（Price）、渠道（Place）和人（People）

D. 以上都不对

2. STP 营销中的 STP 分别是指（　　）

A. 市场细分、目标市场选择和市场定位

B. 市场细分、目标市场选择和市场定价

C. 市场促销、目标市场选择和市场定价

D. 市场细分、目标市场促销和市场定价

3. 以下关于密集型目标市场策略的论述错误的是（　　）

A. 该策略能集中资源于某个或者某几个细分市场，以特色取胜

B. 该策略适用于中小饭店

C. 该策略面临较大的市场风险

D. 该策略适用于大型饭店

4.（　　）市场增长率高而相对市场占有率低，企业产品发展往往从该类产品开始。

A. 问号类产品　　B. 明星类产品　　C. 金牛类产品　　D. 瘦狗类产品

5. 对于价格低廉的、经常性购买的商品，消费者的购买行为是最简单的，通常称之为（　　）

A. 复杂型购买行为　　B. 随意型购买行为

C. 习惯型购买行为　　D. 协调型购买行为

二、判断题

1. 寻求多样化的购买行为一般是指消费者针对品牌差别较大，且产品单价较低产品的购买行为，这类产品企业可以通过营业推广的方式促进销售。（　　）

A. 正确　　B. 错误

2. 客房是酒店的主体，“星评标准”要求五星级酒店 70% 的客房面积（不含卫生间和门廊）应在 20 平方米以上，应有至少 50 间（套）可供出租的客房。（　　）

A. 正确　　B. 错误

3. 问号类产品是指市场销售增长率低而相对市场份额高的产品，需要企业投入资源，将其培育为明星类产品。（　　）

A. 正确　　　　　　　　　　　　B. 错误

4. 上海锦江之星旅馆的市场定位是经济型大众旅馆，上海金茂君悦大酒店的市场定位是豪华酒店。(　　)

A. 正确　　　　　　　　　　　　B. 错误

5. 影响酒店产品定价的主要因素是产品成本和市场需求情况，酒店需要关注这两个要素进行价格制定。(　　)

A. 正确　　　　　　　　　　　　B. 错误

6. 建筑成本定价法，也称千分之一法，是国际上比较通用的根据酒店建筑总成本来制定客房价格的方法。(　　)

A. 正确　　　　　　　　　　　　B. 错误

第六章　酒店的收益管理

一、单项选择题

1. 以下关于 RevPAR 的表述不正确的是（　　）

A. RevPAR 是指每间可供出租客房产生的平均实际营业收入

B. RevPAR 可以通过平均房价和客房出租率的成绩而得

C. RevPAR 的高低决定了饭店营业收入的高低

D. RevPAR 是客房收益的主要衡量指标

2. 酒店收益管理的四大要素（　　）

A. 产品、价格、时机和客房量

B. 产品、价格、时机和客源的控制与适应能力

C. 产品、价格、客源数量和客房量

D. 产品、价格、客源控制力和客房量

3. 酒店实施房价限制法时，(　　）是房价变动的触发点

A. 客房出租率和平均房价　　　　B. 客房出租率和 Revpar

C. Revpar　　　　　　　　　　　D. 平均房价

二、判断题

1. 酒店收益管理是指酒店把合适的产品，以合适的价格在合适的时间销售给合适的客人，从而实现酒店利润最大化。(　　)

A. 正确　　　　　　　　　　　　B. 错误

2. 在同一市场上，如果同类酒店的平均房价与出租率都较高，则表明新建酒店可以按较大规模投入。(　　)

A. 正确　　B. 错误

3. 认识客房产品的属性，做好客房产品的组合设计，是提升客房收益管理水平的前提条件。(　　)

A. 正确　　B. 错误

4. 酒店超额预订房间数通常是根据酒店经营者的经验来确定的，也可以通过观察历史 No Show 客房量来确定。(　　)

A. 正确　　B. 错误

第七章　酒店服务质量管理

一、单项选择题

1. (　　) 客观存在，主要用来判断通过消费服务顾客究竟获得了什么，即服务的结果。

A. 技术质量　　B. 功能质量　　C. 过程质量　　D. 客观质量

2. “你永远不能出售昨天没有售出的客房”，这说明酒店产品具有 (　　)

A. 不稳定性　　B. 无形性　　C. 不可转移性　　D. 不可储存性

3. 以下关于服务质量的表述错误的是 (　　)

A. 顾客对服务质量的期望取决于个人需求、以往经历以及口碑的影响。

B. 酒店服务质量较有形产品的质量更难被顾客所评估。

C. 顾客对酒店服务质量的评价主要注重的是服务结果。

D. 酒店对服务过程的量化管理有助于稳定和提升服务质量。

4. “PDCA” 服务质量管理是指 (　　)

A. 策划、实施、检查和处理　　B. 策划、实施、反馈和处理

C. 策划、实施、处理和改进　　D. 策划、实施、检查和完善

二、判断题

1. 功能性质量又称过程质量，即酒店服务提供者是如何工作的，顾客是如何被服务的。(　　)

A. 正确　　B. 错误

2. 服务的可靠性是指被完成服务承诺的情况，即酒店是否可以可靠准确无误地完成

所承诺的服务。(　　)

A. 正确　　B. 错误

3. Servqual 模型认为顾客对服务质量的期望取决于个人需求、以往经历以及口碑的影响。(　　)

A. 正确　　B. 错误

4. 酒店服务质量差距分析模型中的程序差距是指管理者对顾客期望认知的差距，可能由于缺乏调研，对顾客需求分析不到位等引发。(　　)

A. 正确　　B. 错误

5. 当顾客体验大于顾客期望时，会产生顾客满意，进而引发重复购买行为。(　　)

A. 正确　　B. 错误

第八章　酒店人力资源管理

一、单项选择题

1. (　　) 旨在确定某项工作的任务和性质是什么，以及应寻找具备何种资格的人来承担这一工作。该项工作可以由直线管理人员或者人力资源管理专业人员来做，也可以由双方协同完成。

A. 人力资源规划　　B. 绩效评价

C. 职位分析　　D. 人员培训和发展

2. 酒店员工培训的主要内容包括 (　　)

A. 职业态度、职业技能和职业道德　　B. 职业态度、职业技能和职业知识

C. 职业态度、职业技能和管理能力　　D. 职业态度、职业技能和对客服务技巧

3. (　　) 是对员工工作行为表现进行核实、评定的方法和过程，是现代饭店人力资源开发的一项重要工作。

A. 绩效考评　　B. 员工培训　　C. 人力资源管理　　D. 人力资源规划

4. 以下关于酒店培训需求的表述错误的是 (　　)

A. 由于酒店经营环境变化导致员工缺乏必备的知识和技能产生培训需求

B. 酒店业主的变更产生培训需求

C. 酒店各部门工作产生新问题产生培训需求

D. 员工流动较大产生培训需求

二、判断题

1. 酒店人力资源管理的核心任务是招聘和培训员工以适合岗位工作需求。(　　)

A. 正确　　　　B. 错误

2. 酒店人力资源管理的核心任务是提升员工的满意度，培育员工的忠诚度。(　　)

A. 正确　　　　B. 错误

3. 员工招聘关系到饭店生存和发展，是酒店员工队伍良好素质的基础。(　　)

A. 正确　　　　B. 错误

4. 酒店是公认的劳动密集型行业，人力成本是酒店主要的成本之一，所以对人力资源的有效管理是酒店成本控制的需要。(　　)

A. 正确　　　　B. 错误

5. 酒店人力资源管理的核心任务是招聘和培训员工以适合岗位工作需求。(　　)

A. 正确　　　　B. 错误

第九章　酒店绩效评价系统

一、单项选择题

1. 酒店绩效评价一般采用（　　），对以多属性体系结构描述的对象系统作出全局性、整体性的评价。

A. 综合评价法　　B. 经济分析法　　C. 专家评价法　　D. 多目标决策法

2.（　　）是收益与投入资本之比，是反应投资效率的一个指标。

A. 净利润　　B. 剩余收益　　C. 投资回报率　　D. 以上都正确

3.（　　）能最清晰的反映企业的短期偿债能力。

A. 流动比率　　B. 速动比率　　C. 投资回报率　　D. 杠杆比率

4. 顾客评价指标体系不包括（　　）

A. 市场份额的评价　　B. 顾客满意度的评价

C. 获得顾客的评价　　D. 投资报酬率的评价

二、判断题

1. 绩效评价系统关心的是评价对象与企业目标的相关方面，即关键成功因素（Key Success Factors），这些关键成功因素具体表现在评价指标，如销售利润率等。(　　)

A. 正确　　　　B. 错误

2. 衡量酒店绩效问题的指标着重是财务指标。(　　)

A. 正确　　B. 错误

3. 应收账款周转率反应酒店资金周转营运能力。(　　)

A. 正确　　B. 错误

4. RevPAR 是指每间可供出租客房每天产生的平均实际营业收入。(　　)

A. 正确　　B. 错误

第十章　酒店数字化发展趋势

一、单项选择题

1. 中国酒店业电子商务的发展之路开始于(　　)

A. 1998 年，携程旅行网成立　　B. 2013 年，PMS 厂商纷纷开启云转型

C. 2002 年，如家快捷酒店成立　　D. 2015 年，微信开始进军酒店行业

2. 在服务流程中，酒店服务数字化主要体现和应用的场景不包括(　　)

A. 顾客便捷预定　　B. 酒店智能前台对客服务

C. 智慧客房提升入住体验　　D. 客户关系管理系统的应用

3. 以下是否为酒店直销的判断标准不包括(　　)

A. 酒店是否对产品的价格

B. 数量有最终控制权和自由定价权

C. 酒店是否对客户的会员和预订等信息拥有所有权。

D. 酒店是否需要支付费用或者佣金

4. 酒店新媒体推广当前最主要的呈现为(　　)

A. 搜索引擎和社交媒体推广　　B. 微博、微信推广

C. 短视频推广和直播推广　　D. 搜索引擎及短视频推广和直播推广

二、判断题

1. 由阿里巴巴集团打造的全国首家未来酒店菲住布渴，首次实现了酒店 AI 智能服务与全场景身份识别。(　　)

A. 正确　　B. 错误

2. 微信、支付宝、抖音、小红书等平台已成为当前移动互联网时代帮助酒店“获客”和构建私域流量的最重要的平台。(　　)

A. 正确　　B. 错误

3. 门锁智慧化程度决定了当前酒店客房智慧化的程度，因为这是顾客感受智慧客房的起点。(　　)

A. 正确　　　　　　　　　　　　　B. 错误

4. 酒店使用二维码支付，给顾客提供了很大的方便，其中，顾客扫描酒店二维码支付比酒店用扫码枪和扫码盒扫描顾客二维码进行收款效率更高。(　　)

A. 正确　　　　　　　　　　　　　B. 错误

课后习题答案

第一章　导论

单选题

1. D
2. A
3. A
4. C
5. A
6. D
7. D
8. D

判断题

1. A
2. A
3. A
4. A
5. B
6. A
7. A
8. B
9. B
10. A
11. A
12. A

第二章　酒店投资决策

单选题

1. A
2. A
3. C
4. A

判断题

1. A
2. B
3. A
4. B
5. A
6. B

第三章　酒店的组织模式

单选题

1. A
2. B
3. C
4. A

判断题

1. B
2. B

3. A

4. A

5. A

第四章 酒店的战略管理

单选题

1. C

2. A

3. D

4. D

判断题

1. B

2. B

3. B

4. B

5. A

第五章 酒店的市场营销

单选题

1. A

2. A

3. D

4. A

5. C

判断题

1. A

2. A

3. B

4. A

5. B

6. A

第六章 酒店的收益管理

单选题

1. C

2. B

3. B

判断题

1. A

2. A

3. A

4. B

第七章 酒店服务管理

单选题

1. A

2. D

3. C

4. A

判断题

1. A

2. A

3. A

4. B

5. A

第八章 酒店人力资源管理

单选题

1. C

2. B

3. A

4. B

判断题

1. B

2. A

3. A

4. A

5. B

第九章　酒店绩效评价系统

单选题

1. A

2. C

3. B

4. D

判断题

1. A

2. B

3. A

4. A

第十章　酒店数字化发展趋势

单选题

1. A

2. D

3. D

4. A

判断题

1. A

2. A

3. B

4. B

项目策划：段向民
责任编辑：赵　芳
责任印制：钱　宬
封面设计：武爱昕

图书在版编目（CIP）数据

酒店管理概论 / 童俊编著. -- 北京 : 中国旅游出版社，2023.12

新文科·旅游与酒店管理专业核心课程教材　高等学校旅游与酒店管理“混合式”金课教材 / 朱承强总主编

ISBN 978-7-5032-7258-5

Ⅰ. ①酒… Ⅱ. ①童… Ⅲ. ①饭店－商业企业管理－高等学校－教材 Ⅳ. ①F719.2

中国国家版本馆 CIP 数据核字（2024）第 017580 号

系 列 名：新文科·旅游与酒店管理专业核心课程教材
　　　　　高等学校旅游与酒店管理“混合式”金课教材
书　　名：酒店管理概论

总 主 编：朱承强
作　　者：童　俊
出版发行：中国旅游出版社
　　　　　（北京静安东里 6 号　邮编：100028）
　　　　　http://www.cttp.net.cn　E-mail:cttp@mct.gov.cn
　　　　　营销中心电话：010-57377103，010-57377106
　　　　　读者服务部电话：010-57377107
排　　版：北京旅教文化传播有限公司
经　　销：全国各地新华书店
印　　刷：三河市灵山芝兰印刷有限公司
版　　次：2023 年 12 月第 1 版　2023 年 12 月第 1 次印刷
开　　本：787 毫米 × 1092 毫米　1/16
印　　张：17.75
字　　数：378 千
定　　价：49.80 元
ISBN　978-7-5032-7258-5